U0866211

点拨丛书 公职律师助你维权

DIANBO CONGSHU GONGZHILUSHI ZHUNI WEIQUAN

如何化解劳动纠纷

RUHE HUAJIE
LAODONG JIUFEN

王晓南◎著

中国工人出版社

图书在版编目（CIP）数据

如何化解劳动纠纷 / 王晓南著. —北京：中国工人出版社，2013.12
ISBN 978-7-5008-5686-3

Ⅰ.①如… Ⅱ.①王… Ⅲ.①劳动争议－劳动法－基本知识－中国
Ⅳ.①D922.591

中国版本图书馆CIP数据核字（2013）第284984号

如何化解劳动纠纷

出 版 人 芮宗金
责任编辑 张振宇
责任校对 孙逦伟
责任印制 栾征宇
出版发行 中国工人出版社
地　　址 北京市东城区鼓楼外大街45号 邮编：100120
网　　址 http://www.wp-china.com
电　　话 （010）62350006（总编室）
（010）62005039（出版物流部）
（010）82075935（工会与劳动关系分社）
发行热线 （010）62004002 （010）82081553（传真）
经　　销 各地书店
印　　刷 北京市密东印刷有限公司
开　　本 700毫米×1000 毫米 1/16
印　　张 14.5
字　　数 280千字
版　　次 2014年1月第1版 2017年5月第2次印刷
定　　价 32.00元

本书如有破损、缺页、装订错误，请与本社出版物流部联系更换

Contents 目录

是谁埋下劳动纠纷的地雷

劳动纠纷也叫劳动争议，它在劳动关系的建立、履行、解除和终止等环节都有可能发生。劳动者和用人单位如果不按法律行事，都会埋下劳动纠纷的地雷。

我的权利谁做主

不可否认，用人单位在劳动关系中占据主导地位，而劳动者处于弱势。事实上的不平等，需要法律的“矫正”。实践证明，只有平衡条件下的劳动关系才能保持长久的和谐稳定，用人单位才能持续健康发展，劳动者才能发挥聪明才智。

好聚好散

劳动合同订立后，双方当事人应当按照劳动合同的约定履行各自的义务，任何一方均不得随意解除合同。但是在某些特殊情况发生时，继续履行劳动合同已经不可能、没必要甚至会损害一方或双方当事人的利益，那么双方当事人可以依法解除劳动合同。

按图索骥

常用劳动法律法规摘要

序　言*

佟丽华

我多年来致力于中国农民工权益保障，不仅在北京建立了国内第一家依托专职律师为农民工提供免费法律援助的专门机构，也在全国各地推动成立了30家类似机构，培养了180多名富有社会责任感、热心法律援助事业的专职公益律师队伍。但我个人的力量毕竟是有限的，在行进的道路上，我一直在寻找同路人，只有越来越多的人来关注中国劳动者权益保障、关注建立和谐稳定的劳动关系，劳动者权利才能得到更好的保障，社会才能和谐稳定。

我和王晓南律师是去年认识的，她慕名到我的中心参观考察，我们进行了交谈。她工作在我国沿海经济特区汕头市，和我一样，她有着同样扶弱济困、匡扶正义的激情与梦想，是我的同路人。她很喜欢法律，尤其对劳动法律制度有较深的研究、思考与见解。她是一位肯干事的人，办理了很多劳动争议案件，而且对每一起案件都进行深入思考，把切身的感悟与体会整理出来，从中探索新时期劳动纠纷的特点与规律，是一位具有学者气质的律师。一年多来，她在繁忙的工作之余，牺牲休息时间，把自己办案过程中的心得、体会进行了梳理、归纳和提炼，写出了30万字的书稿。本书就是在此基础上整理形成的。她不仅是协调劳动关系的实践者，也是思考劳动关系的研究者，我为她取得的成绩感到高兴。她请我为书作个序言，我没有理由拒绝，只能欣然接受：一者，这本书是王律师多年从事实务操作积累的成果，凝聚了她的智慧、心血与汗水，我应为这样的同路人加油鼓劲；二者，这本书的视角独特，没有单纯站在劳动者或经营者一方，而是站在“中立”的角度，从生动的案例出发，客观理清所涉及的法律关系，探究产生劳动纠纷背

---

* 本文作者为中共十八大代表，中华全国律师协会法律援助委员会主任，北京致诚农民工法律援助与研究中心主任。

后的原因，辨法析理，启迪他人。如何防范劳动纠纷，不仅是广大劳动者所关心的，也是企业经营者所关注的。

大家知道，从 20 世纪 80 年代开始，我国经历了从计划经济时代的固定工劳动制度，到市场经济条件下的劳动合同制度的跨越。特别是 1995 年《劳动法》实施以来，劳动关系发生了深刻而巨大的变化，劳动关系总体上呈现出多元化、市场化、复杂化的发展趋势。劳动关系从没有像今天这样为世人所关注，因为它已经成为影响社会稳定的重要因素之一。计划经济时代，经济成分主要是国营企业和集体企业，劳动者是企业的主人，劳动者和经营者都是为国家而劳动，劳资界限不明显，劳动关系比较简单，对社会的和谐稳定影响有限。在市场经济体制下，劳资双方是两个相对独立的利益群体，有各自的利益诉求，由于各自不同的利益而存在着明确的利益矛盾。一方面，劳资力量对比失衡，劳动者的弱势地位越来越显现，劳动者没有什么力量和能力与资本持有者进行谈判；另一方面，用人单位传统的管理手段、方式难以适应市场化劳动关系的变化。当前，劳资矛盾对立强化，协调劳动关系手段弱化，劳资双方诚信缺失，这给劳动关系的和谐稳定埋下了隐患。如何透过纷繁复杂的劳资关系，看清背后的法律关系，理清潜在的利益关系，正确处理劳资矛盾，不仅对用人单位或是劳动者，就是对整个社会而言，都显得尤为重要和迫切。

当前，我国正处于经济体制转轨、社会快速转型时期，利益多元化导致各种社会矛盾凸显。劳动关系是最基本、最重要的社会关系之一，与其他社会关系不同，劳动关系具有特有的属性与特点。为建立社会主义市场经济条件下新型劳动关系，近年来，我国相继制定了《矿山安全法》、《职业病防治法》、《安全生产法》、《劳动合同法》、《就业促进法》、《劳动争议调解仲裁法》、《社会保险法》等一批新的劳动法律法规，初步形成了中国特色社会主义劳动法律体系。但现实是生动的、鲜活的、丰富的，实践会不断提出新的问题。如果说法律的生命在于实践，那么，实践的意义就在于完善。我们不仅要推动现有法律法规真正实施，发挥法律应有的作用，还要在实践中不断探索与发现，推进法律的进一步完善。这是每一位法律工作者的责任与担当。

翻阅书稿不难发现，王律师不仅拥有丰富的劳动争议处理实践经验，而且有扎实的劳动法学理论造诣与积淀。她在从事劳动争议处理实践中，发现了我国劳动争议处理中存在的问题、劳资双方对劳动法律理解的误区，并对这些问题进行了深入细致的剖析，相信读者定能从中获益。纵观全书，我感到以下几个特点值得称道：

第一，系统完整，体例清晰。本书的内容涵盖了劳动合同签订、履行、变更、解除整个劳动过程所涉及的各类重要问题，内容全面，深入细致，各章结构统一完整，清晰明确。

第二，客观中立，释解得当。本书严格遵守现行法律法规，对涉及的各类问题分别从劳动者和用人单位的角度出发，深入分析，客观支招，不偏不倚，具有较强的实用性。

第三，简明易懂，深入浅出。大多数读者对枯燥的法条不感兴趣，王律师以典型案例开路，引出法律问题，运用通俗易懂的语言，把晦涩难懂的法律条文阐释给读者，使读者一看便知。

第四，内容全面，方便实用。本书附加了一些自制的表格，把劳动关系的各个环节所涉及的法律问题通过图表的方式呈现出来，使读者一目了然。同时，还汇集了一些不常用但很实用的法律法规，方便读者查阅。

总之，本书是作者长期实践和思考所得的成果，是法理与情理融为一体的体现，既可以作为劳动法律的操作指南，也可以作为劳动法学研究思考的宝贵资料。

最后，借用一句格言："愉快只是幸福的伴随现象，愉快如果不伴随以劳动，那么它不仅会迅速地失去价值，而且也会迅速地使人们的心灵堕落下来。"劳动者是美丽的，劳动也应该是愉悦的，虽然矛盾无处不在，但我也深信化盾之矛也无处不在，这把矛就在我们身边，就是我们的法律。

是为序。

2013 年 6 月 3 日

是谁埋下劳动纠纷的地雷

劳动纠纷也叫劳动争议，它在劳动关系的建立、履行、解除和终止等环节都有可能发生。劳动者和用人单位如果不按法律行事，都会埋下劳动纠纷的地雷。

谈谈劳动关系的建立

一、劳动合同的订立

问题提出

建立劳动关系就要签订劳动合同，签订劳动合同应当遵循平等自愿的原则。用人单位不与劳动者签订劳动合同，应承担法律责任，但如果劳动者自愿不签订劳动合同，用人单位能免责吗？面对“不可抗力”未签订劳动合同，用人单位能免责吗？

典型案例

案例一

2009 年 6 月，杨某通过某网站应聘到某电子科技有限公司工作，职位为司机。双方建立劳动关系后，公司没有与杨某签订书面劳动合同，也没有为其缴纳社会保险，但是为包括杨某在内的 20 名职工购买了意外伤害保险。

2011 年 10 月 17 日，杨某在公司的停车库为车辆更换漏气轮胎时，因千斤顶移位，被车辆的后轮胎横轴砸伤。事发后，由公司的另一名司机把杨某送往医院就诊。经诊断，杨某右拇指近节指骨粉碎性骨折。工伤发生后，公司拒绝为杨某支付医疗费。无奈之下，杨某提起劳动仲裁，要求确认与该公司存在劳动关系，并要求公司支付未签订书面劳动合同的二倍工资差额和医疗费。

仲裁庭审理后认为，公司没有与杨某签订劳动合同，也没有为其缴纳过社会保险，但公司为包括杨某在内的 20 名职工购买的意外伤害保险单据，以及杨某提供的证人证言，可以证明他与公司存在劳动关系。因此，公司应支付杨某未签订书面劳动合同的二倍工资差额和医疗费。

案例二

2009 年 6 月 31 日，刘某来到某玩具厂应聘。经过简单的面谈后，刘某答应第二天开始正式上班。2009 年 7 月 10 日，人力资源管理员陈某将劳动合同格式文本交给刘某，要求他填写合同有关内容，下班前交回。但刘某考虑到玩具厂的工作是临时性的，春节前要辞职回家，以后不想再回玩具厂，担心签完劳动合同后无法辞职。于是，刘某拿到劳动合同文本后，没有填写有关内容，就把合同文本交回了玩具厂。此后，陈某多次催促，刘某均以各种理由推托。后因陈某事务繁忙就逐渐遗忘了，这样，合同就一直拖着未签订。

2009 年 12 月下旬，刘某因不满其主管作出的工作安排向玩具厂提出辞职，并要求玩具厂支付没有签订书面劳动合同的二倍工资差额。玩具厂认为，造成合同未能签订的原因在于刘某本人的拖延而不是玩具厂不予签订，因此不应该由玩具厂来承担违法责任。双方僵持不下，刘某将玩具厂告至劳动争议仲裁机构。庭审中，玩具厂拿出了一份劳动合同，主张双方已经依法签订，无须支付刘某二倍工资差额。但是，刘某认为是玩具厂假冒他的签名，双方根本没有签订书面劳动合同。

经劳动仲裁审理，因玩具厂不能提供证据证明造成劳动合同超过 1 个月仍未能签订的原因是刘某拒绝签订，也不能提供证据证明劳动合同上的签名是刘某亲笔所签，玩具厂最终败诉。

案例三

1991 年 3 月，周某与某民航服务公司建立劳动关系，岗位为营业员。2008 年 6 月 10 日，双方签订书面劳动合同，合同期自 2008 年 7 月 1 日至 2009 年 6 月 30 日。劳动合同期满后，由于机场准备迁址，民航服务公司将面临是否继续经营的问题，因此，公司就没有与周某续订劳动合同，但周某仍在公司继续工作。2011 年 12 月，周某提起仲裁，要求民航服务公司支付自 2009 年 7 月 1 日至 2011 年 12 月 31 日未签订无固定期限劳动合同的二倍工资差额。

劳动争议仲裁委认为，周某与民航服务公司在 2009 年 6 月 30 日合同期满后，周某继续在民航服务公司工作，双方应续订书面劳动合同。由于民航服务公司没有提交证据证明其未能与周某签订书面劳动合同的原因完全在周某，并且无法证明民航服务公司自身完全没有过错，故裁决民航服务公司应支付周某 2011 年 1 月 1 日至 2011 年 12 月 31 日未签订无固定期限劳动合同的二倍工资差额。周某主张的 2009 年 7 月 1 日至 2010 年 12 月 31 日的二倍工资差额，超过仲裁时效，不予支持。

律师析案

案例一是用人单位主观原因造成未签订书面劳动合同的情况；案例二是由于劳动者原因造成未签订书面劳动合同的情况；案例三是用人单位客观原因造成未签订书面劳动合同的情况。无论是哪一种情况，用人单位都要承担支付二倍工资差额的法律责任，这是《劳动合同法》的规定，可以说是《劳动合同法》的一大亮点。针对现实中存在的用人单位往往不与劳动者签订劳动合同的难题，《劳动合同法》加重了用人单位违法不签订书面劳动合同的法律责任，亿万名劳动者对此拍手称快。然而，很多用人单位却隐忧不断：自己不签订劳动合同承担法律责任也就认了，但劳动者不愿签订劳动合同，用人单位还得支付二倍工资差额，那单位岂不成冤大头了？到底如何正确理解用人单位违法不签订书面劳动合同的法律责任？

辨析一：未签订书面劳动合同，适用过错原则吗？

对于未签订书面劳动合同，在用人单位存在过错的情况下，用人单位承担相应的法律责任无可厚非，比如案例一。但是，在劳动者存在过错的情况下，用人单位更加关心能否免责。这就涉及过错原则，也叫过失责任原则，它是以行为人主观上的过错为承担民事责任的基本条件来认定责任的准则。《民法通则》第一百零六条第二款规定，“公民、法人由于过错侵害国家的、集体的财产，侵犯他人财产、人身的，应当承担民事责任。”可见，在法律没有特别规定的情况下，都适用过错责任原则。按过错责任原则，行为人仅在有过错的情况下，才承担民事责任，没有过错，就不承担民事责任。那么，劳动法能否和民法一样，对行为人法律责任的承担同样适用过错原则呢？认识这个问题的关键在于认清民法和劳动法的本质区别：民法属于私法，调整地位完全平等的民事主体之间的财产关系和人身关系，遵循平等、公平、自愿、诚实信用的原则，禁止权利滥用；劳动法属于社会法，调整地位不平等的劳动者与用人单位之间的劳动法律关系，遵循合法、公平、平等自愿、协商一致、诚实信用的原则。由此可以看出，国家通过一定程度上倾斜保护劳动者权益，实现劳动者获得如民法中民事主体那样的“平等地位”，最终平衡和发展稳定的劳动关系。因此，这就决定了除非劳动法明确规定适用过错原则，否则不能简单照搬民法的过错原则确定法律责任。案例二中，刘某的确存在过错，致使用人单位未签订书面劳动合同；案例三中，航空服务公司因为赖以经营的场所（机场）被搬迁，客观上致使用人单位未与劳动者签订书面劳动合同。这两种情况，用人单位显然感到很“冤”，但是，为什么最后还是要承担支付二倍工资差额的法律责任呢？这是因为，对于是否签订书面劳动合同，用人单位是掌握主动权的。即使在不可归责于用人单位的情况下，用人单位也完全可以采取措施避免支付二倍工资的法律风险发生。比如，案例二中，对于刘某故意拖延签订书面劳动合同，根据《劳动合同法实施条例》第五条规定，自用工之日起一个月内，经用人单位书面通知后，劳动者不与用人单位订立书面劳动合同的，用人单位应当书面通知劳动者终止劳动关系，无须向劳动者支付经济补偿。案例三中，对于因客观原因，难以确定劳动关系存续期间的，在劳动合同期满后还需要劳动者继续工作的，用人单位可以和劳动者签订附条件的劳动合同。因此，未签订书面劳动合同，用人单位就无任何理由免责。

辨析二：未签订书面劳动合同，谁承担举证责任？

实践中，因未签订书面劳动合同发生的争议通常有以下两种情况：一种是双方劳动关系明确，劳动者主张用人单位未签订书面劳动合同；另一种是双方劳动关系不明确，用人单位否认与劳动者存在劳动关系，劳动者主张用人单位未签订书面劳动合同。对于用人单位未签订书面劳动合同，劳动者显然不必自证其无。但是，对于第一种情况，用人单位拿出了劳动合同，劳动者主张劳动合同的签名是伪造的，应该适用“谁主张谁举证”还是适用举证责任倒置呢？司法实践中存在两种观点：一种认为应该适用“谁主张谁举证”，理由是根据《劳动人事争议仲裁办案规则》第十七条规定，“当事人对自己提出的主张有责任提供证据。”当事人对劳动合同依法应各执一份，劳动者就应该提供证据证明劳动合同签名系伪造的；另一种是认为应适用举证责任倒置，理由同样是根据《劳动人事争议仲裁办案规则》第十七条规定，“与争议事项有关的证据属于用人单位掌握管理的，用人单位应当提供。”虽然劳动合同依法应由用人单位和劳动者各执一份。但是，现实中一些用人单位并没有将劳动合同交付劳动者，是否将劳动合同交付劳动者主动权在用人单位。因此，从这个意义上讲，劳动合同是用人单位掌握管理的材料。对于劳动合同的签名是否伪造，由用人单位举证。本人更倾向于第二种观点，因为劳动者的举证能力远远低于用人单位，为了公平起见，用人单位应举证证明劳动合同的真实性。用人单位完全可以通过劳动合同鉴证或采取其他措施，确保劳动合同真实、合法、有效，并对此予以证明。

任何人都不必自证其无，但是从劳动法的角度看，对于第二种情况，法律采取举证责任倒置的原则，也就是说，用人单位必须自证其无。根据劳动部《关于确立劳动关系有关事项的通知》，用人单位应提供工资支付凭证或记录、各项社会保险费的记录、劳动者填写的招用记录表、考勤记录等举证证明双方不存在劳动关系。然而，实践中，用人单位举证证明与劳动者不存在劳动关系实在太容易了，所以，劳动者还需保留至少一项可以证明劳动关系的证据材料，在此基础上，法律对用人单位适用举证责任倒置才有实质意义。

辨析三：未签订书面劳动合同，用人单位担何责？

既然未签订书面劳动合同，用人单位难以免责，那么用人单位到底应承担什么法律责任呢？什么情况下才能免责呢？根据《劳动合同法》规定，用人单位只有在用工之日起一个月内享有未签订书面劳动合同的免责期，超过一个月就涉及法律责任的承担问题。具体分为以下三种情况：

第一，用人单位自用工之日起超过一个月不满一年未签订书面劳动合同的，向劳动者每月支付两倍工资，并补订书面劳动合同；

第二，用人单位自用工之日起满一年未签订书面劳动合同的，自用工之日起满一个月的次日至满一年的前一日向劳动者每月支付两倍工资，并视为自用工之日起满一年的当日与劳动者订立无固定期限劳动合同，补订书面劳动合同；

第三，用人单位自用工之日起满一年不与符合《劳动合同法》第十四条规定条件的劳动者签订无固定期限劳动合同的，视为用人单位与劳动者已订立无固定期限劳动合同，用人单位应当自订立无固定期限劳动合同之日起向劳动者每月支付二倍的工资。

法条链接

1.《劳动合同法》第十条、第八十二条

2.《劳动合同法实施条例》第五条、第六条、第七条

3. 人力资源和社会保障部《劳动人事争议仲裁办案规则》第十七条、第十八条

4. 劳动和社会保障部《关于确立劳动关系有关事项的通知》

深度剖析

1. 正如亚里士多德所说："要使事物合于正义，须有毫无偏私的权衡；法律恰恰正是这样一个中道的权衡。"用人单位和劳动者的地位是平等与不平等的统一体，但更显而易见的是不平等。要确保不平等的主体间天平的平衡，势必要对拥有更多资源、能运用更多手段的用人单位予以限制和规范。未签订书面劳动合同，用人单位无理由免责的规定正是法律平衡劳资双方的一个重要体现。

2. 从用人单位的角度看，《劳动合同法》的实施，加重了用人单位未签订书面劳动合同的违法责任，但从积极的方面看，同时促使用人单位在劳动合同管理上进一步规范。只有愈加规范，才能最大限度地减少由此带来的法律风险，才能推动企业稳步发展。那么，在劳动合同签订方面，用人单位如何规范管理呢？

第一，自用工之日起一个月内，用人单位应主动与劳动者签订书面劳动合同；

第二，用人单位可以在劳动者入职时，在入职登记表或其他招录表上写明一个月内不签订书面劳动合同不予录用或不符合录用条件；

第三，若用人单位自用工之日起一个月内，劳动者不愿签订书面劳动合同，用人单位可以书面通知劳动者，拒签劳动合同则终止劳动关系，以此为由无须支付经济补偿；

第四，若客观原因导致用人单位既需要劳动者工作，又难以确定劳动关系存续期间的，可以和劳动者签订附终止条件的劳动合同。

3. 从劳动者的角度看，未签订书面劳动合同最大的法律风险在于无法确

认与用人单位存在劳动关系，从而在发生争议时，难以维护自身的合法权益。因此，提醒劳动者注意以下三点：

第一，积极主动签订书面劳动合同，不要为了某种短期的利益损害了自身的合法权益，只有诚信才能互利；

第二，尽可能不要选择拒签书面劳动合同的用人单位；

第三，在用人单位以种种理由拖延签订书面劳动合同的情况下，务必保存证明劳动关系的一切证据材料，做到有备无患，最大限度减少损失。

二、劳动合同的生效

问题提出

劳动关系中是不是用人单位一定掌握主动权？劳动纠纷的发生有没有一丝前兆？是不是劳动纠纷的发生一定是劳动者的错？到底是谁埋下了劳动纠纷冲突的地雷？如何扫除纠纷地雷阵，找到“心仪”的你？

典型案例

案例四

2009 年 3 月，某电机公司为了解决用工荒的难题，在人才市场张贴了一份招聘广告，广告中称员工一经录用，即提供住房补贴。小张和小陈看到招聘广告后，分别前往该电机公司应聘。经面试后，小张和小陈都与该公司签订了劳动合同，但是小张担心公司是否会支付住房补贴，因此要求公司在劳动合同中约定试用期过后公司按月支付住房补贴 500 元，公司同意并在工资条款中加上了住房补贴 500 元的字样。小陈没有在意，与公司签订了格式劳动合同，合同中没有提及住房补贴。一个月试用期过后，小张和小陈发现，公司根本没有此项福利。小张和小陈分别找到公司负责人理论，公司负责人回答小张，工资里面已经包含了住房补贴。对小陈则回答劳动合同没有约定住房补贴的内容，公司无须支付。小张和小陈觉得明明写好的条件，而公司却不予兑现，公司的这种做法属于虚假承诺，严重侵犯了自己的合法利益，遂分别向当地劳动争议仲裁委员会提起仲裁，要求单位支付住房补贴。

经劳动仲裁委审理后，确认小张与公司的劳动合同就住房补贴的约定不明，但公司无法举证证明其支付的工资已包含了住房补贴500元，按照约定应每月足额支付小张住房补贴500元。小陈与公司签订的劳动合同没有约定住房补贴，公司发布的招聘广告属于要约邀请，但在劳动合同中没有得到确认，公司没有履行要约邀请的义务，驳回小陈的仲裁请求。

案例五

2000年，小孙从电大毕业。刚好某银行招聘一名工作人员。招聘岗位的条件之一是全国重点普通高等院校的金融学专业应届本科生，获得全日制学士学位。为了进入某银行工作，小孙伪造了某重点大学学士学位证书。经过面试，小孙与某银行签订了三年期的劳动合同，约定小孙从事货币结算业务，每月工资2500元。合同签订后，小孙在运营分析业务专员岗位从事货币结算，两个月后，因小孙难以胜任工作，岗位被调整为柜台人员。半年后，由于小孙轻微违纪，银行以无法胜任工作为由提出解除劳动合同，并支付了小孙经济补偿金2500元。

2001年，银行升级人力资源管理系统，发现小孙的学位证书是伪造的。银行以小孙欺诈为由，申请劳动争议仲裁，提出确认劳动合同无效，并要求小孙返还经济补偿金。经仲裁审理，确认劳动合同无效，小孙返还银行已支付的经济补偿金2500元。

与上一案类似的情况，高中生小洪担心自己的学历太低，伪造了某高校的本科毕业证书。恰好某食品公司招聘一名市场营销助理，从事产品销售业务，岗位要求是大学毕业生。经过面试，双方签订了一份三年期的劳动合同，约定基本工资1500元，绩效工资按销售额提成。由于小洪口齿伶俐，很快拓展了食品公司的产品销售市场，每月的工资能拿到7000多元。

一年后，公司发现小洪的学历是伪造的，提出小洪欺诈，认为劳动合同无效，要求小洪返还每月的销售额提成，重新签订一份新的合同，仍担任市场营销助理，约定每月工资为基本工资加津贴2500元。小洪不同意，公司据此申请劳动争议仲裁，要求解除劳动合同，小洪返还每月的销售额提成。劳动争议仲裁委认为，小洪的收入是按销售业绩和能力来确定的，而不是按学历来确定的，且公司无证据证明是按学历确定工资。因此，确认劳动合同合法有效，驳回食品公司的仲裁请求。

律师析案

案例四是用人单位虚假承诺引发的纠纷，案例五是因劳动者造假产生的争议。无论是劳动者还是用人单位，在招聘（或应聘）的时候，出于某种目的以欺骗的方式促成劳动关系的建立，实质是自欺欺人的行为，终究是自己埋下矛盾纠纷的地雷。造假者定有一天会为自己的虚假埋单，这个“单”就是造假者应承担的法律责任。劳动者与用人单位应该擦亮眼睛，看清不同的骗局，明明白白保护自己。

辨析一：欺骗是否一定构成欺诈？

根据《劳动法》和《劳动合同法》的规定，以欺诈、胁迫的手段或者乘人之危，使对方在违背真实意思的情况下订立或者变更的劳动合同无效。

根据最高人民法院《关于贯彻执行〈中华人民共和国民法通则〉若干问题的意见》第六十八条，一方当事人故意告知对方虚假情况，或者故意隐瞒真实情况，诱使对方当事人作出错误意思表示的，可以认定为欺诈行为。一般来说，构成欺诈行为必须具备以下四个要件：（1）一方需有欺诈的故意；（2）欺诈方实施了欺诈行为，欺诈行为一般包括故意告知虚假情况和故意隐瞒真实情况两种；（3）被欺诈方因受欺诈而陷入错误的判断，也就是指欺诈的行为与陷入错误判断的结果之间有相当的因果关系；（4）被欺诈人基于错误判断而为意思表示。如果被欺诈人的意思表示并不是因欺诈行为而作出的，也不构成欺诈。

案例四中，电机公司虽然在招聘广告和劳动合同中作出了提供住房补贴的虚假承诺，但电机公司是否真正提供住房补贴并非小张和小陈建立劳动合同关系的唯一条件，也就是说，小张和小陈是因为电机公司的虚假承诺对工资和福利待遇的高低作出了错误的判断，但难以认定虚假承诺与小张和小陈判断建立劳动合同关系与否存在直接因果关系，所以电机公司的欺骗不宜认定为欺诈。

案例五中，银行招聘的岗位中对于学历的要求是明确的，银行是在小孙的学历符合条件的前提下，与小孙订立的劳动合同。一旦小孙的学历不符合招聘岗位的要求，那么劳动合同的订立就失去了存在的前提，并且事实证明小孙的学历对其从事的工作造成了实质上的影响。因此，小孙造假学历的行为就可以认定为欺诈。当然，同样是学历造假，案例五中，某食品公司在招聘时，并非基于小洪的学历与之签订劳动合同，并且小洪的学历对于其从事的劳动和工作业绩并无实质性的影响，小洪的造假就不宜认定为欺诈。

可见，欺骗不一定构成欺诈，欺骗只有符合法定四大要件才能构成欺诈，只有欺诈才会导致劳动合同无效。

辨析二：不同的欺骗有怎样不同的法律后果？

案例四中小张对于招聘广告留了一个心眼，与电机公司在劳动合同中约定了住房补贴，而电机公司耍了个心眼，用模糊的字眼企图规避支付住房补贴的责任。虽然电机公司企图以欺骗的方式躲避支付住房补贴，但是根据《工资支付暂行规定》第六条，“用人单位必须书面记录支付劳动者工资的数额、时间、领取者的姓名以及签字，并保存两年以上备查。用人单位在支付工资时应向劳动者提供一份其个人的工资清单。”《劳动人事争议仲裁规则》第十七条，“当事人对自己提出的主张有责任提供证据。与争议事项有关的证据属于用人单位掌握管理的，用人单位应当提供；用人单位不提供的，应当承担不利后果。”工资台账属于用人单位掌握管理的资料，用人单位须举证证明已支付的工资待遇中包括了住房补贴，否则用人单位应当承担举证不能的法律责任。用人单位终究得为自己的欺骗行为付出代价。但是，小陈因为没有与电机公司在劳动合同中约定住房补贴的条款，所以小陈无法拿到招聘广告中承诺的住房补贴，那么电机公司是否就无须为自己的欺骗行为付出代价呢？答案是否定的，根据劳动和社会保障部《就业服务与就业管理规定》，用人单位发布虚假招聘广告的行为将被科以行政处罚并赔偿劳动者的损失。这种情况下，小张可以通过向劳动监察部门投诉的方式主张自己的权利。

案例五中，小孙的行为构成欺诈，导致劳动合同无效。但是，如果劳动者所在的工作岗位的特点决定了他所获得劳动报酬条款的主要依据是工作能力或者业绩等而非学历，即学历并非是影响双方建立劳动关系的关键因素，那么即使劳动者伪造学历，劳动合同仍然有效，比如小洪造假学历的行为。

毫无疑问，劳动者的欺骗行为是一种过错行为，但这种过错行为并不是劳动合同无效或劳动合同解除的法定理由。如果用人单位仅因劳动者的欺骗行为要求解除劳动合同仍面临可能支付经济补偿的法律风险。

那么，在这种情况下，对于劳动者造假，用人单位是否唯有自认倒霉呢？法律是道德的最底线，不会对欺诈行为置之不理，当然也不会对欺骗行为放任自流，只是法律用其特有的方式，来纠正危害程度不同的行为。对尚不会给企业造成严重后果的欺骗行为，法律赋予了用人单位自主处分的权利，由用人单位自行决定是否原谅劳动者的这种欺骗行为。如果用人单位选择无法原谅劳动者的欺骗行为，用人单位可以通过制定规章制度，或者在入职申请表中明确规定或在劳动合同中约定“如提供虚假情况，或者故意隐瞒真实情况，一经发现视为严重违纪，将解除劳动合同”。一旦劳动者的造假被发现，即使这种行为尚未构成欺诈，单位也可以严重违纪为由解除劳动合同，且不必支付经济补偿。

辨析三：什么情形会导致劳动合同无效？

欺诈会导致劳动合同无效，除此之外，还有什么情形会导致劳动合同无效呢？根据《劳动合同法》第二十六条规定，以下三种情况会导致劳动合同无效或者部分无效：

（一）以欺诈、胁迫的手段或者乘人之危，使对方在违背真实意思的情况下订立或者变更劳动合同的；

（二）用人单位免除自己的法定责任、排除劳动者的权利的；

（三）违反法律、行政法规强制性规定的。

应当注意，劳动合同是否无效，必须经由劳动争议仲裁机构或者人民法院确认，也就是说，未经法定程序，不能认定劳动合同无效。

辨析四：劳动合同无效是否劳动关系一定无效？

劳动关系的特殊性在于，劳动者向用人单位提供劳动后，一切无法从头重来。因此，恢复原状在劳动关系中是无法实现的。劳动合同被确认无效以后，劳动者已付出劳动的，用人单位应当向劳动者支付相应的劳动报酬。案例五中，小孙虽然采用虚假学历的方式订立了劳动合同，该劳动合同属于无效的劳动合同，但他已经为公司提供了劳动，而且基本履行了合同义务，所以尽管劳动合同无效，但是银行应支付相应的报酬，报酬的数额应参照本单位相同或者相近岗位确定。由于劳动合同无效因小孙的欺诈行为造成，所以银行既可以依据《劳动合同法》第二十六条要求确认劳动合同无效，也可以依据第三十九条第五款规定解除劳动关系，同时根据《劳动合同法》第八十六条规定追究小孙的赔偿责任。因此，在劳动合同确认无效后，小孙应返还银行多支付的经济补偿金。

此外，劳动合同部分无效，不影响其他部分效力的，其他部分仍然有效。比如，劳动合同中约定"发生工伤责任自负"的条款属于违反了法律的强制性规定，当然无效。但劳动合同的其他条款不受影响，仍然有效，劳动合同继续履行。

法条链接

1.《劳动法》第一条、第十七条、第十八条、第九十七条

2.《劳动合同法》第三条、第二十六条、第二十七条、第三十八条、第三十九条、第四十六条、第八十六条

3.《就业服务与就业管理规定》第十四条、第六十七条

深度剖析

1. 劳动关系最基本、最显著的特征是用人单位与劳动者之间的人身隶属关系，即劳动者除提供劳动之外，还要接受用人单位的管理，遵守其各项考勤、用工管理等规章制度，成为用人单位的内部人员。人身关系意味着用人单位和劳动者的行为与自身的人格和身份息息相关。而人格中最为重要的就是信用，信用是最好的无形资产。无信，终将作茧自缚；欺骗，终究自埋炸弹。所以，诚实信用是用工双方建立劳动关系的重要原则之一。无论用人单位还是劳动者，实现自我的生存和发展，都离不开劳资双方的诚信互利、相互滋养、相互成全。这样，双方才能稳定和谐。

2. 劳动关系的隶属性注定了劳动者与用人单位地位的不平等。用人单位处于强势地位，劳动者处于弱势地位。相比于劳动者，用人单位掌握更多的资源和手段，可以采取更多的防范手段和管理措施，而劳动者在用人单位的管理下主要靠出卖自己的劳动，实现自我的生存和发展。因此，国家在劳动

立法上才作出了侧重保护劳动者合法权益的规定，以期平衡劳资双方不平等的地位。

3. 面对职场中的虚幻假象，劳动者在入职时对用人单位做必要的背景和信用查询，以及掌握相关的法律知识，积极主动地与用人单位协商，有助于减少纠纷隐患。而用人单位在招聘时，重视必要的劳动者背景调查，在入职登记表、劳动合同或规章制度中要求劳动者申明保证提供的资料真实可靠，如有弄虚作假用人单位可解除劳动合同等，这样可以有效地减少因欺骗或欺诈造成的损失。

谈谈复杂劳动关系

一、双重劳动关系

问题提出

一个劳动者是否只能和一个用人单位建立劳动关系？劳动者与多个用人单位建立劳动关系，劳动者的权利如何正确行使？用人单位面对兼有双重身份的劳动者，如何避免陷入纠纷？

典型案例

案例六

张某系某国有企业下岗职工，下岗期间企业仍为其缴纳各项社会保险。2009年9月，张某被一家私营仓储企业聘用，从事仓库叉车搬运工作。双方未签订劳动合同，口头约定试用期满后月工资为1500元。2010年3月，张某在仓库作业的时候，因货物垒高倾斜，被一捆货物砸伤右手，造成手臂骨折。企业立刻将张某送往医院救治，医疗终结后，经劳动局认定为工伤，但是未评定张某伤残等级。张某在家休息了一个月后，右手基本恢复原有功能，但是仍不适宜提重物。2010年5月，企业以张某不能胜任工作为由，要求解除与张某的劳动关系。张某提出支付加班工资、未订立劳动合同的二倍工资差额以及经济补偿的要求，企业同意支付经济补偿，但拒绝支付加班工资和未签订劳动合同的二倍工资差额。双方协商无果，张某只好申请劳动仲裁。

庭审中，企业提出张某是某国有企业职工，与仓储企业不存在劳动关系，双方是劳务关系。经劳动仲裁审理后认为，张某与该仓储企业存在劳动关系，支持了张某的全部仲裁请求。

案例七

赵某是某国有企业职工，因企业长期半停产，2006 年 3 月，赵某申请办理停薪留职手续。2006 年 9 月，赵某到某装饰工程公司应聘，经公司试用合格后，双方签订劳动合同。2007 年 1 月，装饰公司依法为赵某办理社会保险手续，但被当地社保局强制退保，理由为重复参保。此时，赵某才向装饰公司解释，其社保由原国有企业缴纳。此后，装饰公司不再给赵某办理社会保险手续。

2008 年 1 月 22 日，赵某出差期间因工受伤，当地劳动和社会保障局认定为工伤，经劳动能力等级鉴定为十级伤残。赵某发生工伤后，装饰公司向社会保障局申报工伤时，社会保障局告知公司：赵某的社保由某国有企业为其缴纳，需由该单位申报。此时，赵某才又出示其与某国有公司签订的外出务工协议，协议约定“发生工伤或任何事宜由赵某责任自负”。装饰公司认为赵某欺骗了公司，才导致无法为其缴纳工伤保险，赵某原来的国有企业又拒绝为赵某申报工伤保险待遇，过错在赵某。装饰公司因此明确表示拒绝支付赵某的伤残待遇。为此，赵某申请劳动仲裁，以装饰公司未缴纳社会保险为由要求解除劳动合同关系，并支付经济补偿以及工伤伤残等级待遇。装饰公司提起反申请，认为赵某因与其他单位存在劳动关系，给装饰公司造成经济损失，要求赵某承担赔偿责任。

劳动仲裁机构审理后认为，装饰公司因赵某已在原单位缴纳社会保险，根据社会保险的唯一性原则，未给赵某缴纳社会保险不存在过错，因此，赵某以装饰公司未缴纳社会保险为由要求解除劳动合同关系，不予支持。但是职工发生工伤，由职工受到伤害时其工作的单位依法承担工伤保险责任。因此，张某主张装饰公司支付工伤伤残等级待遇，予以支持。由于装饰公司主张赵某因双重劳动关系给公司造成的经济损失，缺乏事实和法律依据，仲裁委驳回装饰公司的仲裁请求。

律师析案

案例六和案例七涉及的都是国有企业职工存在双重劳动关系的问题。案例六是第二重劳动关系本身产生的纠纷，案例七是与社会保险相关联产生的双重劳动关系纠纷。那么，什么是双重劳动关系？解决双重劳动关系纠纷的难点在哪里？

辨析一：什么是双重劳动关系？

一般认为，双重劳动关系是指一个劳动者在同一时期内与两个或两个以上用人单位建立的劳动关系。目前，法律允许非全日制劳动者可以同时在两家以上用人单位工作，形成多重非全日制劳动关系。但对于全日制的劳动者，能否建立双重劳动关系？《劳动合同法》第三十九条规定，劳动者与其他用人单位建立劳动关系，对完成本单位的工作任务造成严重影响，或者经用人单位提出后，拒不改正的情况下，用人单位可以行使劳动合同解除权。可以看出，现行法律对双重劳动关系采取一种既不支持也不反对的态度，换句话说，立法上对已经给用人单位造成严重影响的双重劳动关系予以调整，除此以外，不作表态。而司法实践中，因为《劳动合同法》的出台，劳动者与两个用人单位之间的关系，经历了从只承认前一个劳动关系，而将后一个劳动关系确认为劳务关系，到承认双重劳动关系并给予一定程度的保护这样的转变过程。比如，《最高人民法院关于审理劳动争议案件适用法律若干问题的解释（三）》第八条规定，“企业停薪留职人员、未达到法定退休年龄的内退人员、下岗待岗人员以及企业经营性停产放长假人员，因与新的用人单位发生用工争议，依法向人民法院提起诉讼的，人民法院应当按劳动关系处理。”案例六中，张某的仲裁请求仅涉及除社会保险权益以外的劳动权益，因此，仲裁只需查明张某在后一个劳动关系中劳动权益受到侵害，就可以确认并支持张某的仲裁请求。

辨析二：双重劳动关系与社会保险关系、人事档案关系的矛盾在哪里？

之所以立法对于双重劳动关系采取模糊的态度，以及司法实践中仅能给予双重劳动关系一定程度的保护，其最主要的原因在于社会保险关系和人事档案关系的唯一性与双重劳动关系的多重性存在着矛盾。由于社会保险关系是建立在劳动关系基础上的一种独立的法律关系，而现行社会保险制度无论在制度设计还是在技术操作层面，都相对滞后于社会的客观需求，暂时还难以解决这种现实存在的矛盾。司法实践中，双重劳动关系的保护一旦涉及社会保险关系就显得矛盾重重，解决起来存在困难。用人单位感到困惑和委屈的也恰恰是自己愿意依法为劳动者缴纳社会保险，但是在劳动者存在双重劳动关系的情况下，用人单位无法缴纳社会保险，却还要承担相应的社会保险责任。案例七中，赵某与装饰公司的争议除了涉及劳动关系还涉及工伤保险关系。明明是赵某的原因，装饰公司未能缴纳社会保险，但最后却要支付赵某伤残等级待遇，这到底是为什么？用人单位难以理解。这是因为，在不同的社会保险关系中，用人单位的法律责任是不同的。这既是法律规定的不同造成的，同时也是现行社会保险制度和技术处理层面设计的滞后造成的。按照劳动和社会保障部《关于实施〈工伤保险条例〉若干问题的意见》（劳社部函〔2004〕256号）第一条规定，“职工在两个或两个以上用人单位同时就业的，各用人单位应分别为职工缴纳工伤保险费。职工发生工伤，由职工受到伤害时其工作的单位依法承担工伤保险责任。”因此，在工伤保险关系中，用人单位承担的是无过错责任，只要劳动者能依法证明自己与现公司存在劳动关系，并符合《工伤保险条例》的有关规定，即在工作时间因工受伤，用人单位就应承担工伤赔偿责任。

辨析三：双重劳动关系中用人单位应承担什么法律责任？

双重劳动关系中，用人单位除享有一般劳动法律关系中的权利外，还享有在法定条件下的劳动合同解除权。同样，用人单位也应履行一般劳动法律关系中的法定义务，若违反法定义务，则依法承担相应的赔偿责任，比如违法解除劳动合同应支付劳动者赔偿金。而用人单位的社会保险责任，一般来说，除了工伤保险责任适用无过错原则外，养老、医疗、生育和失业保险责任各地的司法实践不一致，视具体情况而定。

法条链接

1. 《劳动法》第九十九条
2. 《劳动合同法》第三十九条

3.《社会保险法》第四十一条

4.《工伤保险条例》第六十二条

5. 劳动部《关于贯彻执行〈中华人民共和国劳动法〉若干问题的意见》第六条至第九条、第十七条

6. 劳动和社会保障部《关于非全日制用工若干问题的意见》

7.《最高人民法院关于审理劳动争议案件适用法律若干问题的解释（三）》第七条、第八条

8. 劳动和社会保障部《关于实施〈工伤保险条例〉若干问题的意见》第一条

深度剖析

1. 在现实生活中，双重劳动关系的表现形式大致归结为三类：第一类是经济体制转型造成的双重劳动关系，具体表现为国有、集体企业下岗或停薪留职人员，与原单位只是名义上的劳动关系，由于没有工作任务安排，有的领取少量下岗生活费，有的完全没有领取任何报酬，原单位为其保留档案关系、社会保险关系。与此同时，劳动者为另一用人单位提供劳动，该用人单位除了给付劳动报酬外，与劳动者无人事工作档案关系和社会保险关系；第二类是非全日制劳动关系；第三类是市场经济体制下，以兼职、劳务派遣为主要形式的双重劳动关系。第二、第三类会在下面的专题中进行分析，此处不作赘述，仅讨论第一类双重劳动关系。劳动关系和社会保险关系既独立又不可分离，对于第一类双重劳动关系，司法实践的难点在于劳动者的劳动关系和社会保险关系如何剥离，并且是在第二个用人单位对未缴纳社会保险无过错的情况下，如何处理因社会保险而引发的劳动争议？除了从立法和技术操作上尽快解决社会保险的分账缴纳并账处理外，更重要的是，司法实践应遵循公平原则，既最大限度地保护劳动者的合法权益，同时也应避免用人单位无责担罚。

2. 根据《劳动法》第九十九条规定，“用人单位招用尚未解除劳动合同的劳动者，对原用人单位造成经济损失的，该用人单位应当依法承担连带赔偿责任。”对于用人单位来说，招用与其他用人单位建立劳动关系的劳动者，存在一定的法律风险，因此，用人单位通过社会保险个人信息查

询，在一定程度上可以避免此类风险。如果用人单位必须招用与其他用人单位建立劳动关系的劳动者，劳动者入职时，应尽可能规范与此类劳动者的劳动关系和社会保险关系。双方可订立附条件成立的劳动合同，约定劳动者社会保险关系理顺后，劳动合同方生效。

3. 对于劳动者来说，应尽可能避免在第二重劳动关系中产生劳动纠纷的风险。比如，用人单位不签订书面劳动合同，或者用人单位要求签订劳务合同的情况，劳动者应留存与劳动关系相关的证据材料，以备不时之需。

二、非全日制用工关系

问题提出

非全日制用工中涉及了哪些常见法律问题？劳动者的权益如何保障？用人单位该怎样规范非全日制用工制度？

典型案例

案例八

1996年7月，某电厂因征地招收黄某等17位当地农民为该厂的职工，电厂与黄某等17人分别签订了书面劳动合同。合同约定，黄某等人根据电厂每月发电的时间安排，从事捅煤工作，每班捅煤时间不少于3个小时，月工资不低于当地最低工资标准。此后，随着每年当地最低工资标准的调整，电厂相应调整黄某等人的工资待遇。黄某等17人每天轮班捅煤，工作完成后就回家，无须留在厂里。

2010年10月底，按照国家绿色环保能源发展规划的要求，该电厂由于高能耗、高成本、低产出等各种原因，发电量严重不足，逐步陷入半停产的状态。2011年6月，电厂书面通知黄某等人待岗，每月按当地最低工资标准80%发放下岗生活费。2011年8月，黄某等人以电厂没有依照劳动合同的约定提供劳动条件，未足额发放工资待遇为由，要求解除与电厂的劳动合同关系，并由电厂支付经济补偿金。

电厂向黄某等人答复称：黄某等人每天实际工作时间不超过4个小时，电厂与黄某等人所建立的劳动关系属于非全日制用工的劳动关系，双方可以随时终止劳动合同关系。用人单位认为，黄某等人要求的经济补偿无法律依据。黄某等17人认为，他们的实际工作时间超过4个小时，并且劳动合同没有约定为非全日制用工，双方为全日制劳动合同关系，电厂理应支付经济补偿金。

双方争执不下，黄某等17人申请劳动争议仲裁。经劳动仲裁机构审理查明，黄某等17人每天实际工作时间为4到6个小时不等，电厂按月支付工资。因此，认定黄某等17人与电厂建立的劳动关系是全日制劳动合同关系，经调解，电厂向黄某等17人支付了经济补偿。

案例九

林某于2007年2月1日进入某商业大厦做清洁工，该商业大厦管理公司与林某签订了一份《某商业大厦办公区卫生保洁承包合同》，双方约定林某负责该商业大厦4层至5层办公区域卫生保洁服务，其中要求办公区公共场所地面、窗户和公共厕所打扫及垃圾清理上下午各一次，楼梯每天打扫1次，每天早上8点前及下午2点前必须将当天卫生清理完毕，如发现保洁质量不达标，经公司两次警告后，仍不达标的，公司有权解除合同。林某为非全日制职工，工资为5.6元/小时，合同期限为自2007年2月1日起至2009年1月31日止。

2008年2月，由于有人多次投诉大厦4层厕所卫生极差，公司向林某发出了两张书面警告通知书，要求林某立即改正，搞好大厦卫生。2008年3月，公司以林某的工作达不到合同约定的卫生标准为由，向林某发出解除合同的通知书。林某不服，向当地劳动仲裁委员会提起劳动仲裁。林某认为公司一直未签订劳动合同、未为其缴纳社保，节假日加班都未得到相应的补休或相应的报酬，公司无故辞退员工，因此请求：1. 公司支付林某2007年2月至2008年2月的加班费；2. 公司支付未签订书面劳动合同的二倍工资差额；3. 公司支付违法解除劳动关系的赔偿金。公司认为，林某与公司之间属于非全日制用工关系，无须签订书面劳动合同，也无须支付加班费；林某未按合同约定完成保洁任务，公司解除双方劳动关系合法，无须支付赔偿金。

经仲裁机构审理查明，林某平均每日工作时间不超过4小时，确认林某与公司建立非全日制劳动关系；林某没有依照合同约定完成保洁任务，公司有权解除劳动合同，无须支付经济补偿金。驳回了林某的全部仲裁请求。

律师析案

案例八是非全日制用工如何界定的案例，案例九是用人单位合法使用非全日制用工的情况。那么，到底如何认定非全日制用工呢？非全日制用工中劳动者和用人单位有何特殊的权利和义务？

辨析一：什么是非全日制用工？

根据《关于非全日制用工若干问题的意见》（劳社部〔2003〕12 号）规定，非全日制用工是指以小时计酬，劳动者在同一用人单位平均每日工作时间不超过 5 小时累计每周工作时间不超过 30 小时的用工形式。2008 年 1 月 1 日《劳动合同法》生效后，确立了三种合法的用工形式，即全日制用工、非全日制用工和劳务派遣用工，并对非全日制用工作了重新的界定。根据《劳动合同法》第六十八条规定，“非全日制用工，是指以小时计酬为主，劳动者在同一用人单位一般平均每日工作时间不超过 4 小时，每周工作时间累计不超过 24 小时的用工形式。”因此，非全日制用工与全日制用工最大的区别就在于工作时间的不同，由此决定了非全日制用工在建立和解除劳动关系的方式、社会保险的缴纳等方面更为灵活，主要表现在：第一，非全日制用工双方当事人可以订立口头协议；第二，非全日制用工双方当事人任何一方都可以随时通知对方终止用工，并且用人单位无须向劳动者支付经济补偿；第三，用人单位可以仅为劳动者缴纳工伤保险，其他社会保险可以由劳动者自行缴纳。

非全日制用工与劳务关系的最大区别在于劳动者是否必须遵守用人单位的规章制度，根据用人单位的安排从事具体的工作。如果是，那么应当界定为非全日制用工关系；反之，界定为劳务关系更为恰当。

辨析二：如何认定非全日制用工关系？

在案例八中，黄某等 17 人与电厂的关系被认定为全日制劳动合同关系，而案例九中，林某与商业大厦的关系却被认定为非全日制用工关系。

那么，认定非全日制用工到底有什么标准呢？第一，实质标准（工作时间标准），即劳动者在同一用人单位平均每日工作时间不超过 4 小时，每周工作时间不超过 24 小时；第二，形式标准（行政备案标准），即用人单位招用劳动者从事非全日制工作，应当在录用后到当地劳动保障行政部门办理录用备案手续。根据认定非全日制用工的实质标准，案例八中，黄某等 17 人的工作时间实际上已超过法律规定的 4 小时且每周超过 24 小时，就应认定为黄某等 17 人与电厂建立的是全日制劳动关系。案例九中，林某的工作时间每日不超过 4 小时，显然应认定为林某与商业大厦建立的是非全日制用工关系。

辨析三：非全日制用工的劳动者享有哪些特殊的权利？

相比于全日制用工的劳动者，非全日制用工的劳动者享有以下特殊的劳动权利：第一，无须约定试用期；第二，劳动报酬结算以计时工资为主，且小时计酬标准不得低于用人单位所在地人民政府规定的最低小时工资标准；第三，劳动报酬结算支付周期最长不超过十五日；第四，不被劳务派遣，即劳务派遣单位不得以非全日制用工形式招用被派遣劳动者。

辨析四：非全日制用工的用人单位享有哪些特殊的权利？

相比全日制用工，非全日制用工的用人单位也享有一定的特殊用工权利：第一，订立书面劳动合同的自由选择权，也就是说，用人单位既可以选择订立书面劳动合同，也可以订立口头协议；第二，随时终止用工权；第三，终止用工无须支付经济补偿；第四，免予缴纳除工伤保险以外的社会保险（包括养老保险、医疗保险、生育保险和失业保险）。

法条链接

1. 《劳动合同法》第六十八条、第六十九条、第七十条、第七十一条、第七十二条

2. 《劳动合同法实施条例》第三十条

3. 劳动部《关于非全日制用工若干问题的意见》第一条第三项、第五项、第六项；第二条至第五条

深度剖析

1. 非全日制用工是法律予以明确认可的特殊的双重劳动关系。2003 年，劳动与社会保障部《关于非全日制用工若干问题的意见》中将非全日制用工界定为“在同一用人单位平均每日工作时间不超过五小时累计每周工作时间不超过三十小时的用工形式”。《劳动合同法》出台后，对非全日制用工的界定更为严格，每日工作时间和每周工作时间标准分别缩短了一小时和六小时。由于法律的效力高于部门规章，因此，《关于非全日制用工若干问题的意见》与《劳动合同法》冲突的条款自然无效。

2. 认定非全日制用工有两个标准，一个是法律规定的实质标准（工作时间标准），另一个是部门规章规定的形式标准（行政备案标准）。那么，如何理解这两个标准呢？在认定非全日制用工时，是否必须同时满足这两个标准呢？对于认定非全日制用工的两个标准，存在以下三种情况：第一，如果满足了实质标准，但是没有满足形式标准，由于法律没有规定未办理录用备案手续导致非全日制用工关系无效，因此不宜将未办理录用备案手续的非全日制用工认定为全日制用工；第二，如果满足了形式标准，但是没有满足实质标准，也就是劳动者实际工作时间超过法定上限的情况，各地对此规定不同：一种是对超过工时的视为全日制用工，如北京；一种是对超过工时的规定由用人单位支付加班费，如深圳，但这里的“加班”一般情况下仅指法定节假日的加班，因为非全日制用工不存在休息日和工作日的区别。由于国家法律对此没有统一规定，笔者倾向于在认定为非全日制用工关系的前提下，对劳动者的超时做加班的处理，由用人单位支付加班费；第三，如果实质标准和形式标准都不满足，直接认定为全日制用工关系。在现行法律对非全日制用工的规定还留有空白的情况下，形式标准是辅助性认定标准，实质标准才是认定非全日制用工的决定性标准。

3. 非全日制用工是一种灵活的用工方式，对于用人单位而言，招用非全日制用工的劳动者一定程度上可以减少用工成本，提高劳动生产率。然而越想灵活自由就越需要规则，为防止出现非全日制用工纠纷，用人单位最好的选择是依法用工。第一，采取书面形式，订立非全日制劳动合同，明确用工性质及劳资双方的权利义务，书面合同是证明劳动者与用人单位之间用工关系的最好证据；第二，如果劳动者不愿签订书面劳动合同，那么用人单位在录用非全日制劳动者后，应及时到当地劳动保障行政部门办理录用备案手续，确保非全日制用工的合法性，减少争议的发生；第三，加强对非全日制用工的管理，包括招聘背景调查、用工时间调配、考勤记录管理、工资支付台账保管等，以减少用工风险；第四，为非全日制劳动者办理工伤保险，降低企业因较大工伤事故带来的巨额经济损失。

4. 对劳动者而言，选择非全日制就业的方式，为保护好自身的合法权益，请牢记以下口诀：

书面合同我想签，单位试用我拒绝。
超时加班我留条，超时付钱我投诉。
工伤保险一定买，诚信工作走天下。

三、劳务派遣用工

问题提出

面对劳务派遣用工规模迅速扩大、劳动者权益难以保障的情况，《劳动合同法》修正案作了哪些修改？法律强调劳务派遣用工的原则是什么？劳务派遣工如何维权？

典型案例

案例十

2000年4月，徐某被某家用电器厂聘为导购员，被派到各大商场从事产品导购销售工作，双方没有签订书面劳动合同。2006年4月，该家用电器厂经工商登记变更为某家用电器有限公司。2008年1月，该家用电器有限公司要求徐某与某劳务派遣公司签订书面劳动合同，告知徐某由某劳务派遣公司“派遣至该家用电器有限公司所涉及的业务区域内工作”，合同期限自2008年1月1日起至2008年12月31日止。徐某为保住工作，只好与劳务派遣公司签订书面劳动合同。不久，徐某听说劳务派遣公司应当和他订立两年以上的劳动合同，就找劳务派遣公司要求订立两年以上的劳动合同，劳务派遣公司答复他合同已经订立了，证明徐某和公司协商一致同意签订一年期的劳动合同，法律对协商一致订立的合同是不干预的。2008年12月31日，劳务派遣公司口头通知徐某劳动合同期限届满，双方终止劳动合同关系。徐某认为劳务派遣公司本应与其签订两年期的书面劳动合同，双方合同期未满，劳务派遣公司不能终止劳动合同，应支付违法终止劳动合同的赔偿金。劳务派遣公司认为，原劳动合同双方协商一致，合法有效，合同已经到期，属于合法终止，不同意支付赔偿金。

双方协商不成，徐某向当地劳动仲裁委员会提起仲裁，要求某家用电器有限公司和某劳务派遣公司支付违法终止劳动合同的赔偿金。仲裁委经审理后查明，劳务派遣公司未依法与徐某签订两年期以上的固定期限劳动合同，一年合同期满后终止合同属违法行为，支持了徐某的仲裁请求。

案例十一

2010年2月，刘某与某劳务派遣公司签订劳动合同，合同期限自2010年2月起至2011年1月止。双方约定劳动合同期内，刘某被派遣至某商业公司当保安，工资为每月1200元。按合同要求，刘某到某商业公司大厦从事保安工作。2个月后，刘某发现其他员工都有加班工资，唯独他没有，于是多次与某商业公司交涉，但该公司认为刘某与公司没有劳动关系，所以不予支付加班费。无奈之下，刘某找到劳务派遣公司，但是劳务派遣公司认为其他员工的加班工资是商业公司支付的，与劳务派遣公司无关，刘某没有超时加班，劳务派遣公司无须支付加班费。为了保住工作，刘某只好作罢。

2010年10月，刘某在夜晚值班时，因楼梯地滑，不慎摔倒，造成腰椎骨折。由于劳务派遣公司没有给刘某缴纳社会保险，劳务派遣公司告知刘某，公司实行医疗包干，对重大疾病仅支付5000元，其他费用由本人自负。

为此，刘某向当地劳动仲裁委员会提起仲裁，以劳务派遣公司未缴纳社会保险为由，要求与劳务派遣公司解除劳动合同，同时要求劳务派遣公司和商业公司支付加班费、医疗费和经济补偿。经劳动仲裁调解，劳务派遣公司支付了刘某医疗费和经济补偿，某商业公司支付了刘某的加班费。

案例十二

2001 年 1 月，何某入职某通信公司，双方签订了三份两年期的劳动合同。期间，何某先后被通信公司安排到下属的多家通信设备厂工作。2007 年 5 月，通信公司安排何某与某劳务派遣公司签订劳动合同，然后再由该劳务派遣公司将其派遣回通信公司工作，但是何某的工作地点、工作岗位和工作内容均与从前一样。2011 年 5 月 31 日，劳务派遣公司以劳动合同期满为由终止劳动合同，通信公司也不让何某再继续上班。此前，何某已向劳务派遣公司提出要求签订无固定期限劳动合同，但被劳务派遣公司拒绝。为此，何某向当地劳动仲裁委员会申请仲裁，要求劳务派遣公司与其签订无固定期限劳动合同。

经审理，仲裁委认为，根据《劳动合同法实施条例》第十条规定，“劳动者非因本人原因从原用人单位被安排到新用人单位工作的，劳动者在原用人单位的工作年限合并计算为新用人单位的工作年限。原用人单位已经向劳动者支付经济补偿的，新用人单位在依法解除、终止劳动合同计算支付经济补偿的工作年限时，不再计算劳动者在原用人单位的工作年限。”本案中，何某已在前后两个工作单位工作超过十年，原通信公司并未向张某支付经济补偿，因此，何某的工作年限应从在通信公司入职时起连续计算，符合签订无固定期限劳动合同的条件，劳务派遣公司应与何某签订无固定期限劳动合同。

律师析案

劳务派遣涉及劳务派遣单位、用工单位和被派遣劳动者三方的权益。案例十涉及劳务派遣合同订立的争议，案例十一是劳务派遣合同履行过程的争议，案例十二涉及被派遣劳动者工作年限的计算问题。劳务派遣是一种新兴的用工方式，现实中劳务派遣用工出现许多问题，只有正确适用法律，规范劳务派遣用工方式，才能使劳务派遣这一新的用工方式步入良性发展的轨道。

辨析一：什么是劳务派遣？

根据《劳动合同法》的规定，劳务派遣指劳务派遣单位与接受以劳务派遣形式用工的单位（以下简称“用工单位”）订立劳务派遣协议，由劳务派遣单位与被派遣劳动者订立书面劳动合同，并由劳务派遣单位指派被派遣劳动者在用工单位处接受用工单位管理、提供劳动的用工方式。简言之，劳务派遣单位、用工单位和被派遣劳动者之间形成的是“有关系没劳动，有劳动没关系”的特殊形态。近年来，劳务派遣在我国迅速发展，用工单位为了降低成本，减少用工风险，劳务派遣用工形式非常普遍，从而导致了劳资纠纷多发高发，严重影响了劳动关系的和谐稳定。《劳动合同法》的出台，第一次从法律的层面上，对劳务派遣这一劳动力雇佣与使用相分离的用工方式进行了规范。针对现实中存在的严重问题，2012 年全国人大常委会对《劳动合同法》进行了修改，重点对劳务派遣用工作出了更加具体明确的规定，为规范劳务派遣用工提供了更具可操作性的法律依据。

辨析二：被派遣劳动者有何特殊的劳动权利？

被派遣劳动者除了享有一般劳动者的劳动权利外，还享有以下特殊的劳动权利：第一，要求劳务派遣单位订立二年以上的固定期限劳动合同；第二，无工作期间，劳务派遣单位应当按月支付不低于当地政府规定的最低工资标准的报酬；第三，跨地区被派遣的，劳动报酬和劳动条件按用工单位所在地的标准执行；第四，与用工单位的劳动者同工同酬；第五，不能被再派遣；第六，自主选择参加劳务派遣单位或用工单位的工会；第七，有权知悉劳务派遣单位与用工单位签订的劳务派遣协议内容。案例十中，劳务派遣公司依法应与徐某订立二年以上的劳动合同，但是劳务派遣公司以双方协商一致为由予以拒绝。由于《劳动合同法》对此作了强制性规定，因此，劳务派遣公司与徐某订立的一年期劳动合同中的期限条款违反了法律的强制性规定，属于无效条款。

辨析三：劳务派遣单位须履行何种特殊的法律义务？

根据 2012 年 12 月修订的《劳动合同法》规定，经营劳务派遣业务应具备以下条件：“（一）注册资本不得少于人民币二百万元；（二）有与开展业务相适应的固定的经营场所和设施；（三）有符合法律、行政法规规定的劳务派遣管理制度；（四）法律、行政法规规定的其他条件。”“经营劳务派遣业务，应当向劳动行政部门依法申请行政许可；经许可的，依法办理相应的公司登记。未经许可，任何单位和个人不得经营劳务派遣业务。”由此可知，劳务派遣单位首先应依法设立。

因此，劳务派遣单位除了应当履行一般用工单位对劳动者的义务外，还须履行法律规定的特殊的法律义务：第一，与被派遣劳动者订立的劳动合同除须载明法定的必备条款外，还应当载明被派遣劳动者的用工单位及派遣期限、工作岗位等情况；第二，与用工单位订立劳务派遣协议；第三，不得克扣用工单位按照劳务派遣协议支付给被派遣劳动者的劳动报酬；第四，不得向被派遣劳动者收取费用；第五，依法向被派遣劳动者支付经济补偿；第六，不得以非全日制用工形式招用被派遣劳动者。除此以外，被派遣劳动者享有的特殊劳动权利也是劳务派遣单位应履行的法律义务。案例十一中，刘某以劳务派遣公司未缴纳社会保险为由，要求解除劳动合同，劳务派遣公司理应依法支付因工伤产生的医疗费以及解除劳动合同的经济补偿。

当然，劳务派遣单位同时享有法律赋予的用工管理权和依法解除劳动合同的权利。

辨析四：用工单位应当履行何种特殊的法律义务？

劳务派遣涉及了劳务派遣单位和接受劳务派遣形式的用工单位，虽然两个单位在法律意义上都是用工单位，但是，接受劳务派遣形式的用工单位和劳务派遣单位面对同一个被派遣劳动者，所履行的法律义务却有所不同。用工单位依法应履行以下特殊的法律义务：第一，执行国家劳动标准，提供相应的劳动条件和劳动保护；第二，告知被派遣劳动者的工作要求和劳动报酬；第三，支付加班费、绩效奖金，提供与工作岗位相关的福利待遇；第四，提供工作岗位必需的培训；第五，连续用工的，实行正常的工资调整机制。案例十一中，劳务派遣公司以刘某和其他商业公司的职工不同，无须支付加班费的答复是错误的。刘某存在加班的事实，那么商业公司就应依法支付相应的加班费。

当然，用工单位对被派遣劳动者同样享有一定的用工管理权。如果被派遣劳动者存在以下情形，用工单位可以将劳动者退回劳务派遣单位，由劳务派遣单位依法解除劳动合同：（1）试用期间被证明不符合录用条件的；（2）严重违反用人单位的规章制度；（3）严重失职，营私舞弊，给用人单位造成重大损害的；（4）同时与其他用人单位建立劳动关系，对完成本单位工作任务造成严重影响，或者经用人单位提出，拒不改正的；（5）以欺诈、胁迫手段或乘人之危，使对方在违背真实意思的情况下订立或变更劳动合同，致使劳动合同无效的；（6）被依法追究刑事责任的；（7）患病或者非因公负伤，在规定的医疗期满后不能从事原工作，也不能从事由用人单位另行安排的工作的；（8）不能胜任工作，经过培训或者调整工作岗位，仍不能胜任工作的。

辨析五：发生劳动纠纷，劳务派遣单位和用工单位是否各担其责？

由于劳务派遣的特殊性，一旦发生劳动纠纷，被派遣劳动者应该向谁主张权利？劳务派遣单位和用工单位是各担其责，还是共同担责？根据《劳动合同法》第九十二条规定，用工单位给被派遣劳动者造成损害的，劳动派遣单位与用工单位承担连带赔偿责任。因此，发生劳动纠纷，用工单位导致被派遣劳动者受损害，劳务派遣单位或用工单位都应当独立对被派遣劳动者承担所有的赔偿责任。

劳务派遣单位或用工单位向被派遣劳动者承担赔偿责任后，可以根据双方的劳务派遣协议或法律规定确定究竟是哪一方的责任，已承担赔偿责任的一方可以向未承担责任的一方追偿。

辨析六：“被劳务派遣”，劳动者的工作年限如何计算？

很多劳动者原本在用工单位工作，一夜之间，却被原用工单位通知要求与劳务派遣单位签订劳动合同。还是同样的单位、同样的岗位，身份却不一样了。案例十二中，何某就是用工单位要求劳动者“被劳动派遣”的情形。那么这种“被劳务派遣”，用工单位是否可以完全规避相应的法律责任呢？根据《劳动合同法实施条例》第十条规定，“劳动者非因本人原因从原用人单位被安排到新用人单位工作的，劳动者在原用人单位的工作年限合并计算为新用人单位的工作年限。原用人单位已经向劳动者支付经济补偿的，新用人单位在依法解除、终止劳动合同计算支付经济补偿的工作年限时，不再计算劳动者在原用人单位的工作年限。”因此，被派遣劳动者的工作年限不会被一笔勾销。

法条链接

1.《劳动合同法》第五十七条至六十七条、第九十二条

2.《劳动合同法实施条例》第十条、第二十八条至第三十二条、第三十

五条

3.《劳动争议调解仲裁法》第二十二条

4.《最高人民法院关于审理劳动争议适用法律若干问题的解释（二）》第十条

深度剖析

1. 劳务派遣本身是市场经济发展到一定程度的产物，与传统的用工方式相比，这一新的用工形式具有很多好处。然而，当前我国劳务派遣用工的快速发展与法律规范的相对滞后、欠缺，造成劳务派遣的积极作用无法充分发挥，相反却滋生了很多矛盾纠纷。劳务派遣三方的权益都缺乏相应的保障，比如劳务派遣单位与用工单位的责任分配问题、跨地区就业的政策衔接问题。但是大量实践证明，在劳务派遣用工中，被派遣劳动者始终处于弱势地位，往往成为劳务派遣单位和用工单位责任分配不明的受害者。

2. 被派遣劳动者如何保护自身合法权益？

第一，从预防纠纷发生的角度看，劳动者与劳务派遣单位订立劳动合同时，首先可以前往当地的工商登记部门了解劳务派遣单位的资质和背景，不正规的劳务派遣单位难以保障劳动者的合法权益；其次看清楚劳动合同是否具备所有必备条款，充分了解劳务派遣单位和用工单位的派遣协议。需要注意，用工单位或用工单位的所属单位依法是不能设立劳务派遣单位的。

第二，从有效解决纠纷的角度看，一旦发生争议，被派遣劳动者在提起仲裁或诉讼时，将劳务派遣单位和用工单位一并作为共同当事人，可以最大限度地保护自身的合法权益。

3. 用工单位和劳务派遣单位在有效利用劳务派遣这种用工方式降低用工成本，实现减员增效目标时，同样也存在法律风险。当用工单位给被派遣劳动者造成损害时，劳务派遣单位与用工单位承担连带赔偿责任。因此，减少劳务派遣的法律风险，有必要做到：

第一，劳务派遣单位与用工单位订立的劳务派遣协议内容应该明确、规范，载明派遣岗位和人员数量、派遣期限、劳动报酬和社会保险费的数额与支付形式以及违反协议的责任。一旦发生争议或者承担连带责任后，可以依照劳务派遣协议明确自身承担的责任份额，并据此向对方追偿。

第二，为增加法律风险的可控性，无论是用工单位还是劳务派遣单位，都有必要与对方建立双向监督或沟通机制，敦促对方履行劳务派遣协议的内容，协调已经发生的矛盾纠纷，最大程度降低因纠纷产生的违法成本。

四、关联企业的劳动关系

问题提出

关联企业如何认定？用人单位指派劳动者到不同的关联单位工作，劳动者的权利最终应该向谁主张？

典型案例

案例十三

1996年3月，巫某从某县汽车运输总公司商调至某市对外经济发展公司上班。1999年4月，巫某又被某对外经济发展公司安排到其参股单位某实业股份有限公司下属客运站工作。2001年3月，某对外经济发展公司改制为某对外经济发展有限公司。改制前，巫某根据公司的要求，购买了公司5000元的股份。2001年8月，某对外经济发展有限责任公司因改制又变更企业名称为某贸易有限公司。2007年2月，巫某与客运站签订了为期三年的书面劳动合同。2008年12月，某客运站被核准注销。随后，某客运站通知巫某，因客观原因造成合同无法履行，客运站提出解除双方劳动合同，并按巫某在客运站的工作年限计算经济补偿。巫某不同意，认为客运站是某实业股份有限公司的下属单位，客运站被注销，某实业股份有限公司理应继续履行劳动合同，安排其工作。

双方协商不成，巫某提起劳动仲裁，经过调解，某实业股份有限公司按巫某1996年入职起计算工作年限支付相应的经济补偿。

案例十四

黑眸食品有限公司1998年1月成立，法定代表人为林某。经过三次更名，黑眸食品有限公司最终于2007年12月变更为黑眸食品股份有限公司。

1999 年 7 月，林某的妻子郑某在当地某区设立了某区黑眸食品有限公司并担任法定代表人。2005 年 5 月，某区黑眸食品有限公司被依法注销。2001 年 3 月，卢某经招聘进入郑某的某区黑眸食品有限公司担任电工，双方未签订书面劳动合同。2004 年 6 月卢某受郑某指派进入黑眸食品有限公司工作，双方未签订书面劳动合同。2007 年 11 月在卢某的要求下，黑眸食品股份有限公司与其签订了为期五年的劳动合同。2009 年 5 月，黑眸食品股份有限公司指派卢某前往安徽黑眸食品有限公司工作，卢某拒绝。同年 6 月，黑眸食品股份有限公司再次指派卢某到某食品包装厂工作，并向卢某出具了一张前往某食品包装厂工作的介绍信，但是卢某拒绝到安徽工作，仍留在原岗位工作。2010 年 8 月，黑眸食品股份有限公司以卢某长期未在岗为由，解除与卢某的劳动合同关系。

2011 年 3 月，卢某向当地劳动仲裁委员会提起仲裁，要求黑眸股份有限公司支付违法解除劳动合同的赔偿金。经审理，由于卢某无法举证证明从 2001 年 3 月至 2004 年 6 月与某区黑眸食品有限公司存在劳动关系，也无法举证证明 2004 年 6 月至 2007 年 11 月受某区黑眸食品有限公司指派在黑眸食品有限公司工作。因此，劳动仲裁委最终确认卢某与黑眸食品股份公司之间的劳动关系始于 2007 年 11 月，止于 2010 年 8 月。经调解，黑眸食品股份公司向卢某支付两个月的赔偿金。

律师析案

关联企业的劳动纠纷频频发生，相关劳动法律缺乏规范，劳动者权益维护难上加难。案例十三是非关联企业与劳动者发生的纠纷，案例十四是关联企业与劳动者发生的纠纷。到底什么是关联企业？用人单位自身的变更是否会影响劳动合同的履行？如何最大程度保护劳动者的权益？

辨析一：什么是关联企业？

目前，我国法律对于关联企业没有任何法律上的界定。综合理论和司法实践的观点看，关联企业是指与其他独立经营的企业之间存在直接或间接控制关系或重大影响关系的企业。相互之间具有联系的各企业相对独立但互相关联。司法实践中，常常会有同一个自然人作为主要投资人或法定代表人设立了几个公司，或者夫妻分别设立了不同的公司，公司之间存在业务和经济往来等情形，比如案例十四，黑眸食品股份有限公司和某区黑眸食品公司就是丈夫林某和妻子郑某分别设立的，因此林某和郑某分别作为两个公司的法定代表人对公司的劳动者卢某随意安排工作地点和内容。卢某面对这样的关联企业，其劳动权益极易受到侵害，特别是在两个公司都不与卢某签订劳动合同的情况下，更难以确认卢某劳动关系的存续和变化。

辨析二：关联企业中劳动者的权利如何确认？

实践中，投资人采用注册多家公司、利用各个公司独立主体的特性，规避劳动用工的法定责任，如分拆工资避税、降低劳动者社保缴纳基数、消减劳动者工作年限等。对于关联企业劳动者权利的确认，目前唯一的、间接的法律依据就是《劳动合同法实施条例》第十条规定，“劳动者非因本人原因从原用人单位被安排到新用人单位工作的，劳动者在原用人单位的工作年限合并计算为新用人单位的工作年限。原用人单位已经向劳动者支付经济补偿的，新用人单位在依法解除、终止劳动合同计算支付经济补偿的工作年限时，不再计算劳动者在原用人单位的工作年限。”换句话说，只有在劳动者能够举证证明自己被用人单位安排到不同的单位工作的情况下，才能确认全部的工作年限。如案例十三中，巫某提供了某对外经济发展有限公司参股的证据和与客运站订立的劳动合同，以及客运站是某实业股份有限公司分公司的工商登记资料，最终确认了自己连续的工作年限。而案例十四中，卢某没有任何证据可以证明自己 2007 年 11 月之前的工作情况，由此，无法确认这一段的工作年限，导致赔偿金的损失。

辨析三：用人单位变更是否影响劳动合同的履行？

除了关联企业外，用人单位自身会发生变更、合并、分立的情况，比如，案例十三和案例十四中用人单位不断地变更名称。这种情况下，劳动者的权益又如何保障呢？根据《劳动合同法》第三十三条和第三十四条的规定，用人单位变更名称、法定代表人、主要负责人或者投资人事项、合并或者分立，不影响劳动合同的履行。

法条链接

1.《劳动合同法》第三十三条、第三十四条

2.《劳动合同法实施条例》第十条

深度剖析

1. 一般情况下，用人单位和劳动者是一一对应的关系，权利和义务比较明确。在特殊的用工形式下，比如劳务派遣、非全日制用工或者双重劳动关系，由于涉及几方，劳动者的权利与不同的用人单位无法实现一一对应，虽然法律在一定程度上都进行了规范，但是，对于劳动者而言，面对关联企业，用人单位占据绝对强势，法律存在空白，劳动关系难以确认，劳动权利难以维护。所以，立法上，如果可以借鉴《公司法》中揭开公司面纱制度，在确认关联企业的投资主体实为同一法定代表人或主要投资人的情形下，揭开公司之面纱，否定法定代表人或主要投资人与公司分别独立的人格，令法定代表人或主要投资人直接承担相应的法律责任方能切实保护劳动者合法权益。当然，这只能期待今后劳动法律制度的进一步完善。

2. 在当前法律尚未完善的情况下，当劳动者发现身处关联企业中，为防范劳动纠纷的发生，务必牢记以下口诀：

劳动合同一定签，社会保险不能免；
若要指派到他处，证据材料留齐全。

劳动合同当然是劳动关系最直接的证据，然而在有些用人单位拒不签订书面劳动合同的情况下，社会保险的缴纳证明也是劳动关系存续的有力证据。一旦用人单位未经协商，随意将劳动者指派到不同的企业工作，劳动者这时应当多留个心眼，如果的确无法留存相应的证据材料，那么三十六计走为上计。否则，时间拖得越久遭受的损失可能就越大。

五、非法用工问题

问题提出

非法用工真的能减少成本吗？非法用工单位要承担哪些法律责任？面对非法用工，劳动者如何保障自身合法权益？

典型案例

案例十五

2007年2月，湖北籍农民陈某外出打工。经老乡介绍，来到某市一家模具加工厂工作，模具加工厂没有工商营业登记。工厂老板与陈某口头约定每月工资1200元，陈某的岗位是负责压模。加工厂也没有为陈某缴纳社会保险。2007年10月，因为工厂连续接到几笔订单，任务量重，老板要求加班加点，保质保量把任务给完成。由于连续一周每天14个小时工作，陈某感到异常疲惫。10月6日，陈某在压模的时候，因为困乏不已，不小心被机器压断了左手拇指和食指。工伤发生后，厂方把陈某送到医院治疗，由于担心医疗费用大，老板提出给陈某一次性经济补偿2万元。为了得到及时救治，陈某的家属与老板签订了一份书面协议，同意领取一次性经济补偿2万元，了结双方的劳动关系，今后不再向加工厂老板主张任何权利。但是，很快陈某的医疗费用完，面临无法继续治疗的问题。当陈某的家属再次找到加工厂老板时，加工厂老板提出双方已经签订调解协议，不可能再支付任何费用。陈某的家属无可奈何，只能向当地劳动局申请工伤，可是因为加工厂没有工商营业登记，陈某无法认定工伤。陈某的家属只能让陈某提前出院回家保守治疗。2007年12月底，陈某身体基本恢复后，再次前往劳动局申请劳动能力等级鉴定。经鉴定，陈某为八级伤残。陈某向当地劳动仲裁委提起仲裁，经过调解，陈某最终拿到一次性赔偿。

案例十六

2007年11月，江西籍农民朱某因为家里经济困难，就托老乡把自己年仅14岁的儿子朱小某带往某玩具工厂打工。老板知道朱小某是未成年人，但是，考虑朱小某的工资待遇比一般工人低，就让朱小某在厂里帮忙切割玩具零件。2008年5月，由于连续加班，朱小某极度疲惫，时常打瞌睡，在切割玩具零件的时候，左手被切割机切断拇指和食指。朱小某住院治疗期间，厂方老板决定一次性给付朱小某1万元，并将其辞退，打发回家。

朱小某的父亲不同意，双方协商不成，朱小某的父亲向当地劳动监察部门投诉，要求被诉人承担其医疗费和伤残待遇。经调解，朱小某最终拿到一次性伤残赔偿金。

案例十七

杨某是某村的村民，1947 年 9 月 5 日出生，因家境贫寒，外出务工。1994 年 6 月到某工厂工作，负责在厂区的电梯间管理电梯。工厂一直没有与杨某签订书面劳动合同，也没有为其购买社会保险。2012 年 11 月，厂方以杨某年纪太大为由，口头通知杨某离厂。杨某要求厂方为他补缴社会保险，同时支付解除劳动关系的经济补偿。但厂方只同意支付 500 元的经济补偿。

双方协商不成，杨某来到当地工会请求法律援助，希望工会代理申请劳动仲裁。杨某的请求能够得到支持吗？

律师析案

一般情况下，劳动关系涉及两方当事人：劳动者和用工单位。对于用人单位而言，非法用工将面临法律的惩处，支付高昂的违法成本。对于劳动者而言，则面临极大的职业和法律风险。案例十五是非法用工单位与劳动者之间的“劳动纠纷”，案例十六是未成年工与用工单位之间的“劳动纠纷”，案例十七是达到退休年龄的劳动者与用工单位之间的“劳动纠纷”。那么，到底什么是非法用工？非法用工会导致什么样的法律后果？面对非法用工，劳动者如何最大限度保障自身的合法权益呢？

辨析一：什么是非法用工？

《劳动法》第二条、《劳动合同法》第二条以及《劳动合同法实施条例》，对用工单位的范围作出了规定，合法的用工单位包括四种类型：（1）我国境内的企业、个体经济组织、民办非企业单位；（2）国家机关、事业单位和社会团体；（3）依法成立的会计师事务所、律师事务所等合伙组织和基金会；（4）用人单位设立的依法取得营业执照或登记证书的分支机构。从相关法律规定可以看出，衡量用人单位合法的标准是依法进行登记。

我国现行的法律对劳动者从事劳动设定了相应的条件。《劳动法》第十五条规定，“禁止用人单位招用未满十六周岁的未成年人。文艺、体育和特种工艺单位招用未满十六周岁的未成年人，必须依照国家有关规定，履行审批手续，并保障其接受义务教育的权利。”简单地说，除了特殊情况外，法律禁止招用童工，劳动者必须年满十六周岁。

综上所述，未依法办理法定登记备案手续的用工单位雇用劳动者或童工、已依法办理法定登记备案手续的用人单位招用童工都属于非法用工，比如案例十五和案例十六都属于非法用工。此外，外国人在国内就业须经许可，否则也视为非法用工。

辨析二：什么是非法用工单位？

根据《非法用工单位伤亡人员一次性赔偿办法》的规定，非法用工单位是指无营业执照或者未经依法登记、备案的单位以及被依法吊销营业执照或者撤销登记、备案的单位。结合2003年3月1日施行的《无照经营查处取缔办法》的规定，非法用工单位包括以下三种类型：（1）应取得而未取得营业执照或应依法登记、备案而未登记、备案的用工单位；（2）已经办理注销登记或者被吊销营业执照的用工单位；（3）营业执照有效期届满后未按照规定重新办理登记手续或被撤销登记、备案的用工单位。总之，用工单位若不具备合法的形式要件，即不具备合法经营资格的可以认定为非法用工单位。案例十五中的用工单位就是无营业执照，属于非法用工单位。但是未依法取得营业执照或者登记证书也未取得授权委托的分支机构以及超范围经营的用工单位不能视为非法用工单位。

辨析三：非法用工单位的用工行为会产生什么样的法律后果？

由于非法用工单位不具备合法用工主体资格，因此，非法用工单位与劳动者之间建立的劳动关系或者签订的劳动合同无效。根据《劳动合同法》第九十三条规定，非法用工单位的用工行为会产生以下法律后果：

第一，劳动者已经付出劳动的，非法用工单位或者其出资人应当依照《劳动合同法》的有关规定向劳动者支付劳动报酬、经济补偿、赔偿金；

第二，给劳动者造成损害的，非法用工单位应当承担赔偿责任。根据劳动部《违反〈劳动法〉有关劳动合同规定的赔偿办法》和《非法用工单位伤亡人员一次性赔偿办法》的规定，赔偿责任包括五个方面：

（1）造成劳动者劳动保护待遇损失的，应按国家规定补足劳动者的劳动保护津贴和用品；

（2）造成女职工和未成年工身体健康损害的，除按国家规定提供治疗期间的医疗待遇外，还应支付劳动者相当于医疗费用25%的赔偿费用；

（3）造成劳动者工伤待遇损失的，非法用工单位应向伤残职工或死亡职工的近亲属、伤残童工或者死亡童工的近亲属给予一次性赔偿，还应支付劳动者相当于医疗费用25%的赔偿费用，比如案例十五中模具加工厂必须为陈某支付一次性伤残赔偿；

（4）造成劳动者医疗待遇损失的，除按国家规定为劳动者提供医疗待遇外，还应支付劳动者相当于医疗费用25%的赔偿费用；

（5）劳动合同约定的其他赔偿费用。

辨析四：非法使用童工承担什么法律责任？

国家禁止使用童工，从现行的有关法律法规来看，非法使用童工可能承担民事责任、行政责任，乃至刑事责任。

第一，从民事责任的角度看，童工被送回原居住地的所需费用，全部由使用童工的单位或个人负担。童工患病或者受伤的，用人单位应当负责送到医疗机构治疗，并负担治疗期间的全部医疗费、生活费、护理费、住院期间的伙食补助费以及所需的交通费等费用。用人单位还应当一次性地对伤残的童工、死亡童工的近亲属给予赔偿，赔偿金额按照《非法用工单位伤亡人员一次性赔偿办法》计算。案例十六中，朱小某是童工，厂方必须为朱小某的医疗和工伤承担赔偿责任。

第二，从行政责任的角度看，对用人单位非法使用童工的，劳动行政部门将给予罚款、吊销其营业执照或者撤销民办非企业单位登记等处罚。若用人单位是国家机关、事业单位的，由有关单位依法对直接负责的主管人员和其他直接责任人员给予降级或者撤职的行政处分或者纪律处分。对单位或者个人为不满16周岁的未成年人介绍就业的，由劳动保障行政部门按照每介绍一人处5000元罚款的标准给予处罚；职业中介机构为不满16周岁的未成年人介绍就业的，并由劳动保障行政部门吊销其职业介绍许可证。

第三，从刑事责任的角度看，对拐骗、强迫童工劳动，造成童工死亡或者严重伤残，构成犯罪的，将依法追究相关责任人的刑事责任。根据九届全国人大常委会通过的《刑法修正案（四）》的规定，违反劳动管理法规，雇用未满十六周岁的未成年人从事超强度体力劳动的，或者从事高空、井下作业的，或者在爆炸性、易燃性、放射性、毒害性等危险环境下从事劳动，情节严重的，对直接责任人员，处三年以下有期徒刑或者拘役，并处罚金；情节特别严重的，处三年以上七年以下有期徒刑，并处罚金。

辨析五：达到退休年龄的劳动者继续在用人单位从事劳动会受到法律的保护吗？

我国现行法律对于劳动者劳动资格的终止并没有相应的规定，劳动者达到退休年龄，并不意味着劳动资格的终止。用人单位招用达到退休年龄的劳动者，也不是非法用工。但是，达到退休年龄的劳动者继续从事劳动，与尚未达到退休年龄的劳动者从事劳动在适用法律和行使权利方面存在不同。根据《劳动合同法》第四十四条、《劳动合同法实施条例》第二十一条和《最高人民法院关于审理劳动争议案件适用法律若干问题的解释（三）》（法释〔2010〕12号）第七条、《最高人民法院行政审判庭关于超过法定退休年龄的进城务工农民因工伤亡的，应否适用〈工伤保险条例〉请示的答复》（（2010）行他字第10号）的规定，同样达到退休年龄的劳动者，是否享受养老保险待遇导致其受到法律调整和保护的范围不同：

第一，劳动者达到退休年龄，尚未享受养老保险待遇的，这类劳动者在达到退休年龄后，并不等于终止其劳动资格，一旦发生工伤，仍可依法进行工伤认定。但是，需要注意的是，有些地方法院或劳动仲裁委出台的审理劳动人事争议案件的指导意见规定："用人单位招用已达到法定退休年龄但尚未享受基本养老保险待遇或领取退休金的劳动者，双方形成的用工关系按劳务关系处理。"这就导致司法实践中，这类劳动者的劳动权利受到部分限制，无法得到法律的全面保障。比如案例十七中，杨某2012年11月已达到法定退休年龄，虽然没有享受基本养老保险待遇，但其补缴社会保险和支付经济补偿的请求，仍难以得到支持。因为，目前实践中，杨某与某工厂的关系大多数情况下会按劳务关系处理。

第二，劳动者达到退休年龄，享受养老保险待遇的，这类劳动者自享受基本养老保险待遇或领取退休金之日起，与用人单位建立的关系按劳务关系处理。

法条链接

1.《劳动法》第九十七条

2.《劳动合同法》第九十三条

3.《工伤保险条例》第六十三条

4.《非法用工单位伤亡人员一次性赔偿办法》

5.《无照经营查处取缔办法》

6.《禁止使用童工规定》

7.《最高人民法院关于审理劳动争议案件适用法律若干问题的解释（三）》第七条

8. 国务院《关于工人、退职的暂行办法》第一条

9.《最高人民法院行政审判庭关于超过法定退休年龄的进城务工农民因工伤亡的，应否适用〈工伤保险条例〉请示的答复》

深度剖析

1. 无论何种原因，用工单位未依法进行登记备案，表面上看可以降低成本，但是非法用工单位在用工和经营的同时，却随时携带着一颗炸弹，这是因为非法用工单位本身就不具备用工和经营的资格，容易发生安全生产事故。一旦发生伤害事故，俗话说，跑得了和尚跑不了庙，劳动者不仅可以要求非法用工单位承担责任，还可以要求出资人承担责任，甚至是刑事责任。出资人心存侥幸非法用工的法律后果就是支付比合法用工更为高昂的成本。

2. 对于劳动者来说，在非法用工单位劳动，将面临无法按时领取工资、无法缴纳社会保险、发生伤害事故单位负责人逃匿等风险。虽然法律上对于非法用工中劳动者权益的保护几乎等同于一般劳动者，但是，非法用工单位的不确定性导致劳动者的权益有可能得到法律的支持却得不到现实的保障。因此，为了最大程度保障自身的合法权益，劳动者在求职的过程中，对有意入职的用工单位，建议到当地的工商部门进行查询，尽可能做到防患于未然。若发现所在的单位是非法用工单位，劳动者应该积极主动向当地劳动和工商部门投诉，降低损害风险。万一发生了伤害事故，应及时向当地的劳动保障部门、工会或法律援助机构寻求帮助。

3. 大多数情况下，非法用工的过错责任在于用工单位。但是，一些合法的用工单位，也存在劳动者冒名顶替、用假身份证虚报年龄，误用童工的情况。此时，用工单位误用童工也须承担相应的法律责任。因此，为降低误用童工的风险，用工单位招用人员时务必认真核查身份证，将身份证与劳动者

进行仔细比对，察言观色。出现难以确认是否童工的情况，还可与劳动者户口所在地的有关组织或机构取得联系，确认劳动者的真实身份，最大限度避免误用童工的情况发生。发现应聘的劳动者是童工时，应主动与童工的监护人联系，从用工单位履行社会责任的角度而言，有必要对监护人进行教育引导，拯救祖国的未来。

4. 劳动者达到法定退休年龄后，与用人单位建立的关系到底是劳动关系还是劳务关系，在各地司法实践中还是一个争执不休的问题。虽然，目前司法实践大多数依据《劳动合同法实施条例》的规定，对达到法定退休年龄的劳动者与用人单位建立的关系确认为劳务关系，但是对于其中尚未享受养老保险待遇的这部分人而言，大多唯有继续劳动才能解决生存问题，他们的劳动权利被限制并不符合“劳有所获、老有所养、病有所医”国家发展和社会保障的重要目标，基于此，劳动者达到退休年龄后，尚未享受养老保险待遇的，其面临着生存的问题，从保障劳动者合法权益和维护社会和谐稳定的角度出发，法律上还应给予这类劳动者充分和全面的保护。

我的权利谁做主

不可否认，用人单位在劳动关系中占据主导地位，而劳动者处于弱势。事实上的不平等，需要法律的“矫正”。实践证明，只有平衡条件下的劳动关系才能保持长久的和谐稳定，用人单位才能持续健康发展，劳动者才能发挥聪明才智。

谈谈劳动合同的履行

一、劳动合同期限

问题提出

劳动合同的期限有几种类型？法律对劳动合同试用期有什么规定？什么是无固定期限劳动合同？劳动合同期满是否必然导致劳动合同的终止？

典型案例

案例十八

2007年6月28日，李某经职业介绍所推荐，到某冷冻食品公司应聘。公司没有向李某说明任何招聘条件，也没有通过其他方式向李某介绍应聘岗位设定的条件。2007年7月2日，李某正式到该公司上班。2008年2月1日，双方签订了劳动合同，约定合同期限为3年，试用期为6个月。劳动合同只约定了李某的职位是销售专员，月基本工资1000元。2008年7月，公司认为李某的销售业绩较差，没有达到公司的目标，2008年7月2日向李某发出试用期内解除劳动合同的通知。该通知书写明，李某未能通过试用期考核，不适合其所任职的工作岗位，公司决定解除双方劳动合同。

李某不服，遂向劳动争议仲裁委员会申请仲裁，要求与用人单位恢复劳动关系。经仲裁委审理查明，公司没有就岗位设置任职条件，也从未告知李某试用期考核的标准和销售业绩的考核要求，李某的试用期应当自2007年7月2日起算，至2008年7月2日已超过6个月的试用期。因此，公司以李某未能通过试用期考核为由解除劳动合同缺乏事实依据，裁决公司与李某继续履行劳动合同。

案例十九

1991年3月，周某进入某服务公司工作。2008年6月，双方签订了为期一年的书面劳动合同。劳动合同期满后，周某在该公司继续上班，公司照常给周某发工资，但双方没有续订书面劳动合同。2011 年 12 月，公司宣布因客观原因停止经营，终止与周某的劳动关系，并依法支付经济补偿。为此，周某认为公司还应支付 2009 年 7 月以来未签订无固定期限劳动合同的二倍工资差额。但公司拒绝支付二倍工资差额，公司认为，劳动合同期满后，周某从未向公司提出过签订无固定期限劳动合同的要求，对于没有签订劳动合同这一事实是知悉且没有异议的，公司不存在推脱、拒绝周某要求的过错，未签订劳动合同的责任不在公司。所以，公司不应支付未签订无固定期限劳动合同的二倍工资差额。

双方协商不成，2012 年 1 月，周某向当地劳动仲裁委员会提起仲裁，要求公司支付未签订无固定期限劳动合同的二倍工资差额。经审理查明事实，仲裁委认定，用人单位无法证明未与劳动者签订无固定期限劳动合同的责任在劳动者，用人单位应根据《劳动合同法》第八十二条规定，自应当订立无固定期限劳动合同之日起向周某每月支付二倍工资差额。但是，根据《劳动争议调解仲裁法》第二十七条规定，“劳动争议仲裁的时效期间为一年。”周某主张的 2009 年 7 月至 2010 年 12 月的二倍工资，已超过仲裁时效，不予支持。但支持周某自 2011 年 1 月至 12 月期间二倍工资的仲裁请求。

案例二十

焦某为进城务工人员，在某外贸加工企业工作近 10 年，但双方从未签订书面劳动合同。焦某一直按月领取当地最低工资，每天上下班须打卡记录考勤。2008 年 1 月 1 日，《劳动合同法》实施后，企业为了规避签订无固定期限劳动合同，要求焦某签订劳务合同，合同约定以某一确定的订单完成为工作任务。但是，当该订单完成后，企业又要求焦某续订劳务合同，而合同依然以确定的订单为工作任务。企业没有为焦某缴纳社会保险。2009 年 1 月，企业直接以焦某未完成订单任务为由，让焦某离开企业。焦某认为自己一直是企业的员工，双方签订的劳务合同应该是劳动合同，企业的行为是违法解除劳动合同，要求企业支付赔偿金。但企业认为，双方签订的是劳务合同，企业无须按照劳动合同法的规定支付经济补偿，明确拒绝焦某的要求。

无奈之下，焦某向当地劳动仲裁委员会提起仲裁，经劳动仲裁委调解，企业依法向焦某支付了经济补偿。

案例二十一

2007 年 5 月 10 日，刘某、王某入职某电子器材公司，分别签订了为期 5 年的劳动合同。2010 年 10 月 20 日，该公司工会进行换届选举，刘某和王某因业务精湛、热心公益，被会员分别选举为工会兼职主席和专职副主席，任期均为 5 年。因刘某和王某曾与公司人力资源部经理吴某为职工的权益发生冲突，2012 年 4 月 20 日，吴某告知刘某和王某，劳动合同期满后，公司不再续签劳动合同。刘某、王某听说工会干部的劳动合同在工会法中有特殊规定，他们的劳动合同应自动延长，是不能随意终止的。为此，刘某和王某找到当地总工会进行咨询，确认他们的劳动合同应该延长到什么时间。

律师析案

劳动合同分为固定期限劳动合同、无固定期限劳动合同和以完成一定任务为期限的劳动合同。三类合同中劳动合同期限和试用期的约定各有不同的法律规定。案例十八是固定期限劳动合同涉及试用期纠纷的案例，案例十九是无固定期限劳动合同纠纷的案例，案例二十是以完成一定任务为期限的劳动合同纠纷的案例，案例二十一是法定情况下合同期限自动续延的案例。

辨析一：不同类型的劳动合同在合同期限和试用期方面的规定有何不同？

根据《劳动合同法》第十二条至第十五条、《劳动合同法实施条例》第十三条的规定，不同类型的劳动合同在合同期限方面有不同的规定：

1. 固定期限劳动合同中，用人单位与劳动者经协商后，以自然时间的起止为合同期限，除了劳动合同期限不满三个月的以外，可以约定试用期；

2. 无固定期限劳动合同中，合同只约定起算时间，没有终止时间，可以约定试用期；

3. 以完成一定任务为期限的劳动合同，合同以完成一定的任务为期限，起止时间为某一项工作的开始之日至该项工作的结束之时。以完成一定任务为期限的劳动合同可以视为一种特殊的固定期限劳动合同。考虑到只要劳动者按照劳动合同的要求完成了工作任务，就能说明劳动者胜任这份工作，所以，法律规定这类合同不得约定试用期。

辨析二：用人单位可以随意确定劳动合同试用期吗？

《劳动法》只规定，试用期约定最长期限不得超过六个月。《劳动合同法》进一步细化和限制试用期的规定，因此，2008 年 1 月 1 日以后，用人单位是不能随意自定试用期的。法律对试用期设置了四个限制性条件：

第一，规定了不得约定试用期的合同类型：（1）以完成一定工作任务为期限的劳动合同；（2）劳动合同期限不满三个月的；（3）非全日制用工合同。

第二，规定了试用期的最长期限：（1）劳动合同期限三个月以上不满一年的，试用期不得超过一个月；（2）劳动合同期限一年以上不满三年的，试用期不得超过二个月；（3）三年以上固定期限和无固定期限的劳动合同，试用期不得超过六个月。

第三，限制试用期的次数：同一用人单位与同一劳动者只能约定一次试用期。

第四，明确试用期与劳动合同期限的关系：试用期包含在劳动合同期限内；劳动合同仅约定试用期的，试用期为劳动合同期限。

案例十八中，李某 2007 年 7 月 2 日入职，企业 2008 年 2 月 1 日与李某签订的劳动合同属于倒签合同，也就是先履行后签约。企业不能通过倒签合同的行为延长试用期，因为，无论在《劳动合同法》生效前还是生效后，试用期的起算都是以自然时间计算的。

辨析三：用人单位可以在试用期内随时解除劳动合同吗？

根据《劳动合同法》第二十一条规定，在试用期内，劳动者只有存在以下情形，用人单位才能解除劳动合同：

1. 在试用期间被证明不符合录用条件的；

2. 严重违反用人单位的规章制度的；

3. 严重失职，营私舞弊，给用人单位造成重大损害的；

4. 劳动者同时与其他用人单位建立劳动关系，对完成本单位的工作任务造成严重影响，或者经用人单位提出，拒不改正的；

5. 因《劳动合同法》第二十六条第一款第一项规定的情形致使劳动合同无效的；

6. 被依法追究刑事责任的；

7. 劳动者患病或者非因工负伤，在规定的医疗期满后不能从事原工作，也不能从事由用人单位另行安排的工作的；

8. 劳动者不能胜任工作，经过培训或者调整工作岗位，仍不能胜任工作的。

除以上情形外，如果用人单位在试用期解除劳动合同的，属于违法解除劳动合同，须依法向劳动者支付赔偿金。

值得注意的是，用人单位以劳动者试用期间不符合录用条件为由解除劳动合同的，应当提供证据证明有明确的录用条件或相关规定，并且劳动者不符合录用条件。案例十八中，即使企业没有超过法定的试用期限，但企业并未告知李某明确的录用条件，也没有任何证据证明企业对李某的岗位设置了明确的录用条件，因此，企业以李某试用期间不符合录用条件解除劳动合同是难以成立的。

辨析四：什么情况下可以订立无固定期限劳动合同？

根据《劳动合同法》第十四条的规定，无固定期限劳动合同的订立分为可以订立、应当订立和视为订立三种情形：

（一）可以订立的情形

用人单位与劳动者协商一致。

（二）应当订立的情形

1. 劳动者在该用人单位连续工作满十年的；

2. 用人单位初次实行劳动合同制度或者国有企业改制重新订立劳动合同时，劳动者在该用人单位连续工作满十年且距法定退休年龄不足十年的；

3. 连续订立二次固定期限劳动合同，且劳动者没有《劳动合同法》第三十九条和第四十条第一项、第二项规定的可以解除劳动合同的情形，续订劳动合同的。

劳动者存在以上任一情形，提出或者同意续订、订立劳动合同的，除劳动者提出订立固定期限劳动合同外，用人单位应当订立无固定期限劳动合同。

案例十九中，周某在服务公司连续工作满十年的情况下，2009 年 6 月劳动合同期满后，公司和周某都没有选择终止劳动合同关系。由于法律没有明确规定劳动者提出或同意续签劳动合同的具体形式，实践中，劳动者提出或同意可以采用书面、口头等明示的方式，也可以采用默示的方式。因此，劳动合同期满后，周某继续留在公司工作，其行为表明她愿意续订劳动合同，公司也没有表示异议，这应当视为双方都以行为默示的形式达成续延劳动合同的一致意思表示。由此，在双方达成续延劳动合同的条件下，除非周某明确提出签订固定期限劳动合同，否则，公司应当与周某签订无固定期限劳动合同。

（三）视为订立的情形

用人单位自用工之日起满一年不与劳动者订立书面劳动合同的，视自用工之日起满一年的当日已经与劳动者订立无固定期限劳动合同，应当立即与劳动者补订书面劳动合同。

辨析五：用人单位拒签或未签无固定期限劳动合同应承担什么法律责任？

对于用人单位应当订立和视为订立无固定期限劳动合同的情形，如果用人单位拒绝订立或未订立无固定期限劳动合同，根据《劳动合同法》第八十二条、《劳动合同法实施条例》第七条的规定，用人单位应承担相应的法律责任：

1. 应当订立无固定期限劳动合同，但用人单位未订立的，自应当订立无固定期限劳动合同之日起向劳动者每月支付二倍的工资。

案例十九中，服务公司没有在劳动合同期满后，与周某订立无固定期限劳动合同，依法应支付自 2009 年 7 月 1 日至 2011 年 12 月 31 日的二倍工资差额。需要注意的是，未签订书面劳动合同的二倍工资差额从性质上看，多数认为是惩罚性质的补偿而非工资，因此，仍受到仲裁时效的限制。

2. 视为订立无固定期限劳动合同的，用人单位满一年仍未订立的，用人单位自用工之日起满一个月的次日至满一年的前一日应当依照《劳动合同法》第八十二条的规定向劳动者每月支付二倍的工资。

由于法律上已经视为用工单位与劳动者签订无固定期限劳动合同了，那么自用工之日起满一年仍未补签书面劳动合同的，法律为此不再对用人单位规定罚则。

辨析六：以完成一定任务为期限的劳动合同与劳务合同有什么区别？

劳务合同实质是法律意义上的雇佣合同，以完成一定任务为期限的劳动合同和劳务合同最本质的区别在于：合同双方当事人的性质和关系不同。以完成一定任务为期限的劳动合同当事人必须一方是用人单位，一方是劳动者，并且劳动者受用人单位的管理；劳务合同的当事人既可以发生在公民和法人之间，也可以发生在公民个人之间或法人之间，双方没有任何隶属关系。

用人单位与劳动者签订以完成一定工作任务为期限的劳动合同，通常表现为以下四种情况：（1）以完成单项工作任务为期限的劳动合同；（2）以项目承包方式完成承包任务的劳动合同；（3）因季节原因临时用工的劳动合同；（4）其他双方约定的以完成一定工作任务为期限的劳动合同。案例二十中，虽然焦某和企业签订的是劳务合同，但焦某的工作内容、工资发放和时间安排等都必须接受企业的管理，因此，这份名义上的劳务合同实质上是以完成一定工作任务为期限的劳动合同。根据《劳动合同法实施条例》第二十二条的规定，企业应当依法向焦某支付经济补偿。

辨析七：劳动合同期限届满是否一定终止劳动合同关系？

根据《劳动合同法》第四十四条规定，劳动合同期满的，劳动合同终止。但是，《劳动合同法》第四十五条、《工会法》第十八条同时规定，劳动合同期满后，在法定情形下，劳动合同应当续延至相应情形消失时终止：

1. 从事接触职业病危害作业的劳动者未进行离岗前职业病健康检查，或者疑似职业病病人在诊断或者医学观察期间的；

2. 在本单位患职业病或者因工负伤并被确认丧失或者部分丧失劳动能力的；

3. 患病或者非因工负伤，在规定的医疗期内的；

4. 女职工在孕期、产期、哺乳期的；

5. 在本单位连续工作满十五年，且距法定退休年龄不足五年的；

6. 基层工会专职主席、副主席或者委员自任职之日起，其劳动合同期限自动延长，延长期限相当于其任职期间；

7. 基层工会非专职主席、副主席或者委员自任职之日起，其尚未履行的劳动合同期限短于任期的，劳动合同期限自动延长至任期期满；

8. 法律、行政法规规定的其他情形。

应当注意的是，以下两种法定例外情形，劳动合同期满后并不自动续延：

1. 在本单位患职业病或者因工负伤并被确认丧失或者部分丧失劳动能力

的合同终止，按照《工伤保险条例》的有关规定执行；

2. 基层工会专职和非专职主席、副主席或者委员任职期间个人严重过失或者达到法定退休年龄的。

案例二十一中，刘某的劳动合同应于2012年5月10日到期。当2010年10月20日工会换届选举刘某当选兼职主席时，劳动合同已经履行了3年5个月10日，还有1年6个月20日尚未履行，而工会主席的任期为5年，即王某尚未履行的劳动合同期限短于工会主席的任期，这时，王某的劳动合同期限应自动延长至任期期满，即王某的劳动合同应自动延长到2015年10月20日。

王某是专职副主席，根据《最高人民法院关于在民事审判工作中适用〈中华人民共和国工会法〉若干问题的解释》第二条规定，“根据工会法第十八条规定，人民法院审理劳动争议案件，涉及确定基层工会专职主席、副主席或者委员延长的劳动合同期限的，应当自上述人员工会职务任职期限届满之日起计算，延长的期限等于其工会职务任职的期间。《工会法》第十八条规定的‘个人严重过失’，是指具有《中华人民共和国劳动法》第二十五条第（二）项、第（三）项或者第（四）项规定的情形。”王某劳动合同的延长起算点是2015年10月20日，王某的劳动合同应于2012年5月10日到期，当2010年10月20日工会换届选举王某当选专职副主席时，王某正常的劳动合同已经履行了3年5个月10日，还有1年6个月20日没有履行，而是担任工会专职副主席，这1年6个月20日“占用”了王某正常履行劳动合同的时间，王某任职的“期间”指的就是这1年6个月20日。所以，从2015年10月20日起，王某的劳动合同开始延长，延长的期限为1年6个月20日，即延长到2017年5月10日。

法条链接

1.《劳动合同法》第十二条至第十五条、第四十二条、第四十五条

2.《劳动合同法实施条例》第二十二条

3.《工会法》第十八条

4.《最高人民法院关于在民事审判工作中适用〈中华人民共和国工会法〉若干问题的解释》第二条

深度剖析

1. 劳动合同期限是劳动合同的必备条款之一。期限的设定适当与否，对于用人单位和劳动者而言，都是十分重要的。路遥知马力，日久见人心。没有一定期限的设置，劳动关系易处于不可控的状态；设置不妥当的期限，劳动关系易陷入纠纷多发的状态。

2. 对于劳动者而言，在新签或续签书面劳动合同时，首先应了解自身的情况是否符合法定无固定期限劳动合同或合同期限自动续延的条件；其次应在劳动合同中明确合同期限，尽可能避免签订劳务合同；最后，劳动者应充分了解约定的试用期限是否合法，以及试用期内用人单位对岗位的要求，避免因不符合录用条件被解除。

3. 对于用人单位而言，第一，通过对试用期岗位、条件、期限的合理设置，同时用恰当的方式向劳动者告知，尽可能避免试用期内发现劳动者不胜任岗位工作须解除劳动合同时，承担相应法律责任的风险；第二，用人单位可以针对不同岗位的需要，对劳动合同期限进行合理细分和设置，避免不同岗位单一的期限设置，导致合同期限过短或过长而产生不必要的成本耗费和法律风险。

二、工作时间和休息休假

问题提出

我国法律规定了哪些工资和工时制度？加班时间和加班工资的标准如何认定？法律赋予了劳动者哪些休息休假的权利？

典型案例

案例二十二

1998 年 9 月 28 日，刘某进入某物流公司，从事速递工作。2008 年 1 月，刘某与物流公司签订了一份无固定期限劳动合同，双方约定：公司以标准工时工作制确定刘某的工作时间，即每日工作8小时，每周工作40个小时，每周至少休息一天；刘某正常工作时间的工资按计件工资执行，计件单价按《司机薪资福利试行办法》计发。2010年10月，物流公司改革管理制度，经当地劳动部门审批，将原来速递员等岗位的标准工时工作制改为不定时工作制。随后，公司与刘某协商变更劳动合同，刘某同意变更工时工作制为不定时工作制。2011年3月29日，刘某以公司自2008年1月起长期未及时足额发放加班工资为由，提交辞职报告，要求公司在3天内安排其他人交接工作，并依法发放经济补偿和其他应发款项。2011年3月30日，公司书面答复刘某，公司从未无故拖欠加班工资，如刘某主动辞职，公司会考虑实际情况，予以批准。由于公司拒绝支付经济补偿，刘某于2011年4月向当地劳动争议仲裁委员会申请仲裁，请求裁决：公司支付加班工资2.3万元；公司支付经济补偿5.8万元。

经仲裁委审理查明，自2010年10月起，刘某的工作时间经协商一致，变更为不定时工作制。2010年10月前，公司已依据合同约定足额支付加班工资，因此，刘某的仲裁请求缺乏事实和法律依据，驳回刘某的全部仲裁请求。

案例二十三

2008年，受金融危机的影响，某产品进出口公司出口量大大降低，公司因此不得不压缩生产，时常让员工们半工半停。2008年9月底，公司接到国外一份加急订单，要求公司在12月初供货。公司考虑到要求交货的期限十分紧张，于是，要求全体员工国庆节期间加班，完成任务后，公司按国庆节天数安排补休。此外，10月4日至11月30日每天加班两个小时，周六、周日一律不休息。等完成任务后，公司比照国家综合计算工时制度的标准，给全体人员放假，集中休息一段时间。11月初，因一个多月没有休息的连续工作，一些员工感到过度疲劳，申请周六或周日休息一天，同时要求公司支付国庆节期间的加班工资，但遭到公司拒绝，并被告知，周末擅自休息者按旷工处理，同时扣发当月奖金。

很多员工实在受不了这种规定，向当地劳动争议仲裁委员会申请仲裁，请求裁决公司支付国庆期间的加班工资。经调解，公司向全体员工支付了加班费。

案例二十四

沈某2006年7月毕业后，被某航空公司招收从事飞行工作。2007年7月1日，沈某与航空公司签订了无固定期限劳动合同，合同期从2007年7月1日起至沈某达到法定退休年龄之日或出现合同约定或法定的终止条件时止。合同约定沈某的公休假、年休假、探亲假、婚丧假等待遇均按国家、地方政府的有关法律、法规、规章、政策和航空公司依法制定的规章制度执行。

2012年5月11日，沈某以航空公司未依法支付劳动报酬、安排年休假及疗养等问题，向航空公司寄送了解除劳动合同通知书，提出根据《劳动合同法》第三十七条的规定，提前三十日书面致函航空公司，正式提出解除劳动关系，请航空公司依法办理相关手续。航空公司2012年5月14日收到解除劳动合同通知书后安排沈某待飞，未再安排沈某飞行工作，并于6月4日书面复函沈某，公休假就是年休假，公司已依照合同约定安排沈某公休假，因此不同意与沈某解除劳动关系，希望沈某继续留任。

2012年6月30日，沈某向当地劳动仲裁委员会提起仲裁，要求确认双方解除劳动合同关系，公司支付2008年至2012年6月的带薪年休假工资和经济补偿。

经仲裁委审理查明，公司主张“公休假”等同于“年休假”，但未能提供证据予以证明，且该主张与双方劳动合同第十七条的约定相矛盾，故仲裁委不予采信。由于航空公司无法证明沈某已休年休假或者已向沈某支付年休假工资，故裁决公司支付沈某2008年至2012年6月带薪年休假工资和经济补偿。

案例二十五

2006年，李某经人介绍，进入某药品公司，从事销售专员工作。由于销售业绩不错，2008年2月李某升为销售主管，双方签订了无固定期限劳动合同。2008年8月起，李某由于各种原因开始不停地向公司请病假。2009年4月，公司认为李某多次以不同理由请病假，严重影响公司工作，并且破坏了公司的人事管理制度，遂以李某严重违反公司规章制度，多次旷工累计达到30天为由，书面解除同李某的劳动合同。但李某认为《劳动法》有规定，劳动者患病或非因工负伤在规定的医疗期内的，用人单位不能解除与劳动者的劳动合同。为此，李某向当地劳动争议仲裁委员会提起仲裁，请求裁决确认公司违法解除劳动合同，继续履行双方的劳动合同。

经审理查明，李某累计病假时间为 4 个月，而李某实际工作年限 10 年以下，在本单位工作年限 5 年以下，根据《企业职工患病或非因工负伤医疗期规定》，李某依法享有的医疗期为 3 个月。由于李某没有罹患在 24 个月内尚不能痊愈的特殊疾病，也未经企业和当地劳动部门批准，允许其适当延长医疗期。因此，超出医疗期部分的假期，未经公司人事部门批准，根据公司的考勤管理制度，李某累计旷工超过 30 天，公司依法可以解除劳动合同，驳回李某的仲裁请求。

律师析案

辨析一：所有劳动岗位是否都应执行标准工时制？

根据《劳动法》第三十六条、《国务院关于职工工作时间的规定》第三条的规定，标准工时制是指职工每天工作的最长工时为 8 小时，周最长工时为 40 小时。标准工时制是我国运用最为广泛的一种工时制度。但是，企业部分岗位因生产特点或工作性质不能实行标准工时制度的，经企业申请、劳动保障行政部门批准，可以实行不定时工作制或综合计算工时工作制。

根据原劳动部《关于企业实行不定时工作制和综合计算工时工作制的审批办法》（劳部发〔1994〕503 号）的规定，不定时工作制是指每一工作日没有固定的上下班时间限制的工作时间制度。综合计算工时工作制是指因工作性质特殊或受季节及自然条件限制，需在一段时间内连续作业，采取以周、月、季、年等为周期综合计算工作时间的一种工时制度。

辨析二：不同的工时制度对劳动者的加班时间和加班工资有什么影响？

根据《工资支付暂行规定》，不同的工时制度对劳动者加班时间和工资的计算有不同的规定：

（一）标准工时制：用人单位实行标准工时制的，延长工作时间不能按季、年综合计算延长工作时间。在劳动者完成劳动定额或规定的工作任务后，根据实际需要安排劳动者在法定标准工作时间以外工作的，应按以下标准支付工资：

1. 用人单位依法安排劳动者在日法定标准工作时间以外延长工作时间的，按照不低于劳动合同规定的劳动者本人小时工资标准的150%支付劳动者工资；

2. 用人单位依法安排劳动者在休息日工作，而又不能安排补休的，按照不低于劳动合同规定的劳动者本人日或小时工资标准的200%支付劳动者工资；

3. 用人单位依法安排劳动者在法定休假节日工作的，按照不低于劳动合同规定的劳动者本人日或小时工资标准的300%支付劳动者工资。

（二）不定时工作制：经批准实行不定时工作制的职工，不受《劳动法》第四十一条规定的日延长工作时间标准和月延长工作时间标准的限制，也不执行《工资支付暂行规定》第十三条加班工资支付的规定，但用人单位应采用弹性工作时间等适当的工作和休息方式，确保职工的休息休假权利和生产、工作任务的完成。案例二十二中，公司与刘某2010年10月协商一致变更工时工作制为不定时工作制，因此，2010年10月以后公司依法无需支付加班工资，而2010年10月前公司已足额支付加班工资，故刘某的仲裁请求无法得到支持。

（三）综合计算工时工作制：实行这一工时形式的企业，无论职工的综合计算工作时间是以周、月，还是季、年为周期，其平均日工作时间和平均周工作时间应与法定标准工作时间基本相同，超过法定标准工作时间部分，应视为延长工作时间。

如果工作日正好是休息日的，属于正常工作，超过法定标准工作时间部分应按规定支付职工延长工作时间的工资，即用人单位按不低于劳动者本人小时工资标准的150%支付加班工资。如果工作日正好是法定节假日的，则用人单位应按照不低于劳动者本人日或小时工资的300%支付加班工资。

辨析三：不定时工作制和综合计算工时工作制有什么区别?

相比标准工时制，不定时工作制和综合计算工时工作制是一种特殊的工时制度，它们的区别在于：综合计算工时工作制是以年、季、月或周等为单位周期计算工作时间的制度；不定时工作制是每一工作日没有固定的上下班时间限制的工作时间制度。

根据原劳动部《关于企业实行不定时工作制和综合计算工时工作制的审

批办法》第四条、第五条的规定，无论用人单位实行哪一种工时制，都必须符合法定条件：

（一）企业对符合下列条件之一的职工，可以实行不定时工作制：

1. 企业中的高级管理人员、外勤人员、推销人员、部分值班人员和其他因工作无法按标准工作时间衡量的职工；

2. 企业中的长途运输人员、出租汽车司机和铁路、港口、仓库的部分装卸人员以及因工作性质特殊，需机动作业的职工；

3. 其他因生产特点、工作特殊需要或职责范围的关系，适合实行不定时工作制的职工。

（二）企业对符合下列条件之一的职工，可实行综合计算工时工作制：

1. 交通、铁路、邮电、水运、航空、渔业等行业中因工作性质特殊，需连续作业的职工；

2. 地质及资源勘探、建筑、制盐、制糖、旅游等受季节和自然条件限制的行业的部分职工；

3. 其他适合实行综合计算工时工作制的职工。

辨析四：劳动者享有哪些休息休假的权利？

根据我国《劳动法》第四章及相关劳动法律法规的规定，劳动者享有以下休息休假的权利：

1. 休息日：国家机关、事业单位实行统一的工作时间，星期六和星期日为周休息日。企业和不能实行前款规定的统一工作时间的事业单位，可以根据实际情况灵活安排周休息日，但是用人单位应当保证劳动者每周至少休息一日。由于法律规定职工每周工作时间不得高于40小时，因此一般用人单位实行每周休息两日。

2. 法定节日休假：全体公民放假的节日是元旦、春节、清明节、劳动节、端午节、中秋节和国庆节；部分公民放假的节日是妇女节、青年节、儿童节、解放军建军纪念日等。全体公民放假，若适逢休息日，应当在工作日补假，而部分公民放假日适逢休息日，则不补假。法定节假日属于带薪假日。

3. 带薪年休假：劳动者连续工作一年以上，就可以享受法定的带薪年假。

4. 探亲假：根据《国务院关于职工探亲待遇的规定》，在国家机关、人民团体和全民所有制企业、事业单位工作的职工，工作满一年，与配偶或父母分居两地且不能在公休日团聚享受探亲假。职工在规定的探亲假期和路程假期内，按照本人的标准工资发给工资。

5. 婚假：各地人口与计划生育条例中规定劳动者本人结婚依法享受的假期。

6. 丧假：参考原国家劳动总局、财政部《关于国营企业职工请婚丧假和路程假问题的通知》，职工的直系亲属（父母、配偶和子女）死亡时，可以根据具体情况，由本单位行政领导批准，酌情给予一天至三天的丧假。《中华人民共和国劳动法》第五十一条规定："劳动者在法定休假日和婚丧假期间以及依法参加社会活动期间，用人单位应当依法支付工资。"

7. 产假：根据《女职工劳动保护特别规定》，女职工产期前后依法享有的带薪休假待遇，包括怀孕流产时的产假。

8. 哺乳假：根据《女职工劳动保护特别规定》，女职工生育后，在其婴儿一周岁内应照顾其在每班劳动时间内授乳。

9. 看护假：部分地方法规，如《广东省人口与计划生育条例》，规定了女职工产假期间给予男方看护假。

辨析五：带薪年休假和公休假一样吗？

法律上没有"公休假"的概念，通常所称的"公休假"，有时又称"公休日"，多指法律规定或者依法订立的劳动合同中约定的休息时间。如一般用人单位依法实行每周休息两日，这两日就是公休假日。根据《关于职工全年月平均工作时间和工资折算问题的通知》规定，公休假是不带薪的。需要注意的是，法定节假日是带薪的，年休假也是带薪的，这点和"公休假"是有区别的。

根据《职工带薪年休假条例》的规定，机关、团体、企业、事业单位、民办非企业单位、有雇工的个体工商户等单位的职工连续工作 1 年以上的，享受带薪年休假（以下简称年休假）。职工在年休假期间享受与正常工作期间相同的工资收入。

因此，公休假不能等同于带薪年休假。案例二十四中，某航空公司将公休假等同于带薪年休假的概念是错误的，侵犯了劳动者依法享有的带薪年休假权利。

辨析六：病假和医疗期一样吗?

病假不能等同于医疗期，其原因在于病假和医疗期的性质截然不同。案例二十五中，李某恰恰误把病假当成医疗期，结果造成被解除劳动合同的后果。

病假是一个生理概念，是劳动者患病后为康复所需要的休息时间。通常，医生根据病情给病患提供休养时间的建议，病假的长短取决于医生建议的休养时间的长短。

医疗期是一个法律概念，是由法律确定的患病劳动者可以享受的休息期限。目前我国法律对于医疗期的规定仍沿用1995年原劳动部发布的《企业职工患病或非因工负伤医疗期规定》。根据《企业职工患病或非因工负伤医疗期规定》规定，企业职工因患病或非因工负伤，需要停止工作医疗时，根据本人实际参加工作年限和在本单位工作年限，给予三个月到二十四个月的医疗期：

1. 实际工作年限十年以下的，在本单位工作年限五年以下的为三个月；五年以上的为六个月。

2. 实际工作年限十年以上的，在本单位工作年限五年以下的为六个月；五年以上十年以下的为九个月；十年以上十五年以下的为十二个月；十五年以上二十年以下的为十八个月；二十年以上的为二十四个月。

3. 医疗期三个月的按六个月内累计病休时间计算；六个月的按十二个月内累计病休时间计算；九个月的按十五个月内累计病休时间计算；十二个月的按十八个月内累计病休时间计算；十八个月的按二十四个月内累计病休时间计算；二十四个月的按三十个月内累计病休时间计算。

除了《企业职工患病或非因工负伤医疗期规定》对医疗期的规定外，用人单位和劳动者对医疗期可否另行约定呢？一些地方对此做出了规定，比如《上海市关于本市劳动者在履行劳动合同期间患病或者非因工负伤的医疗期标准的规定》“下列情形中关于医疗期的约定长于上述规定的，从其约定：集体合同对医疗期有特别约定的；劳动合同对医疗期有特别约定的；用人单位内部规章制度对医疗期有特别规定的。”即使有些地方对此没有规定，笔者认为，《企业职工患病或非因工负伤医疗期规定》对医疗期的规定实质上是法定最低标准，用人单位和劳动者可以参考上海的做法，就医疗期限作出不低于法定最低标准的约定或规定。

由于病假不等于医疗期，因此，劳动者患病后，如果病假等于或短于医疗期，这段时间劳动者会享有法定的特殊保护：

1. 不得解除劳动合同：根据《劳动合同法》第四十二条规定，劳动者患病或者非因工负伤，在规定的医疗期内的，用人单位不得依照本法第四十条、第四十一条的规定解除劳动合同。

2. 劳动合同期满后续延：根据《劳动合同法》第四十五条规定，劳动者患病或者非因工负伤，劳动合同期满，劳动合同应当续延至医疗期满时止。

3. 领取病假工资：根据《关于贯彻执行〈中华人民共和国劳动法〉若干问题的意见》第五十九条规定，职工患病或非因工负伤治疗期间，在规定的医疗期内由企业按有关规定支付其病假工资或疾病救济费，病假工资或疾病救济费可以低于当地最低工资标准支付，但不能低于最低工资标准的80%。目前，各地出台了法规或规章对医疗期待遇进行规定，比如，《广东省工资支付条例》第二十四条规定，“劳动者因病或者非因工负伤停止工作进行治疗，在国家规定医疗期内，用人单位应当依照劳动合同、集体合同的约定或者国家有关规定支付病伤假期工资。用人单位支付的病伤假期工资不得低于当地最低工资标准的百分之八十。”

但是，如果病假长于医疗期，为了平衡劳资双方的利益，既保护劳动者的病休权利，又防止劳动者以病假为由躲避劳动，影响企业的正常工作经营，对劳动者超出医疗期的时间，法律赋予用人单位有条件的合同解除权：

1. 根据《企业职工患病或非因工负伤医疗期规定》第六条规定，企业职工非因工致残和经医生或医疗机构认定患有难以治疗的疾病，在医疗期内医疗终结，不能从事原工作，也不能从事用人单位另行安排的工作的，应当由劳动鉴定委员会参照工伤与职业病致残程度鉴定标准进行劳动能力的鉴定。被鉴定为一至四级的，应当退出劳动岗位，终止劳动关系，办理退休、退职手续，享受退休、退职待遇；被鉴定为五至十级的，医疗期内不得解除劳动合同。

2. 根据《劳动合同法》第四十条规定，劳动者患病或者非因工负伤，在规定的医疗期满后不能从事原工作，也不能从事由用人单位另行安排的工作的，用人单位提前三十日以书面形式通知劳动者本人或者额外支付劳动者一个月工资后，可以解除劳动合同。

法条链接

1.《劳动法》第三十六条、第四章

2.《劳动合同法》第四十条、第四十五条

3.《职工带薪年休假条例》

4.《企业职工带薪年休假实施办法》

5.《女职工劳动保护特别规定》

6.《工资支付暂行规定》

7.《国务院关于职工工作时间的规定》第三条

8.《关于贯彻执行〈中华人民共和国劳动法〉若干问题的意见》第五十九条

9.《企业职工患病或非因工负伤医疗期规定》

10. 原劳动部《关于企业实行不定时工作制和综合计算工时工作制的审批办法》

11.《国务院关于职工探亲待遇的规定》

12.《广东省人口与计划生育条例》

深度剖析

1. 劳动者在履行劳动义务的同时依法享有休息、休养的权利。休息权作为一种法定权利，其作用在于，一方面保证劳动者的身体健康，另一方面保证生产过程中的劳动效率和劳动安全。实践证明，经常安排超时加班加点的用人单位，伤亡事故的发生率极高。“过劳死”就是休息权得不到保证的一个极端表现。

2. 对劳动者而言，防范因超时加班引发的纠纷要注意以下三点：(1) 签订或变更劳动合同时，要确认双方约定的是哪种工时制度，如果实行综合计算工时工作制或不定时工时制需了解是否经过劳动部门的审批；(2) 除了法定节假日和休息日，很多用人单位规定了假期制度，劳动者请假时一般应履行一定的告知义务，办理单位规定的手续；(3) 保存好相关的请假手续，一旦发生争议，相关请假手续的留存对于合法休假的确定有着极为重要的作用。

3. 对于用人单位而言，正确适用工时制度、确保劳动者的休息权是提高生产效率、保证生产安全的最有效方法：(1) 针对不同的岗位选择不同的工时制度，根据不同工种优化同一工时制度的安排，能有效提高单位生产率；(2) 通过集体协商或其他民主程序，制定规范的假期管理制度，一方面可以充分调动劳动者的积极性，另一方面可以避免休假纠纷带来的法律风险。

三、劳动报酬

问题提出

劳动报酬由哪些项目组成？哪些是法律意义上的工资？最低工资标准如何认定？带薪年休假的工资应当如何计算？

典型案例

案例二十六

1997年3月10日，杨某入职某米业公司，担任叉车司机。双方签订了为期五年的书面劳动合同。双方约定，杨某的工资构成为基本工资、全勤奖加夜餐补贴；基本工资为当地最低工资标准；每月的工资发放均由公司以转账方式直接打入杨某的银行卡，并附发工资条。米业公司于2008年1月至2012年3月28日期间经常安排杨某加班，每次加班都由杨某填妥加班申报单，报送米业公司的人力资源管理部。公司根据杨某填报的加班申报单计算当月加班时间和加班工资。

2012年3月28日，杨某以公司没有足额支付加班工资为由，向公司提出并送达了解除劳动合同通知书，要求公司按每月21.75天以及应发工资数额计算加班工资，并补发加班工资，支付解除劳动合同的经济补偿。公司认为已经依法支付了加班工资，拒绝支付加班工资差额和经济补偿。双方协商不成，杨某向当地劳动争议仲裁委员会提起仲裁申请。

经审理查明，杨某的工资条和加班申报单的记载显示，杨某2008年1月至2012年3月的加班时数合计为4268小时，公司均按杨某的基本工资除以30天来计算杨某的日工资，再乘以150%计付，公司已支付杨某加班工资合计29533.16元。根据《关于职工全年月平均工作时间和工资折算问题的通知》和《关于工资总额组成的规定》的规定，月计薪天数应为21.75天，工资的构成应包括计时工资、奖金、津贴和补贴。公司的计算方法违反上述规定，杨某请求按月计薪天数为21.75天和应发工资计算加班工资和经济补偿于法有据，仲裁委予以支持，裁决公司支付杨某未支付的加班工资11312.53元；根据杨某解除劳动合同前十二个月的平均工资计算经济补偿，裁决米业公司支付杨某经济补偿21034元。

案例二十七

2012年3月16日，陈某应聘进入某物流公司工作，双方口头约定陈某从事货物的收件和派件工作，即收派员，工资数额前3个月为每月2500元，每月25日前发放上月工资。

2012年4月25日，陈某领取3月工资时被告知实发工资为430元，原因是陈某经常迟到，每次迟到罚款50元；毁坏办公桌一张，赔偿损失400元。陈某认为，公司罚款标准太过苛刻，他只是不小心撞裂了桌子上的一小块玻璃，根本不值这么多钱，实际上是公司假借罚款和赔偿损失达到少付自己劳动报酬的目的，就拒绝领取。陈某当日以公司拖欠工资为由向公司口头提出辞职。2012年5月7日，陈某通过特快专递邮件向公司提出书面辞职书，要求公司足额支付工资，并支付赔偿金。公司拒收邮件。

为此，陈某向当地劳动监察部门投诉，同时向劳动仲裁委员会提起仲裁。由于陈某没有任何证据证明双方口头约定的工资数额为2500元，经过劳动仲裁委员会的调解，公司按当地最低工资标准向陈某支付3月和4月工资，同时以当地最低工资标准向陈某计付赔偿金。

案例二十八

林某1996年进入某金银珠宝首饰公司工作，担任营业员，双方没有签订书面劳动合同。双方口头约定林某的工资由基本工资和提成工资两部分构成，每月10日发放上月工资。2005年3月开始，公司没有说明任何理由单方降低了林某的工资，林某为了生存只能忍受公司单方面的工资变动，每月领取当地最低工资标准。2006年7月，公司以林某错拿包装袋给顾客造成无法追回的损失为由，随意扣罚林某工资。2006年8月，林某实领工资不足400元，低于当地最低工资标准。

林某认为，公司在没有证据证明是自己错拿包装袋造成企业经济损失的情况下就随意克扣工资，于是，向公司提出异议。但公司告知林某，如果对企业的经济处罚不满，可以主动辞职，否则只能接受企业的处理，意在迫使林某主动辞职。

无奈之下，林某向当地劳动仲裁委员会提起仲裁，以公司无故克扣工资以及未足额发放工资为由，要求解除劳动关系，请求裁决公司支付经济补偿。公司认为，林某是知悉公司调低工资的原因，并且林某已经领取了2006年7月的工资，这一行为应当视为双方协商一致变更工资数额。

经审理查明，公司没有任何证据证明林某错拿包装袋造成企业经济损失，也没有证据证明公司与林某协商一致变更工资数额。通过调解，公司向林某补足2006年7月工资，并且支付了经济补偿。

案例二十九

魏某2008年7月16日进入某品牌汽车销售公司从事高级销售顾问，双方签订了为期三年的劳动合同，约定每月工资为底薪加销售提成。2011年4月初，魏某从朋友处得知，劳动者可依法享有带薪年休假，但他从未享受过带薪年休假。于是，魏某向公司行政总监陈某提出要休带薪年休假，并且要求公司补发以前未休年休假的工资。而陈某认为，魏某是销售顾问，不是行政管理人员，还经常请事假、病假，根据公司制度不能享有带薪年休假。魏某从未见过公司的规章制度，遂多次找陈某要求查看规章制度，但都被陈某拒绝。4月底，魏某再次找到陈某，双方发生冲突。陈某口头告知魏某因魏某严重影响公司经营秩序，解除魏某的劳动合同。魏某不同意。之后，陈某不断采取排挤、刁难、取消魏某考勤记录卡等方式迫使魏某离开。

2011年5月28日，魏某不得已离开公司，并移交了相关工作。同时，魏某向当地劳动争议仲裁委员会提起仲裁，以公司未及时足额发放带薪年休假工资为由解除劳动合同，要求公司依法支付2008年7月至2011年5月带薪年休假工资7724元，以及经济补偿22500元。

经审理查明，魏某工作超过1年，依法有权享受带薪年休假。汽车销售公司无法举证证明魏某2009年7月16日至2011年5月28日期间请事假或病假累计达到法定上限，所以，魏某有权享受当年度的带薪年休假。同时查明，汽车销售公司未安排魏某带薪年休假，也从未给魏某发放带薪年休假工资。根据《劳动合同法》和《职工带薪年休假条例》的相关规定，劳动争议仲裁委裁决，汽车销售公司支付魏某 2009 年 7 月 16 日至 2011 年 5 月 28 日带薪年休假工资 6344 元，以及经济补偿 22500 元。

案例三十

2011 年 10 月 4 日，刘某经人介绍到某公司脚手架工程处工作，双方没有签订书面劳动合同，口头约定刘某负责搭装户外脚手架。2012 年 7 月至 8 月期间，适逢当地连续多天高温酷暑，为此，脚手架工程处决定向户外工作的职工发放防暑降温所需的清凉饮料及保健用品。但刘某从报纸上得知，单位应当向他们支付高温补贴。于是，刘某找到脚手架工程处负责人，要求单位支付高温补贴，但是脚手架工程处负责人回复刘某，工程处发放的清凉饮料和保健用品就是高温补贴，并且工资中已经包含了防暑降温费。刘某认为清凉饮料根本就不是高温补贴，工资也没有包含防暑降温费。

双方争执不下，2012 年 10 月，刘某以脚手架工程处未向其支付高温补贴为由向当地劳动仲裁委员会提出申请，要求裁决脚手架工程处支付 2012 年 7 月至 9 月的高温补贴。经仲裁委审理查明，脚手架工程处从未向职工发放高温补贴，双方没有签订书面劳动合同，也没有书面约定工资中包含防暑降温费或高温补贴。根据《防暑降温措施管理办法》第十一条规定，“用人单位应当为高温作业、高温天气作业的劳动者供给足够的、符合卫生标准的防暑降温饮料及必需的药品。不得以发放钱物替代提供防暑降温饮料。防暑降温饮料不得充抵高温津贴。”仲裁委裁决脚手架工程处向刘某支付 6 月至 9 月的高温补贴。

律师析案

辨析一：劳动报酬是否就是工资？哪些是法律意义上的工资？

现行法律对什么是劳动报酬没有进行严格意义的定义，但是，对工资进行了全面的界定。根据《工资支付暂行规定》、《关于贯彻执行〈中华人民共和国劳动法〉若干问题的意见》、《关于工资总额组成的规定》的规定，工资是指用人单位根据国家规定或劳动合同的规定，以货币形式直接支付给本单位劳动者的劳动报酬，一般包括计时工资、计件工资、奖金、津贴和补贴、延长工作时间的工资报酬以及特殊情况下支付的工资等。工资总额包括以下六个部分：（1）计时工资；（2）计件工资；（3）奖金；（4）津贴和补贴；（5）加班加点工资；（6）特殊情况下支付的工资。

综上所述，对用人单位而言，单位在一定时期内直接支付给本单位全部职工的劳动报酬总额就是工资总额；对劳动者而言，在约定或法定的周期内，各种形式的工资报酬总额的计算应以用人单位直接支付给本人的全部劳动报酬为根据，也就是以工资总额的组成为依据。因此，案例二十六中，某米业公司把杨某的基本工资视为杨某的工资总额有悖法律的规定。

但是，需要注意的是，工资总额不包括以下项目：

（1）根据国务院发布的有关规定颁发的发明创造奖、自然科学奖、科学技术进步奖和支付的合理化建议和技术改进奖以及支付给运动员、教练员的奖金；

（2）有关劳动保险和职工福利方面的各项费用；

（3）有关离休、退休、退职人员待遇的各项支出；

（4）劳动保护的各项支出；

（5）稿费、讲课费及其他专门工作报酬；

（6）出差伙食补助费、误餐补助、调动工作的旅费和安家费；

（7）对自带工具、牲畜来企业工作职工所支付的工具、牲畜等的补偿费用；

（8）实行租赁经营单位的承租人的风险性补偿收入；

（9）对购买本企业股票和债券的职工所支付的股息（包括股金分红）和利息；

（10）劳动合同制职工解除劳动合同时由企业支付的医疗补助费、生活补助费等；

（11）因录用临时工而在工资以外向提供劳动力单位支付的手续费或管理费；

（12）支付给家庭工人的加工费和按加工订货办法支付给承包单位的发包费用；

（13）支付给参加企业劳动的在校学生的补贴；

（14）计划生育独生子女补贴。

一些地方性法规对工资作出了更加细化、更具操作性的规定，比如《广东省工资支付条例》规定，工资是指用人单位基于劳动关系，按照劳动者提供的数量和质量，以货币形式支付给劳动者本人的全部劳动报酬。一般包括各种形式的工资（计时工资、计件工资、岗位工资、职务工资、技能工资等）、奖金、津贴、补贴、延长工作时间及特殊情况下支付属于劳动报酬性的工资收入等，但不包括用人单位按照规定负担的各项社会保险费、住房公积金、劳动保障和安全生产监察行政部门规定的劳动保护费用，按照规定标准支付的独生子女补贴、计划生育奖、丧葬费、抚恤金等国家规定的福利费用和属于非劳动报酬性的收入。《广东省工资支付条例》还对正常工作时间工资和工资进行了区分，明确正常工作时间工资是指劳动者在法定工作时间内提供了正常劳动，用人单位依法应当支付的劳动报酬。正常工作时间不包括下列各项：（1）延长工作时间工资；（2）中班、夜班、高温、低温、井下、有毒有害等特殊工作环境、条件下的津贴；（3）法律、法规和国家规定的劳动者福利待遇等。

辨析二：加班工资是以基本工资作为计算基数吗？

根据《工资支付暂行条例》第十三条规定，用人单位在劳动者完成劳动定额或规定的工作任务后，根据实际需要安排劳动者在法定标准工作时间以外工作的，应按以下标准支付工资：

（1）用人单位依法安排劳动者在日法定标准工作时间以外延长工作时间的，按照不低于劳动合同规定的劳动者本人小时工资标准的150%支付劳动者工资；

（2）用人单位依法安排劳动者在休息日工作，而又不能安排补休的，按照不低于劳动合同规定的劳动者本人日或小时工资标准的200%支付劳动者工资；

（3）用人单位依法安排劳动者在法定休假节日工作的，按照不低于劳动合同规定的劳动者本人日或小时工资标准的300%支付劳动者工资。

实行计件工资的劳动者，在完成计件定额任务后，由用人单位安排延长工作时间的，应根据上述规定的原则，分别按照不低于其本人法定工作时间计件单价的150%、200%、300%支付其工资。

上述规定可以理解为：劳动合同约定的劳动者日或小时工资标准就是加班工资的计算标准。

但是，如果劳动合同没有对劳动者的日或小时工资进行约定，那么根据《劳动法》第四十四条规定，劳动者加班的，用人单位应支付劳动者正常工作时间工资的工资报酬。而这里“劳动者正常工作时间工资”是指劳动合同规定的劳动者本人所在工作岗位（职位）对应的工资。如果用人单位和劳动者没有对岗位（职位）进行约定或者根本没有签订书面劳动合同，这种情况下，还应结合当地的法规和司法指导意见，通过双方提供的证据确认加班工资的计算基数。比如，《广东省工资支付条例》第四十四条规定，“因工资支付发生争议，用人单位负有举证责任。用人单位拒绝提供或者在规定时间内不能提供有关工资支付凭证等证据材料的，劳动保障部门、劳动争议仲裁委员会或者人民法院可以按照劳动者提供的工资数额及其他有关证据作出认定。用人单位和劳动者都不能对工资数额举证的，由劳动争议仲裁委员会或者人民法院参照本单位同岗位的平均工资或者当地在岗职工平均工资水平，按照有利于劳动者的原则计算确定。”

如果当地的法规没有相关规定，加班工资的计算基数，可参考《关于〈劳动法〉若干条文的说明》第四十四条规定，实行计时工资的用人单位，指的是用人单位规定的其本人的基本工资；实行计件工资的用人单位，指的是劳动者在加班加点的工作时间内应得的计件工资。

总之，劳动者掌握的证据多寡将对加班工资的计算起到极为重要的作用。案例二十六中，正因为杨某掌握的加班申报单、工资单等证据足以证明杨某的应发工资数额，仲裁委才能通过这些证据作出支持杨某仲裁请求的裁决。

辨析三：计算经济补偿时，劳动者解除劳动合同前十二个月的平均工资是否包含加班工资?

根据《劳动合同法实施条例》第二十七条规定，“劳动合同法第四十七条规定的经济补偿的月工资按照劳动者应得工资计算，包括计时工资或者计件工资以及奖金、津贴和补贴等货币性收入。劳动者在劳动合同解除或者终止前 12 个月的平均工资低于当地最低工资标准的，按照当地最低工资标准计算。劳动者工作不满 12 个月的，按照实际工作的月数计算平均工资。”参照《关于贯彻执行〈中华人民共和国劳动法〉若干问题的意见》第五十三条规定，“劳动法中的‘工资’是指用人单位依据国家有关规定或劳动合同的约定，以货币形式直接支付给本单位劳动者的劳动报酬，一般包括计时工资、计件工资、奖金、津贴和补贴、延长工作时间的工资报酬以及特殊情况下支付的工资等。”《违反和解除劳动合同的经济补偿办法》第十一条规定，

“本办法中经济补偿金的工资计算标准是指企业正常生产情况下劳动者解除合同前十二个月的月平均工资。”《劳动合同法实施条例》第二十一条虽然没有将工资的所有项目一一列明，但明确规定了经济补偿的计算标准是劳动者的应得工资。所以，在计算经济补偿金时，劳动者解除劳动合同前十二个月的平均工资应包含加班工资。案例二十六中，杨某主张的经济补偿计算基数就是解除劳动合同前十二个月的平均工资，即劳动合同约定的基本工资、全勤奖、夜餐补贴，加上全额加班工资。

辨析四：最低工资标准有什么用?

根据《最低工资规定》的规定，最低工资标准是指劳动者在法定工作时间或依法签订的劳动合同约定的工作时间内提供了正常劳动的前提下，用人单位依法应支付的最低劳动报酬。最低工资标准一般采取月最低工资标准和小时最低工资标准的形式。月最低工资标准适用于全日制就业劳动者，小时最低工资标准适用于非全日制就业劳动者。

最低工资标准的作用体现在以下四个方面：

第一，劳动者提供正常劳动的情况下，法律强制规定用人单位必须支付给劳动者不低于最低工资标准的劳动报酬。这里的“正常劳动”，包括三种情况：（1）劳动者按依法签订的劳动合同约定，在法定工作时间或劳动合同约定的工作时间内从事的劳动；（2）劳动者依法享受带薪年休假、探亲假、婚丧假、生育（产）假、节育手术假等国家规定的假期间，以及法定工作时间内依法参加社会活动期间，视为提供了正常劳动；（3）非因劳动者原因造成单位停工、停产，超过一个工资支付周期的，若劳动者提供了正常劳动，则支付给劳动者的劳动报酬不得低于当地的最低工资标准。案例二十七中，陈某虽然无法举证证明自己的工资数额，但是法律对此规定了最低工资标准，陈某不会因此白白付出劳动。

第二，非因劳动者的原因无法提供正常劳动的情况下，以当地最低工资标准为基数规定用人单位必须支付给劳动者不低于最低工资标准一定比例的报酬。根据《工资支付暂行规定》第十二条规定，非因劳动者原因造成单位停工、停产在一个工资支付周期内的，用人单位应按劳动合同规定的标准支付劳动者工资。超过一个工资支付周期的，若劳动者没有提供正常劳动，应按国家有关规定办理。各地出台的工资支付规定，大多对劳动者没有提供正常劳动的报酬下限作了规定，比如，《北京市工资支付规定》第二十七条规定，“非因劳动者本人原因造成用人单位停工、停业的，在一个工资支付周期内，用人单位应当按照提供正常劳动支付劳动者工资；超过一个工资支付周期的，可以根据劳动者提供的劳动，按照双方新约定的标准支付工资，但不得低于本市最低工资标准；用人单位没有安排劳动者工作的，应当按照不低于本市最低工资标准的70%支付劳动者基本生活费。国家或者本市另有规定的从其规定。”《广东省工资支付条例》第三十五条规定，“非因劳动者原因造成用人单位停工、停产，未超过一个工资支付周期（最长三十日）的，用人单位应当按照正常工作时间支付工资。超过一个工资支付周期的，可以根据劳动者提供的劳动，按照双方新约定的标准支付工资；用人单位没有安排劳动者工作的，应当按照不低于当地最低工资标准的百分之八十支付劳动者生活费，生活费发放至企业复工、复产或者解除劳动关系。”

第三，特殊情况下，强制用人单位支付劳动者不低于最低工资标准的劳动报酬。(1) 根据《工资支付暂行规定》第十六条规定，“因劳动者本人原因给用人单位造成经济损失的，用人单位可按照劳动合同的约定要求其赔偿经济损失。经济损失的赔偿，可从劳动者本人的工资中扣除。但每月扣除的部分不得超过劳动者当月工资的20%。若扣除后的剩余工资部分低于当地月最低工资标准，则按最低工资标准支付。”案例二十七中，即使用人单位能够举证证明陈某损坏办公桌，也必须举证证明办公桌的价值以及损失的数额，据此要求陈某支付赔偿，法律不允许用人单位随意自定损失的数额，无限制地要求劳动者支付赔偿。(2) 各地出台的工资支付规定，对患病或非因工负伤期间劳动者的工资以最低工资标准为基准设定了下限，比如，《北京市工资支付规定》第二十一条规定，“劳动者患病或者非因工负伤的，在病休期间，用人单位应当根据劳动合同或集体合同的约定支付病假工资。用人单位支付病假工资不得低于本市最低工资标准的80%。”《广东省工资支付条例》第二十四条规定，“劳动者因病或者非因工负伤停止工作进行治疗，在国家规定医疗期内，用人单位应当依照劳动合同、集体合同的约定或者国家有关规定支付病伤假期工资。用人单位支付的病伤假期工资不得低于当地最低工资标准的百分之八十。”

需要注意的是，根据《最低工资规定》第二十条规定，劳动者由于本人原因造成在法定工作时间内或依法签订的劳动合同约定的工作时间内未提供正常劳动的，不适用最低工资标准。因此，各地出台的工资支付规定，大多对劳动者事假期间，规定用人单位可以不支付工资。

第四，最低工资标准是政府调整社会总体工资水平，发挥引导作用的有效手段。最低工资标准是由政府发布的，但最低工资标准不是工资标准，有人认为，既然不是工资标准，发布最低工资标准又有什么意义呢？除以上三个作用外，还有一个重要作用，就是社会引导作用。经济在发展，社会在进步，最低工资标准是经济社会发展的一个重要标志，政府通过发布最低工资标准，达到“水涨船高”的效应，调整整个社会的工资水平上涨，让更多的人分享到经济发展的成果，同时，给用人单位从事经营和劳动者谋取职业一个重要参考指标，给整个社会一个工资水平的心理预期。

辨析五：最低工资标准是否包含加班工资、个人应缴纳的社会保险费和住房公积金？

1. 最低工资标准不包括加班工资。根据《最低工资规定》第十二条规定，“在劳动者提供正常劳动的情况下，用人单位应支付给劳动者的工资在剔除下列各项以后，不得低于当地最低工资标准：（一）延长工作时间工资；（二）中班、夜班、高温、低温、井下、有毒有害等特殊工作环境、条件下的津贴；（三）法律、法规和国家规定的劳动者福利待遇等。”

2. 最低工资标准是否包括个人应缴纳的社会保险费和住房公积金各地规定不同。根据《最低工资规定》第六条规定，“确定和调整月最低工资标准，应参考当地就业者及其赡养人口的最低生活费用、城镇居民消费价格指数、职工个人缴纳的社会保险费和住房公积金、职工平均工资、经济发展水平、就业状况等因素。确定和调整小时最低工资标准，应在颁布的月最低工资标准的基础上，考虑单位应缴纳的基本养老保险费和基本医疗保险费因素，同时还应适当考虑非全日制劳动者在工作稳定性、劳动条件和劳动强度、福利等方面与全日制就业人员之间的差异。”

一般情况下，最低工资标准包括个人应缴纳的社会保险费和住房公积金。不过，有些地方发布的最低工资标准，直接明确最低工资标准不包括个人依法缴纳的社会保险费和住房公积金，比如北京、上海。因此，最低工资标准是否包括个人应缴纳的社会保险费和住房公积金应当以当地政府出台的规定或者发布的当年度调整最低工资标准的通知为准。

辨析六：用人单位可以随意罚款吗？

1982 年国务院发布的《企业职工奖惩条例》第十二条规定：“对职工的

行政处分分为：警告，记过，记大过，降级，撤职，留用察看，开除。在给予上述行政处分的同时，可以给予一次性罚款。”第十六条规定：“对职工罚款的金额由企业决定，一般不要超过本人月标准工资的百分之二十。”但是，2008 年 1 月 15 日，国务院公布《关于废止部分行政法规的决定》（国务院令第 516 号），明确规定《企业职工奖惩条例》被《劳动法》、《劳动合同法》代替。《企业职工奖惩条例》中包括对职工罚款在内的内容因此被废止。但是《劳动合同法》等新颁布的法律法规，对于企业是否有权对员工罚款并没有作出规定。

用人单位是否享有罚款权，各地出台的规定对此持有的态度不同。有的地方持否定态度。比如，2012 年新修订的《广东省劳动保障监察条例》第五十一条明确规定，“用人单位的规章制度规定了罚款内容，或者其扣减工资的规定没有法律、法规依据的，由人力资源社会保障行政部门责令改正，给予警告。用人单位对劳动者实施罚款或者没有法律、法规依据扣减劳动者工资的，由人力资源社会保障行政部门责令限期改正；逾期未改正的，按照被罚款或者扣减工资的人数每人二千元以上五千元以下的标准处以罚款。”因此，广东省内单位不得对员工罚款扣钱。然而，有的地方持肯定态度。比如，《江苏省工资支付条例》第十二条规定，“劳动者违纪时，即使没有造成经济损失，也可以扣除部分工资作为处罚，扣除部分不得超过劳动者当月应发工资的百分之二十。”但无论对用人单位罚款持肯定态度还是否定态度，用人单位都不能肆意罚款，即使是持肯定态度的地方，对用人单位的罚款权也进行了限制。总之，用人单位不能随意罚款，具体权限应以当地相关法规为依据。

案例二十七中，陈某的劳动纠纷发生在广东境内，但当时的《广东省劳动保障监察条例》没有对罚款作出明确规定。因此，通过调解处理此类劳动纠纷是一种理想的选择。

辨析七：带薪年休假有多少天？法定假期是否计入带薪年休假假期？应休未休的带薪年休假如何计算工资？

（一）根据《职工带薪年休假条例》、《企业职工带薪年休假实施办法》的规定，机关、团体、企业、事业单位、民办非企业单位、有雇工的个体工商户等单位的职工连续工作满 12 个月以上的可以享受带薪年休假（以下简称年休假）。

年休假天数根据职工累计工作时间确定。职工在同一或者不同用人单位工作期间，以及依照法律、行政法规或者国务院规定视同工作期间，计为累计工作时间。工作年限不同，休假的天数不同：

1. 职工累计工作已满 1 年不满 10 年的，年休假 5 天；

2. 已满 10 年不满 20 年的，年休假 10 天；

3. 已满 20 年的，年休假 15 天。

但是，如果存在以下情形，那么职工不享受当年的年休假：

1. 职工依法享受寒暑假，其休假天数多于年休假天数的；

2. 职工请事假累计 20 天以上且单位按照规定不扣工资的；

3. 累计工作满 1 年不满 10 年的职工，请病假累计 2 个月以上的；

4. 累计工作满 10 年不满 20 年的职工，请病假累计 3 个月以上的；

5. 累计工作满 20 年以上的职工，请病假累计 4 个月以上的。

案例二十九中，公司以魏某多次请事假、病假为由，拒不安排魏某休年休假，而公司却无法提供证据证明魏某存在不享受年休假的法定情形，因此，公司仍应依法支付魏某年休假工资。

需要注意，若职工已享受当年的年休假，年度内又出现上述第 2 种至第 5 种情形之一的，不享受下一年度的年休假。

（二）国家法定休假日、休息日、职工依法享受的探亲假、婚丧假、产假等国家规定的假期以及因工伤停工留薪期间不计入年休假的假期。

（三）应休未休年休假工资的计算分成三种情况：

1. 职工当年度连续工作满 12 个月的：

职工本人全年应当享受的年休假天数 ×（职工本人的月工资 ÷21.75 天）×300%

2. 职工新进用人单位连续工作满 12 个月的，当年度的休假工资按照以下公式计算：

（当年度在本单位剩余日历天数 ÷365 天）×职工本人全年应当享受的年休假天数 ×（职工本人的月工资 ÷21.75 天）×300%

案例二十九中，截至 2009 年 7 月 15 日，魏某在汽车销售公司连续工作满 12 个月，可享受 2009 年度的年休假，因单位未安排魏某休年休假，因此，公司应按上述公式计付魏某年休假的工资。

3. 用人单位与职工解除或者终止劳动合同时，当年度未安排职工休满应休年休假的休假工资按照以下公式计算：

（当年度在本单位已过日历天数 ÷365 天）×职工本人全年应当享受的年休假天数 - 当年度已安排年休假天数×（职工本人的月工资 ÷21. 75 天）×300%

这里需要明确几个概念，才能正确计算年休假工资：

1. 当年度是指自然年度。

2. 职工本人的月工资是指职工在用人单位支付其未休年休假工资报酬前 12 个月剔除加班工资后的月平均工资。在本用人单位工作时间不满 12 个月的，按实际月份计算月平均工资。

3. 一般情况下，用人单位未安排职工休年休假，但向职工发放了当月工资。由于职工已经领取了当月工资，因此，在计算年休假工资时，应当剔除掉这一倍的月工资，直接按 200% 计算，而不是 300%。

辨析六：防暑降温费等于高温补贴吗？

目前，我国的法律法规对防暑降温费没有相关规定，仅仅在国家安监总局办公厅、卫生部办公厅、人力资源社会保障部办公厅和全国总工会办公厅联合发布的《关于进一步做好夏季防暑降温工作的通知》（安监总厅安健〔2011〕141 号）中提及夏季防暑降温费。但是，《防暑降温措施管理办法》和地方出台的相关规定则明确了高温补贴这一项目。根据《防暑降温措施管理办法》第十一条规定，“用人单位应当为高温作业、高温天气作业的劳动者供给足够的、符合卫生标准的防暑降温饮料及必需的药品。不得以发放钱物替代提供防暑降温饮料。防暑降温饮料不得充抵高温津贴。”因此，防暑降温费不能直接等同于高温补贴。案例三十中，脚手架工程处以发放清凉饮品替代高温补贴是没有根据的。

那么，什么情况下可以领取高温补贴？高温补贴的标准是多少呢？根据卫生部、劳动和社会保障部、国家安全生产监督管理总局、全国总工会等四部门发布的《关于进一步加强工作场所夏季防暑降温工作的通知》（卫监督发〔2007〕186 号）第四条第七项规定，“用人单位安排劳动者在高温天气下（日最高气温达到 35℃以上）露天工作以及不能采取有效措施将工作场所温度降低到 33℃以下的（不含 33℃），应当向劳动者支付高温津贴。高温津贴的具体标准由省级政府或省级劳动保障部门制定。”各地发放高温补贴的标准略有不同，比如，北京高温补贴的标准是每人每月不低于 90 元；而广东省高温补贴标准是每人每月 150 元。具体发放标准可以查询当地政府或劳动保障部门发布的通知。

法条链接

1.《劳动法》第四十四条

2.《劳动合同法实施条例》第二十一条

3.《工资支付暂行规定》

4.《最低工资规定》

5.《职工带薪年休假条例》

6.《企业职工带薪年休假实施办法》

7.《关于贯彻执行〈中华人民共和国劳动法〉若干问题的意见》第五十三条

8.《关于工资总额组成的规定》

9.《防暑降温措施管理办法》

10.《北京市工资支付规定》

11.《广东省工资支付条例》

12.《江苏省工资支付条例》

13.《广东省劳动保障监察条例》

14. 国家安监总局办公厅、卫生部办公厅、人力资源社会保障部办公厅和全国总工会办公厅联合发布《关于进一步做好夏季防暑降温工作的通知》

15. 卫生部、劳动和社会保障部、国家安全生产监督管理总局、全国总工会等四部门发布的《关于进一步加强工作场所夏季防暑降温工作的通知》

深度剖析

1. 前程无忧（www. 51job. com）2013 年 4 月做过的《完美离职》调查报告显示，在职场人的离职原因中，“对薪资福利不满”高居第一位，超过半数的受访者表示自己的离职归根结底是因为“钱”。在市场经济体制下，劳动者工资的基数由市场说了算，而工资构成和实发数额往往由用人单位说了算。劳动报酬是司法实践中争议发生最多、处理难度最大的一个问题。尽管我国法律法规对工资总额、最低工资、加班工资等项目都作了具体规定，但是，法律仍然无法涵盖现实生活中发生的各种复杂情形。

2. 对劳动者而言，为尽最大可能避免因劳动报酬而引发的纠纷，需要注意以下几点：第一，“丑话说在前”，工资是劳动者最重要权益之一，劳动者在建立劳动关系之前，最好与用人单位就工资的构成、基数、加班工资、休假工资等协商一致；第二，“立字为据”，劳动合同是最好的“字据”，大多数企业提供的劳动合同是格式化合同，将谈妥的工资在劳动合同中写明是预防劳动报酬纠纷的有效方法；第三，“证据别乱丢”，一旦发生争议，劳动者掌握证据的多寡将极大影响裁决的结果。因此，劳动者平时应留存与劳动报酬相关的工资单、存折、加班单据等，以备不时之需。

3. 对于用人单位而言，劳动力是最重要的生产要素之一，是企业利润的源泉，而同时，工资也是企业的经营成本。显然，成本和利润是矛盾统一体。现实中，用人单位容易看到工资成本和利润矛盾的一面，这就是劳资纠纷多发的原因；而用人单位难以看到工资成本和利润统一的一面，这恰恰是用人单位普遍遭遇的“招工难”、“人才流失”的重要原因。因此，从法律意义上看，用人单位要想尽可能减少因劳动报酬引发的纠纷，就需要注意以下几点：

第一，“有安全感才有稳定”，与劳动者事前谈妥工资，用劳动合同的形式明确下来，劳动者才能安心踏实工作，企业方能稳定发展；

第二，“有机制才有希望”，建立规范合理的薪酬上涨机制，劳动者可以预见自己的“钱景”，劳动的积极性才能提高，生产效率随之提高，企业才有可能做大做强；

第三，“有规范才有和谐”，实践证明，用工单位的管理越规范，劳资关系就越和谐，争议就越少。一旦发生争议，留存充足的证据材料往往能促使劳动者在内部通过调解或协商解决，从而形成劳资关系之间良性的互动，最终促使企业的健康发展。

四、劳动保护、劳动条件和职业危害防护

问题提出

什么是劳动保护？用人单位应当为劳动者提供哪些劳动条件？劳动条件的标准如何确定？

典型案例

案例三十一

2008年5月，赵某经人介绍，到某屋面系统公司工作，双方签订了劳动合同。合同约定：赵某从事电焊气割焊工作，公司提供必要的劳动保护和工作条件。实际上，公司对职工非常苛刻，除了每个月发一副帆布手套外，什么劳动保护用品都不发，工人们必须自备劳动服，而且经常还得自己买手套。于是，赵某向公司提出要配置电焊防护用品，但是生产经理答复不用电焊防护用品。2008年11月，赵某通过工友向公司提交了一份辞职信。而公司说，辞职得提前30天通知公司，所以赵某还得继续干满30天活儿才能走。但赵某没有再去公司上班。

2009年2月，赵某找到公司要经济补偿，被公司一口拒绝，公司认为，是赵某自己提出辞职的，公司不能给经济补偿。随后，赵某向当地劳动争议仲裁委员会提起仲裁，请求确认赵某与公司解除劳动合同关系，并要求公司支付经济补偿。经过劳动仲裁委员会调解，公司向赵某支付了经济补偿。

案例三十二

孟某是一名电力工程师。1997年6月，某火力发电厂引进人才，聘请孟某为火力发电厂发供电运行主管。双方签订了无固定期限劳动合同，合同约定孟某月工资为6000元。合同签订后，孟某一直兢兢业业负责本职工作。2008年2月，因火力发电厂严重耗能，污染环境，当地政府要求火力发电厂整改，限期完成升级改造。

2008年3月起，火力发电厂开始停产进行升级改造，同时，向所有职工发放了一份征询意见表，要求职工对停产期间意愿离厂或暂时领取当地最低工资标准作出选择。孟某认为，火力发电厂发放的征询意见表只有两种选择，都违背了职工的意愿，而且违反劳动合同的约定，不愿意在征询意见表上作出选择。

2008年4月，火力发电厂以当地最低工资标准向孟某发放工资。孟某对此不服，多次找到厂长，而厂长对此置之不理。孟某无奈，只好停止上班，一直等待火力发电厂恢复生产。

2008年12月，火力发电厂完成升级改造，恢复生产。但是，火力发电厂没有通知孟某复工，仍按最低工资标准向孟某发放工资。孟某认为，厂长故意刁难自己，火力发电厂生产经营状态正常，应当依照劳动合同的约定提供正常的劳动条件。于是，孟某以火力发电厂未按劳动合同约定提供劳动条件、未及时足额发放工资为由，要求解除双方劳动合同关系，并要求火力发电厂支付经济补偿。火力发电厂同意解除双方劳动合同关系，但认为，孟某是主动辞职，厂无须支付经济补偿。

2009年2月，孟某向当地劳动争议仲裁委员会提起仲裁，请求裁决确认双方解除劳动合同关系，并要求火力发电厂支付经济补偿。经仲裁委审理查明，火力发电厂2008年12月起正常生产，并且在招聘新职工，不存在法律规定的停工、停业情形。经调解，火力发电厂向孟某支付了经济补偿。

律师析案

辨析一：用人单位没有提供劳动保护，劳动者如何保护自己？

用人单位的稳步发展离不开安全生产。做好安全生产的一个重要方面就在于加强劳动保护。劳动保护不仅指普通劳动者的劳动保护，还包括未成年工和女职工的劳动保护。《劳动法》第五十四条规定，“用人单位必须为劳动者提供符合国家规定的劳动安全卫生条件和必要的劳动防护用品，对从事有职业危害作业的劳动者应当定期进行健康检查。”《安全生产法》第四十四条规定，“生产经营单位与从业人员订立的劳动合同，应当载明有关保障从业人员劳动安全、防止职业危害的事项，以及依法为从业人员办理工伤社会保险的事项。生产经营单位不得以任何形式与从业人员订立协议，免除或者减轻其对从业人员因生产安全事故伤亡依法应承担的责任。”虽然法律规定了用人单位应当为劳动者提供劳动保护，但仍有用人单位出于降低成本考虑，不向劳动者提供相应的劳动防护用品。案例三十一中，某屋面系统公司除了每个月给劳动者发一副帆布手套外，没有发放任何劳动保护用品，这对于从事电焊气割焊工作的赵某而言是非常危险的，很容易发生伤害事故。因此，根据《劳动合同法》第三十八条规定，用人单位未按照劳动合同约定提供劳动保护或者劳动条件的，劳动者可以解除劳动合同。赵某在向单位要求无效的情况下，选择解除劳动合同是正确的，符合法律的规定。

辨析二：用人单位未安排劳动者工作，劳动者应该怎么办？

用人单位与劳动者建立劳动关系后，为劳动者提供必要的物质设备等办公条件，使劳动者得以正常工作，这是建立劳动关系的必然要求。如果用人单位未安排劳动者工作，劳动者在劳动关系存续期间，无法提供正常劳动，甚至无法领取赖以生存的劳动报酬，劳动关系的存续就会丧失其本意。因此，法律对用人单位在不同情况下未提供必要物质条件、安排劳动者工作，设定了不同的限制条件，以维护劳动关系存续的意义。

1. 用人单位正常生产经营的情况下，未安排劳动者工作的，劳动者可以要求用人单位按照劳动合同的约定安排正常劳动，并按劳动合同约定按月支付劳动报酬。若用人单位仍拒绝安排劳动者正常劳动，根据《劳动合同法》第三十八条规定，“用人单位有下列情形之一的，劳动者可以解除劳动合同：（一）未按照劳动合同约定提供劳动保护或者劳动条件的；（二）未及时足额支付劳动报酬的”，劳动者可以要求解除劳动合同。案例三十二中，火力发电厂在完成升级改造、恢复生产后，拒不安排孟某工作，孟某当然可以火力发电厂未提供劳动条件为由解除双方的劳动合同。

需要注意的是，如果用人单位和劳动者没有约定劳动条件，根据《劳动合同法》第十八条规定，“劳动合同对劳动报酬和劳动条件等标准约定不明确，引发争议的，用人单位与劳动者可以重新协商。协商不成的，适用集体合同规定；没有集体合同或者集体合同未规定劳动报酬的，用人单位应当对劳动者实行同工同酬；没有集体合同或者集体合同未规定劳动条件等标准的，适用国家有关规定。”无论是否有规定，用人单位都应当提供与劳动者岗位相适应的劳动条件。

2. 非因劳动者本人原因造成用人单位停工、停产的，用人单位未安排劳动者提供劳动的，在一个工资支付周期内的，根据《工资支付暂行规定》第十二条规定，“用人单位应按劳动合同规定的标准支付劳动者工资。”

超过一个工资支付周期的，劳动者没有提供正常劳动的，各地方法规对此规定略有不同。比如，《北京市工资支付规定》第二十七条规定，“非因劳动者本人原因造成用人单位停工、停业的，超过一个工资支付周期的，用人单位没有安排劳动者工作的，应当按照不低于本市最低工资标准的70%支付劳动者基本生活费。国家或者本市另有规定的从其规定。”《广东省工资支付条例》第三十五条规定，“非因劳动者原因造成用人单位停工、停产，超过一个工资支付周期的，可以根据劳动者提供的劳动，按照双方新约定的标准支付工资；用人单位没有安排劳动者工作的，应当按照不低于当地最低工资标准的百分之八十支付劳动者生活费，生活费发放至企业复工、复产或者解除劳动关系。”案例三十二中，火力发电厂升级改造停产期间，用人单位可以与孟某协商变更劳动合同，按照当地最低工资标准发放工资。

法条链接

1.《劳动法》第五十四条
2.《劳动合同法》第十八条
3.《安全生产法》第四十四条
4.《工资支付暂行规定》第十二条
5.《北京市工资支付规定》第二十七条
6.《广东省工资支付条例》第三十五条

深度剖析

1. “安全就是生命”，这是众所周知的道理。然而频频发生的各类安全生产事故一次次警告我们，安全生产任重道远。发生安全生产事故的原因很多，但主要有三大原因：第一，人的因素，也就是通常所说的，“用人单位违章指挥、劳动者违规操作”；第二，物的因素，即“缺乏劳动保护设备和工具、缺乏必要的劳动条件”；第三，管理的因素，即安全制度不完善、监督机制不健全、责任不落实。安全生产事故的发生，对于劳动者而言是严重伤害，对于用人单位而言就是重大损失。因此，做好劳动保护，利己利人，利国利民！

2. 对于劳动者而言，尽可能避免伤害事故的发生，需要注意以下几点：第一，“防患于未然”，生命只有一次，有些伤害不具有可修复性，劳动者一旦发现用人单位没有提供劳动保护，应当主动要求用人单位提供相应的保护用具和设备；第二，“东家不打打西家”，劳动者向用人单位要求提供劳动保护，如果用人单位予以拒绝，此时，劳动者就应及时离开该用人单位，远离危险；第三，“权利在你手中”，劳动者离开拒绝提供劳动保护的用人单位，应拿起法律的武器，要求用人单位依法支付经济补偿。

3. 对于用人单位而言，安全生产事故造成的影响和经济损失是难以估量的，应尽一切可能避免伤害事故的发生，“勿因小失大”。不能把配备必要的劳动保护设备或用具看成成本，而应看作投资，这种投资不仅是长期投资，而且是回报率很高的投资。今天，企业以较少的安全投入，明天就能够换取安全生产，确保企业实现大的发展。

五、社会保险

问题提出

社会保险包括哪几种？社会保险费如何缴纳？缴纳社会保险后，用人单位和劳动者享有哪些权利？用人单位未缴纳社会保险费的，应承担何种责任？劳动者如何维护自身的合法权益？

典型案例

案例三十三

2004 年 5 月，林某进入某民营小学工作，从事语文教学。双方没有签订劳动合同，学校也没有为林某缴纳各项社会保险，杨某每月工资 1200 元。2004 年 10 月，林某考虑到学校一直没有为自己缴纳养老保险，担心退休后无法享受养老保险待遇，就向学校要求缴纳养老保险，但是学校行政处主任杨某答复，学校运转困难，无法缴纳养老保险，但表示可以帮助林某办理缴纳手续，前提是林某必须签订一份协议，同意全额负担养老保险费。无奈之下，林某答应了学校的要求，由学校每月从工资中全额扣除养老保险费。

2012 年 7 月，林某因老家有事，须辞职返乡，要求学校给予一定的经济补偿，补偿其原替学校垫付的养老保险费。学校告知林某是自动离职，学校无须给予经济补偿，并且双方已经签订了协议，林某同意全额承担养老保险费，双方属于协商一致，学校无须对此给予任何补偿。

因双方协商不成，2012 年 8 月，林某向当地劳动仲裁委员会申请仲裁，请求裁决：（1）学校返还应由其缴纳的养老保险费 7980 元；（2）以学校未缴纳养老保险为由，要求解除劳动合同，学校支付经济补偿 3.2 万元。经仲裁委调解，学校向林某支付了一次性经济补偿 2.5 万元。

案例三十四

2004 年 8 月，吴某与某航空公司建立劳动关系，从事飞行工作。双方签订了书面劳动合同，合同约定：合同期从 2004 年 8 月 5 日起至法定或约定的解除（终止）合同条件出现时止；航空公司根据公司各项休假和福利制度每年安排疗休养，报销医疗费用；依法缴纳各项社会保险费。2005 年 3 月，航空公司出台了《某航空有限公司医疗费管理暂行办法》（以下简称《办法》）。《办法》规定，飞行人员实行门诊费实报实销外加包干、住院费实报实销。2011 年 12 月，吴某得知公司从未为飞行员缴纳医疗保险，向公司要求依法缴纳医疗保险，但是公司回复吴某，相比当地医疗保险待遇，公司出台的《办法》对飞行员更有利，公司无须再缴纳医疗保险。

2012 年 2 月，由于公司调整飞行员飞行和休息时间，缩短疗休养时间，引起吴某不满。吴某以公司未缴纳医疗保险为由要求解除劳动合同，而公司书面答复吴某不同意解除双方劳动合同。

2012 年 3 月，吴某向当地劳动仲裁委员会提起仲裁，请求裁决确认双方解除劳动合同，要求公司支付经济补偿。经仲裁委审理查明，航空公司以《办法》规定的医疗制度替代医疗保险，未为申请人缴纳医疗保险费，不符合法律法规的规定。根据《劳动合同法》第三十八条规定，确认吴某与航空公司双方解除劳动合同，航空公司依法向吴某支付经济补偿。

案例三十五

陈某 2009 年 8 月进入某化妆品公司工作，工作岗位是销售专员。公司和吴某口头约定工资为底薪加提成，底薪为 1200 元。双方没有签订任何书面劳动合同，公司也未为陈某缴纳社会保险，工资都是以现金的形式发放并由吴某签收。

2010 年 6 月，陈某从外地出差回来感觉身体不适，于是到医院检查，医生告知陈某由于长期三餐不规律，导致陈某罹患严重胃病，须住院治疗。陈某住院治疗了一个多月，公司没有支付医疗费，也没有向陈某支付工资。陈某病愈后找到公司，要求公司支付医疗费，但是公司认为陈某生病是她自身的原因所致，并不属于工作原因引起的，因此公司没有义务承担其医疗费；既然陈某生病无法再来公司工作，公司要求其结清工资回家。

陈某非常气愤，由于公司没有给自己缴纳保险导致自己的医疗费没法报销，陈某向当地劳动仲裁委员会提起了劳动仲裁，要求公司支付因未缴纳保险而导致的医疗待遇损失，同时要求公司支付经济补偿。仲裁委经过审理后认为：公司没有为陈某缴纳保险导致其不能依法享受医疗待遇存在过错；公司在陈某法定医疗期内解除其劳动关系的做法也不符合法律规定。经过仲裁委的多次调解，公司和陈某最终达成了调解协议：由公司一次性支付吴某经济补偿。

案例三十六

张某2008年5月入职某精铸公司，从事制模工作。公司与张某没有签订劳动合同，也没有依法为张某缴纳各项社会保险，双方口头约定每月工资计算方式为计件工资，张某每月平均工资为1400元。

2008年9月22日，张某在制模时被机器压伤，经劳动局认定为工伤。2009年7月8日，张某被劳动能力鉴定委员会评为9级伤残。由于工伤发生前，公司没有依法为张某缴纳工伤保险，导致张某无法享受各项伤残保险待遇。在张某停工留薪期，公司也没有依法足额发放原工资福利待遇。

张某病愈后，向当地劳动仲裁委员会提起仲裁，要求公司依法补发停工留薪期原福利待遇，支付各项伤残保险待遇损失；同时，以公司未依法缴纳社会保险为由，要求解除劳动关系，由公司支付经济补偿。经仲裁委审理查明，某精铸公司未为张某缴纳工伤保险，也未依法向张某支付各项工伤保险待遇，根据《工伤保险条例》和《劳动合同法》的规定，裁决支持张某全部仲裁请求。

案例三十七

2009年7月，石某进入某机械实业有限公司工作。公司未与石某签订书面劳动合同，也没有为石某缴纳社会保险，双方仅口头约定每月工资为3000元。

2010年11月16日，公司以石某无法完成工作任务为由，书面通知辞退石某。石某认为公司违法解除劳动关系，要求公司支付赔偿金。但公司不同意，认为石某没有达到当初口头约定的产量，公司依法可以解除劳动关系，拒绝支付赔偿金。由于公司本应自石某入职之日起为石某缴纳失业保险，但是公司未缴纳失业保险，致使石某于2010年11月被解除劳动关系后，无法领取失业保险待遇。石某已工作1年4个月，原本可以领取1个月失业保险待遇，由于公司原因，致使石某无法享受失业保险待遇1458元。

为此，石某向当地劳动仲裁委员会提起仲裁，要求确认公司违法解除劳动关系；裁决公司支付未签订书面劳动合同的二倍工资差额33000元，支付赔偿金9000元以及失业保险待遇损失1458元。

经仲裁委审理查明，公司无法提交证据证明石某未完成双方口头约定的工作任务，确认公司违法解除石某劳动关系，因公司没有为石某缴纳失业保险，致使石某被解除劳动关系后无法享受失业保险待遇，裁决支持石某全部仲裁请求。

案例三十八

2008年2月，潘某到某私立幼儿园工作。幼儿园没有与潘某签订书面劳动合同，双方口头约定潘某工资为每月1000元。2009年2月，幼儿园开始办理参保缴费手续，包括养老、失业、工伤、生育四项险种，但幼儿园所缴社会保险费全额在潘某个人工资中扣除。

2010年6月16日，潘某怀孕，出现严重的妊娠和先兆性流产迹象，医生建议保胎一个月。为此，潘某向幼儿园请病假，幼儿园同意潘某休假。由于潘某休病假期间适逢幼儿园放假，潘某直到2010年9月才回幼儿园。

而幼儿园既没有为潘某安排任何工作，也没有发放工资，每月仍缴纳各项社会保险费。2011年2月潘某生育。2011年6月，幼儿园为潘某申报生育保险待遇，2012年7月，社保机构将潘某生育保险待遇共计13597元打入幼儿园账户，但幼儿园拒绝将生育保险待遇支付给潘某，理由是，用于返还幼儿园已经垫付的各项社会保险费。

2012年9月，潘某向当地劳动仲裁委员会提起仲裁，要求幼儿园依法返还潘某的生育保险待遇。经仲裁委调解，幼儿园返还潘某生育保险待遇。

律师析案

辨析一：用人单位与劳动者约定“由个人全额承担养老保险费”或“因劳动者个人原因，放弃缴纳社会保险”等条款是否有效？

《劳动法》第七十二条规定，“用人单位和劳动者必须依法参加社会保险，缴纳社会保险费。”《劳动合同法》第十七条将社会保险列为劳动合同必备条款。《社会保险法》第四条规定，“中华人民共和国境内的用人单位和个人依法缴纳社会保险费。”第十二条规定，“用人单位应当按照国家规定的本单位职工工资总额的比例缴纳基本养老保险费，记入基本养老保险统筹基金。职工应当按照国家规定的本人工资的比例缴纳基本养老保险费，记入个人账户。”《社会保险费征缴暂行条例》（国务院令第259号）第七条规定，“缴费单位必须办理社会保险登记，参加社会保险。”第四条规定，“缴费单位、缴费个人应当按时足额缴纳社会保险费。”从以上这些规定可以看出，只要依法确立了劳动关系，用人单位就必须参加并按照社会保险待遇内容和标准为劳动者办理社会保险。

根据《劳动合同法》第二十六条规定，“用人单位免除自己法定责任、排除劳动者权利的和违反法律、行政法规强制性规定的，劳动合同无效或部分无效。”由于社会保险具有强制性，因此，用人单位与劳动者约定“由个人全额承担养老保险费”或“因劳动者个人原因，放弃缴纳社会保险”等违反法律强制性规定的合同条款都是无效的。案例三十三中，学校与林某的约定无效，学校仍须承担相应的法律责任。同样，案例三十四中，某航空公司以单位自定的医疗制度替代医疗保险也是无效的。

辨析二：劳动者全额缴纳养老保险费用后，是否可以向用人单位追讨？

目前，对于劳动者全额缴纳养老保险费用后，用人单位应当承担什么法律责任，劳动者以什么方式进行追讨，没有相关的规定。各地在司法实践中，对于劳动者全额缴纳养老保险费用后通常采取以下两种方式：

1. 通过民事诉讼的途径进行追讨：依照《民法通则》第一百零六条第一款、《劳动法》第七十二条、第七十三条第一款（一）项、《民事诉讼法》

第一百三十条的规定，确认劳动者因垫付养老保险费与用人单位发生的纠纷为债权债务纠纷，判决用人单位承担民事责任，返还劳动者垫付的应由用人单位缴纳部分的养老保险费。

2. 通过劳动仲裁的途径进行追讨：有些地方出台的司法指导意见明确劳动者垫付养老保险费用后，请求用人单位返还的，作为劳动争议处理。比如，广东省高级人民法院、广东省劳动人事争议仲裁委员会 2012 年 7 月 23 日下发的《关于审理劳动人事争议案件若干问题的座谈会纪要》第一条规定，“用人单位为劳动者建立了社会保险关系，劳动者垫付用人单位未依法缴纳的社会保险费用后，请求用人单位返还的，作为劳动争议处理。”

由于目前法律对此没有统一规定，因此，劳动者在选择通过哪种法律途径追讨时，应当结合当地出台的指导意见或司法实践案例进行选择，避免走弯路。

辨析三：用人单位未缴纳医疗保险，劳动者患病发生的医疗费用如何处理？

根据《社会保险法》第二十三条规定，“职工应当参加职工基本医疗保险，由用人单位和职工按照国家规定共同缴纳基本医疗保险费。”作为社会保险的一部分，用人单位有义务为劳动者缴纳基本医疗保险费。这是用人单位的强制性法律义务，也是职工依法享受医疗保险待遇的权利。

用人单位不按照规定缴纳基本医疗保险费，劳动者无法享受医疗保险待遇，由此发生的医疗费用损失，劳动者有权依法索赔。如果用人单位拒绝赔偿，劳动者可以依据《劳动人事争议仲裁办案规则》第二条第一项和《最高人民法院关于审理劳动争议案件适用法律若干问题的解释（三）》第一条的规定，向劳动争议仲裁委员会提起劳动仲裁；对劳动仲裁裁决不服的，直接向人民法院提起诉讼。

司法实践中，有些地方就这个问题下发了相关的指导意见，比如，北京市高级人民法院《劳动争议案件审理中涉及的社会保险问题研讨会会议纪要》、《北京市高级人民法院和北京市劳动争议仲裁委员会关于劳动争议案件法律适用问题研讨会会议纪要》、《广东省高级人民法院、广东省劳动人事争议仲裁委员会关于审理劳动人事争议案件若干问题的座谈会纪要》，都对用人单位未依法为劳动者参加基本医疗保险或者缴纳基本医疗保险费，劳动者请求用人单位支付医疗费的，予以支持。一般情况下，劳动仲裁委或法院参照当地基本医疗保险待遇标准，确认劳动者患病发生的医疗费用数额。

案例三十五中，某化妆品公司没有为陈某缴纳医疗保险，陈某劳动关系存续期间患病发生的医疗费就由公司承担。这里需要注意的是，在用人单位没有为劳动者缴纳医疗保险的情况下，劳动者必须在实际发生医疗费用时，也就是说，劳动者在先行垫付医疗费后，才能向用人单位追讨。

辨析四：用人单位未缴纳工伤保险应承担何种法律责任？

根据《工伤保险条例》第六十条规定，“用人单位依照本条例规定应当参加工伤保险而未参加的，由劳动保障行政部门责令改正；未参加工伤保险期间用人单位职工发生工伤的，由该用人单位按照本条例规定的工伤保险待遇项目和标准支付费用。”用人单位应依照条例规定参加工伤保险，为本单位全部职工或雇工缴纳工伤保险费，否则发生工伤事故的，要按照规定承担给付工伤职工相应保险待遇的责任。这里需要注意两个问题：

第一，对于特殊用工情形下的工伤保险责任，《劳动合同法》、《工伤保险条例》明确规定：（1）用人单位分立、合并、转让的，承继单位应当承担原用人单位的工伤保险责任；（2）用人单位实行承包经营的，工伤保险责任由职工劳动关系所在单位承担；（3）职工被借调期间受到工伤事故伤害的，由原用人单位承担工伤保险责任，但原用人单位与借调单位可以约定补偿办法；（4）职工被派遣出境工作，依据前往国家或者地区的法律应当参加当地工伤保险的，参加当地工伤保险，其国内的工伤保险关系中止（不能参加的不中止）；（5）具备用工主体资格的承包单位违反法律、法规规定，将承包业务转包、分包给不具备用工主体资格的组织或自然人，该组织或自然人招用的劳动者从事承包业务因工伤亡的，由该具备用工主体资格的承包单位承担用人单位依法应承担的工伤保险责任。

第二，劳动者试用期发生工伤的，用人单位仍应承担责任。根据原劳动部《关于贯彻执行〈中华人民共和国劳动法〉若干问题的意见》第十八条规定，“劳动者被用人单位录用后，双方可以在劳动合同中约定试用期，试用期应该包括在劳动合同期限内。”《劳动合同法》第十九条规定，“试用期包含在劳动合同期限内。劳动合同仅约定试用期的，试用期不成立，该期限为劳动合同期限。”因此，劳动者在试用期内发生工伤，用人单位未缴纳工伤保险的，同样按照《工伤保险条例》的规定承担给付工伤职工相应保险待遇的责任。

辨析五：用人单位未缴纳失业保险应承担何种法律责任？

用人单位不按照规定缴纳失业保险费，劳动者无法享受失业保险待遇，由此发生的失业保险待遇损失，应由用人单位承担赔偿责任。根据《劳动人事争议仲裁办案规则》第二条第一项和《最高人民法院关于审理劳动争议案件适用法律若干问题的解释（三）》第一条的规定，劳动者可以向劳动争议仲裁委员会提起劳动仲裁；对劳动仲裁裁决不服的，直接向人民法院提起诉讼。

《社会保险法》和《失业保险条例》没有明确用人单位未缴纳失业保险的赔偿责任如何承担。但是，一些地方出台的失业保险规定则明确了用人单位的赔偿责任。比如，《北京市失业保险规定》第三十一条规定，“用人单位不按规定缴纳失业保险费或不按规定及时为失业人员转移档案关系，致使失业人员不能享受失业保险待遇或影响其再就业的，用人单位应当赔偿由此给失业人员造成的损失。”《广东省失业保险条例》第四十一条规定，“单位拒不参加失业保险或者擅自停止缴纳失业保险费，导致失业人员不能按规定享受失业保险待遇、农民合同制工人不能按规定享受一次性生活补助的，由单位按失业人员、农民合同制工人应当享受的失业保险金或者一次性生活补助总额的二倍给予一次性赔偿。”应该说，广东省在劳动者失业保险待遇权益方面的保障力度更大。

案例三十七中，根据《失业保险条例》第十四条规定，“具备下列条件的失业人员，可以领取失业保险金：（一）按照规定参加失业保险，所在单位和本人已按照规定履行缴费义务满 1 年的；（二）非因本人意愿中断就业的；（三）已办理失业登记，并有求职要求的。”若某机械实业公司为石某缴纳了失业保险，一旦确认石某非因本人意愿中断就业的，石某就能享受失业保险待遇。那么，按照《失业保险条例》第十七条规定，“失业人员失业前所在单位和本人按照规定累计缴费时间满 1 年不足 5 年的，领取失业保险金的期限最长为 12 个月；累计缴费时间满 5 年不足 10 年的，领取失业保险金的期限最长为 18 个月；累计缴费时间 10 年以上的，领取失业保险金的期限最长为 24 个月。重新就业后，再次失业的，缴费时间重新计算，领取失业保险金的期限可以与前次失业应领取而尚未领取的失业保险金的期限合并计算，但是最长不得超过 24 个月。”第十八条规定，“失业保险金的标准，按照低于当地最低工资标准、高于城市居民最低生活保障标准的水平，由省、自治区、直辖市人民政府确定。”石某可以按当地失业保险规定的标准领取失业保险待遇。因公司未缴纳失业保险，造成石某失业保险待遇损失的，理应由机械实业公司承担。

辨析六：用人单位未缴纳生育保险或拒付生育保险待遇应承担何种法律责任？

《社会保险法》第五十三条规定，“职工应当参加生育保险，由用人单位按照国家规定缴纳生育保险费，职工不缴纳生育保险费。”缴纳生育保险同样是用人单位的法定义务。

根据《企业职工生育保险试行办法》第五条和第六条规定，女职工生育的检查费、接生费、手术费、住院费、药费、产假期间的生育津贴由生育保险基金支付；产假期间的生育津贴按照本企业上年度职工月平均工资计发，由生育保险基金支付。女职工超出规定的医疗业务费和药费（含自费药品和营养药品的药费）由职工个人负担。

对于用人单位已缴纳生育保险，但拒绝向女职工支付生育保险待遇的，根据《企业职工生育保险试行办法》第十三条规定，“企业欠付或拒付职工生育津贴、生育医疗费的，由劳动行政部门责令企业限期支付；对职工造成损害的，企业应承担赔偿责任。”案例三十八中，社保机构把潘某的生育保险待遇发放到幼儿园账户后，幼儿园应依法向潘某支付该笔生育保险待遇。

用人单位未缴纳生育保险的，仍应向女职工支付生育保险待遇。根据《劳动部关于女职工生育待遇若干问题的通知》（劳动部劳险字〔1998〕2号文）第二条规定，“女职工怀孕，在本单位的医疗机构或者指定的医疗机构检查和分娩的，其检查费、接生费、手术费、和药费由所在单位承担。”有的地方法规还进一步明确规定了用人单位未缴纳生育保险的法律责任，比如《广东省职工生育保险规定》第二十八条规定，“用人单位未按规定缴纳生育保险费的，由社会保险费征缴机构责令限期缴纳；逾期仍不缴纳的，除补缴欠缴数额外，按规定加收滞纳金。未缴纳生育保险费期间，用人单位所属职工的生育保险待遇由用人单位按照所在统筹地区的待遇项目和标准向职工支付。”

法条链接

1. 《劳动法》第七十二条、第七十三条

2. 《劳动合同法》第十七条、第二十六条

3. 《社会保险法》第二十三条、第五十三条

4. 《民事诉讼法》第一百三十条

5. 《民法通则》第一百零六条

6. 《社会保险费征缴暂行条例》第四条、第七条

7. 《工伤保险条例》第六十条

8. 《失业保险条例》第十四条、第十七条

9. 《企业职工生育保险试行办法》第五条、第六条、第十三条

10. 《劳动人事争议仲裁办案规则》第二条

11. 《最高人民法院关于审理劳动争议案件适用法律若干问题的解释（三）》第一条

12. 原劳动部《关于贯彻执行〈中华人民共和国劳动法〉若干问题的意见》第十八条

13. 《劳动部关于女职工生育待遇若干问题的通知》（劳动部劳险字〔1998〕2号文）第二条

14. 《北京市失业保险规定》第三十一条

15. 《广东省失业保险条例》第四十一条

16. 《广东省职工生育保险规定》第二十八条

17. 北京市高级人民法院《劳动争议案件审理中涉及的社会保险问题研讨会会议纪要》

18. 《北京市高级人民法院和北京市劳动争议仲裁委员会关于劳动争议案件法律适用问题研讨会会议纪要》

19. 广东省高级人民法院、广东省劳动人事争议仲裁委员会《关于审理劳动人事争议案件若干问题的座谈会纪要》

深度剖析

1. 企业生产经营过程中，除了对股东承担责任，还要承担对职工、消费

者、社会和环境的责任。企业依法缴纳社会保险正是履行对职工和社会的责任。正如《社会保险法》所规定的，“国家建立基本养老保险、基本医疗保险、工伤保险、失业保险、生育保险等社会保险制度，保障公民在年老、疾病、工伤、失业、生育等情况下依法从国家和社会获得物质帮助的权利。”社会保险是劳动者享有的基本保障，同时也是用人单位社会责任的体现。无论用人单位是否接受企业社会责任的理念，至少对社会保险责任的承担是用人单位必须且无法逃避的，因为这是法律的规定。

2. 由于目前部分社会保险纠纷尚未纳入司法救济的范畴，社会保险纠纷的处理通常以行政手段为主，法律手段为辅。一旦发生社会保险纠纷，劳动者需要注意：不缴、少缴或迟缴社会保险费纠纷，从性质上看属于行政投诉的范围；社会保险损失赔偿纠纷、不缴社会保险费导致的劳动合同纠纷，从性质上看属于劳动争议。

3. 社会保险具有国家强制性，这也就意味着，依法缴纳社会保险既是用人单位的法定义务，也是劳动者的法定义务。因此，劳动者与用人单位签订“自愿放弃缴纳社会保险”的协议不具有法律效力。一旦发生社会保险纠纷，劳动者以用人单位未缴纳社会保险费为由解除劳动合同，用人单位难以“自愿放弃缴纳社会保险”协议作为抗辩的理由免责，用人单位仍将面临败诉的风险。

谈谈特殊群体劳动合同的履行

一、女职工的特殊保护

问题提出

女职工在孕期、产期、哺乳期依法享有哪些特殊的法律保护？

典型案例

案例三十九

2005 年 12 月，韩某进入某针织厂工作，双方签订了为期两年的劳动合同，合同约定：韩某从事车缝工作，工资标准按计件工资执行。2007 年 8 月，厂方根据生产需要，将韩某调至样板车缝车间工作，这时韩某怀孕。2007 年 10 月，由于针织厂连续接到几宗国外的样板大订单，工期要求紧，厂方安排韩某周末连续加班，韩某感觉身体吃不消，要求调换岗位，厂方以工期紧为由拒绝。

2007 年 11 月，厂方提出双方劳动合同即将期满，要求续签为期两年的劳动合同。但是，韩某担心生育后小孩无人照顾，只同意续签一年期的劳动合同。2007 年 12 月，合同期满后，双方没有续签劳动合同，但是韩某仍继续工作。

2008 年 1 月，韩某因感身体不适，经常请病假。2008 年 2 月，厂方以韩某多次旷工、严重违反单位规章制度为由，要求终止劳动关系。韩某不服，向当地劳动仲裁委员会申请仲裁，要求裁决确认针织厂违法解除劳动关系，签订为期一年的劳动合同，双方继续履行劳动合同。经仲裁委审理查明：韩某在工作期间虽经常请假，但是每次均向单位出具了医生的病假证明；针织厂无法提供证据证明韩某旷工事实，也没有证据证明韩某违反单位的规章制度，故针织厂解除与韩某劳动关系依据不足，裁决针织厂应与韩某恢复劳动关系，续签劳动合同。

案例四十

2007 年 6 月，林某进入某平面广告公司工作。公司与林某签订为期一年的劳动合同。合同约定，林某每月工资为基本工资 800 元加提成工资，通过银行转账的形式发放工资。林某平均每月领取工资 2000 元左右。

2008 年 2 月，林某因生育开始休假。因林某难产，遂向公司要求按照法律规定休假 120 天。公司人事负责人告知林某，公司人手紧，只能休 90 天，而且产假期间，因为没有业绩，每月只能领取基本工资 800 元。2008 年 4 月底，公司通知林某上班，但林某不同意，认为按照法律规定应该休满 120 天，拒绝上班。

2008 年 6 月，公司以劳动合同期满为由，终止双方劳动合同关系。2008 年 7 月，林某到当地仲裁委申请仲裁，要求公司补发产假工资，确认公司违法终止劳动关系，请求裁决公司支付赔偿金。经仲裁委审理查明：林某依法享有产假 120 天，根据《劳动合同法》第四十五条和《女职工劳动保护规定》第四条规定，公司在劳动合同期满后应当续延至相应的情形消失时终止，公司终止劳动合同的行为违反了法律的规定，裁决支持林某全部仲裁请求。

案例四十一

2006 年 8 月，温某经人介绍到某物业公司从事保洁工作。公司没有与温某签订书面劳动合同，双方口头约定：温某每月基本工资 800 元。2007 年 4 月，温某分娩休假 3 个月。产假期间，物业公司停发温某的工资。产假期满，温某告诉班长，早晚需要哺乳，早上需晚到半个小时，晚上需早走半个小时，班长不置可否。物业公司以温某无法准时上班为由，每月从温某工资中扣除全勤奖 200 元。

2007 年 11 月，温某从报纸上看到女职工产假和哺乳假期间，单位不能降低基本工资，而且哺乳期女职工享有每天两次哺乳时间，每次哺乳时间 30 分钟。温某认为，自己迟到早退是为了哺乳，公司不能扣除她的工资，还得返还她产假期间的工资。温某找到物业公司负责人，要求公司支付其产假期间的工资，同时返还扣除的每月 200 元全勤奖。公司负责人告诉温某，因为温某从事保洁工作，是按量计算工资的，没有工作就没有工资，符合法律规定，另外，公司扣除的是温某的全勤奖，没有降低她的基本工资，所以无须返还每月扣除的 200 元。

2007 年 12 月，温某向当地劳动争议仲裁委员会提出仲裁申请，要求物业公司支付所欠产假期间工资每月 800 元及返还扣除哺乳期间的每月全勤奖 200 元。仲裁委经审理认为，根据《女职工劳动保护规定》第四条规定：不得在女职工怀孕期、产期、哺乳期降低其基本工资。公司没有提交证据证明双方约定的工资构成，也没有证据证明每月扣除的 200 元是全勤奖，认定温某每月基本工资为 800 元，裁决公司支付温某产假期间的工资，返还扣除的哺乳期的每月全勤奖 200 元。

律师析案

辨析一：女职工孕期依法享有何种特殊的法律保护？

根据《劳动法》、《劳动合同法》、《女职工劳动保护特别规定》、《女职工保健工作规定》等规定，女职工在孕期就劳动合同以及工资、工时、休假等方面依法享有特殊的法律保护：

（一）劳动合同和工资方面的特殊规定

1. 用人单位不得因女职工怀孕降低其工资、予以辞退、与其解除劳动或者聘用合同。案例三十九中，某针织厂虽然不是以韩某怀孕为由，而是以韩某旷工为由解除劳动关系，但是针织厂无法提供证据证明韩某旷工事实，也没有证据证明韩某违反单位的规章制度，因此，在韩某怀孕期间，针织厂不能解除双方的劳动关系。需要说明的是，如果韩某旷工事实成立，并且针织厂能够举证证明韩某的旷工严重违反单位的规章制度，那么，针织厂能够根据《劳动合同法》第三十九条的规定解除双方的劳动关系。

2. 劳动合同期满，女职工在孕期的，劳动合同应当续延至相应的情形（包括孕期、产期、哺乳期）消失时终止。

3. 保胎休息和病假超过六个月后领取疾病救济费的女职工，按计划生育时可以从生育之日起停发疾病救济费，改发产假工资，并享受其他生育待遇。产假期满后仍需病休的，从产假期满之日起，继续发给疾病救济费。

（二）工时和休假方面的特殊规定

1. 对怀孕7个月以上的女职工，用人单位不得延长劳动时间或者安排夜班劳动，并应当在劳动时间内安排一定的休息时间；

2. 怀孕女职工在劳动时间内进行产前检查，所需时间计入劳动时间；

3. 女职工怀孕7个月以上（含7个月），每天享受工间休息一小时，算作劳动时间，并不得安排其从事夜班劳动、加班加点；

4. 女职工按计划生育怀孕，经过医师开具证明，需要保胎休息的，其保胎休息的时间，按照本单位实行的疾病待遇的规定办理；

5. 允许怀孕的女职工在预产期前休息15天。

（三）劳动强度方面的特殊规定

1. 女职工在孕期不能适应原劳动的，用人单位应当根据医疗机构的证明，予以减轻劳动量或者安排其他能够适应的劳动；

2. 女职工所在单位不得安排其从事国家规定的第三级体力劳动强度的劳动和孕期禁忌从事的劳动。女职工孕期禁忌从事的劳动范围包括：

（1）作业场所空气中铅及其化合物、汞及其化合物、苯、镉、铍、砷、氰化物、氮氧化物、一氧化碳、二硫化碳、氯、己内酰胺、氯丁二烯、氯乙烯、环氧乙烷、苯胺、甲醛等有毒物质浓度超过国家职业卫生标准的作业；

（2）从事抗癌药物、己烯雌酚生产，接触麻醉剂气体等的作业；

（3）非密封源放射性物质的操作，核事故与放射事故的应急处置；

（4）高处作业分级标准中规定的高处作业；

（5）冷水作业分级标准中规定的冷水作业；

（6）低温作业分级标准中规定的低温作业；

（7）高温作业分级标准中规定的第三级、第四级的作业；

（8）噪声作业分级标准中规定的第三级、第四级的作业；

（9）体力劳动强度分级标准中规定的第三级、第四级体力劳动强度的作业；

（10）在密闭空间、高压室作业或者潜水作业，伴有强烈振动的作业，或者需要频繁弯腰、攀高、下蹲的作业。

辨析二：女职工产期依法享有何种特殊的法律保护？

根据《劳动法》、《劳动合同法》、《女职工劳动保护特别规定》、《女职工保健工作规定》等规定，女职工产期在劳动合同和工资、工时和休假以及劳动强度等方面依法享有特殊的法律保护：

（一）劳动合同和工资方面的规定

1. 用人单位不得因女职工生育降低其工资、予以辞退、与其解除劳动或者聘用合同。

2. 劳动合同期满，女职工在产期的，劳动合同应当续延至相应的情形（产期、哺乳期）消失时终止。案例四十中，林某 2008 年 5 月产假期满，2008 年 6 月劳动合同期满时，林某产假期满但哺乳期未满，此时广告公司不能以劳动合同期满为由终止劳动合同，应该续延至哺乳期满后才能终止劳动合同。否则，广告公司在劳动合同期满时终止劳动合同属于违法终止，根据《劳动合同法》第四十八条规定，应当向林某支付赔偿金。

3. 女职工产假期间的生育津贴，对已经参加生育保险的，按照用人单位上年度职工月平均工资的标准由生育保险基金支付；对未参加生育保险的，按照女职工产假前工资的标准由用人单位支付。

4. 女职工生育或者流产的医疗费用，按照生育保险规定的项目和标准，对已经参加生育保险的，由生育保险基金支付；对未参加生育保险的，由用人单位支付。

（二）工时和休假方面的特殊规定

女职工生育享受98天产假，其中产前可以休假15天；难产的，增加产假15天；生育多胞胎的，每多生育1个婴儿，增加产假15天。

女职工怀孕未满4个月流产的，享受15天产假；怀孕满4个月流产的，享受42天产假。

（三）劳动强度方面的特殊规定

产假期满恢复工作时，应允许有1—2周时间逐渐恢复原工作量。

辨析三：女职工哺乳期依法享有何种特殊的法律保护？

根据《劳动法》、《劳动合同法》、《女职工劳动保护特别规定》、《女职工保健工作规定》等规定，女职工哺乳期在劳动合同和工资、工时和休假及劳动强度等方面依法享有特殊的法律保护：

（一）劳动合同和工资方面的特殊规定

1. 用人单位不得因女职工哺乳降低其工资、予以辞退、与其解除劳动或者聘用合同；

2. 劳动合同期满，女职工在哺乳期的，劳动合同应当续延哺乳期满时终止；

3. 哺乳期满，因身体原因仍不能工作的，经过医务部门证明后，其超过产假期间的待遇，按照职工患病的有关规定办理。

（二）工时和休假方面的特殊规定

1. 对哺乳未满1周岁婴儿的女职工，用人单位不得延长劳动时间或者安排夜班劳动；

2. 用人单位应当在每天的劳动时间内为哺乳期女职工安排1小时哺乳时间；女职工生育多胞胎的，每多哺乳1个婴儿每天增加1小时哺乳时间，哺乳时间和在本单位内哺乳往返途中的时间，算作劳动时间。案例四十一中，物业公司把温某的哺乳时间视为未准时上班是不合适的，同时，物业公司与温某对于工资的构成也没有任何书面的约定，以温某未准时上班为由扣除全勤奖200元缺乏事实和法律依据。物业公司当然败诉。

3. 婴儿满周岁时，经县（区）以上（含县、区）医疗或保健机构确诊为体弱儿，可适当延长授乳时间，但不得超过6个月。

（三）劳动强度方面的特殊规定

女职工哺乳期禁忌从事的劳动范围包括：

（1）作业场所空气中铅及其化合物、汞及其化合物、苯、镉、铍、砷、氰化物、氮氧化物、一氧化碳、二硫化碳、氯、己内酰胺、氯丁二烯、氯乙烯、环氧乙烷、苯胺、甲醛等有毒物质浓度超过国家职业卫生标准的作业；

（2）非密封源放射性物质的操作，核事故与放射事故的应急处置；

（3）体力劳动强度分级标准中规定的第三级、第四级体力劳动强度的作业；

（4）作业场所空气中锰、氟、溴、甲醇、有机磷化合物、有机氯化合物等有毒物质浓度超过国家职业卫生标准的作业。

法条链接

1.《劳动法》第五十八条至第六十三条

2.《劳动合同法》第三十九条至第四十二条、第四十五条、第四十六条至第四十八条

3.《女职工劳动保护特别规定》

4.《女职工保健工作规定》

5. 国家劳动总局保险福利司《关于女职工保胎休息和病假超过六个月后生育时的待遇问题给上海市劳动局的复函》

深度剖析

1. 基于女性生理机能、身体结构的特点以及承担繁衍后代、抚育子女任务的特殊需要，在劳动权益方面，法律赋予了女性特殊的权益保障，就是通常所称的“三期”保护。“三期”保护的落实不仅是一个女职工权益的落实，更是对祖国未来和希望的呵护。美国法律哲学家埃德加·博登海默曾说：“尽管法律是一种必不可少的具有高度助益的社会生活制度，但是，它像其他大多数人定制度一样也存在一些弊端。如果我们对这些弊端不给予足够的重视或者完全视而不见，那么它们就会发展成严重的操作困难。”目前，我国涉及女职工特殊保护的法律制度整体立法层次较低，立法理念较落后，唯有正视它，从国家未来发展的角度考虑女职工特殊权益保护的问题，那

么，不断地补充和完善，这样的制度才能强有力地推动社会整体发展，而不是成为弊端或阻碍。

2. 对于女职工而言，现行法律规定的“三期”保护可以说是女职工权益保护的底线，一旦女职工处于“三期”内，那么，这是一条不可逾越的底线。一旦发生权益受损的情形，女职工应该勇敢地拿起法律武器维护自身的合法权益，值得注意的是，女职工在“三期”内仍须遵守用人单位合法的规章制度，否则，“三期”的底线无法对抗“严重违反用人单位规章制度”的法律后果。

3. 从企业经济效益最大化的角度看，女职工的“三期”从某种程度上讲会增加企业的用工成本。但是，无论用人单位主动或被动接受这样一种观念，从社会和国家的角度看，女职工特殊权益保护却是用人单位应尽的社会责任。降低用工成本，防范女职工权益纠纷，并不是千方百计少招、不用女职工，更不是漠视女职工的特殊权益，而是从人力资源管理的整体出发，合理地安排工作岗位，提升职工对企业的归属感，增强职工的幸福感，最终提高生产效率，实现企业的良性循环和健康发展。

二、未成年工的特殊保护

问题提出

《劳动法》对未成年劳动者提供了哪些方面的特殊保护？

典型案例

案例四十二

2005 年 6 月，已满 16 周岁的小张被某机器零配件公司录用。公司没有和小张签订书面劳动合同，双方口头约定：小张在装配流水线工作，试用期 3 个月，试用期工资每月 600 元，试用期满转正后的工资是每月 900 元。

小张上班后，适逢公司处于生产淡季，虽然每天轮班工作，但每班只有 6 个小时，并且每班都有 15 分钟工间休息时间。2005 年 11 月，公司进入生产旺季，虽然仍是轮班工作，但公司每天排三个班，每个班 8 个小时，小张每三天就轮到一个夜班，并且公司取消了工间休息时间。小张每天连续站立的时间超过了两个小时，并且需要长时间低头，眼睛长时间盯着零配件，手部每分钟近 60 次的装配动作，工作一天下来筋疲力尽，手都没法抬起来，身体实在吃不消。

2005 年 12 月，小张感觉经常头晕目眩，向公司部门负责人陈某要求调换工作岗位，陈某以缺人手为由不同意小张调换工作岗位。为此双方发生了争议，在协商不成的情况下，小张向当地监察部门投诉，经过劳动监察部门协调，公司同意为小张调换工作岗位。

律师析案

辨析：未成年工依法享有何种特殊的法律保护？

根据《劳动法》、《未成年工特殊保护规定》等法律规定，未成年工是指年满十六周岁未满十八周岁的劳动者。为了保护未成年工的正常发育和安全健康，法律在就业、劳动强度、劳动条件、安全健康等方面，给予未成年工特殊的保护：

（一）就业方面的特殊保护

对未成年工的使用和特殊保护实行登记制度。

1. 用人单位招收使用未成年工，除符合一般用工要求外，还须向所在地的县级以上劳动行政部门办理登记。劳动行政部门根据《未成年工健康检查表》、《未成年工登记表》，核发《未成年工登记证》。

2. 劳动行政部门根据有关规定，审核体检情况和拟安排的劳动范围。

3. 未成年工须持《未成年工登记证》上岗。

（二）劳动强度方面的特殊保护

用人单位不得安排未成年工从事以下范围的劳动：

1. 《生产性粉尘作业危害程度分级》国家标准中第一级以上的接尘作业；

2. 《有毒作业分级》国家标准中第一级以上的有毒作业；

3. 《高处作业分级》国家标准中第二级以上的高处作业；

4. 《冷水作业分级》国家标准中第二级以上的冷水作业；

5. 《高温作业分级》国家标准中第三级以上的高温作业；

6.《低温作业分级》国家标准中第三级以上的低温作业；

7.《体力劳动强度分级》国家标准中第四级体力劳动强度的作业；

8. 矿山井下及矿山地面采石作业；

9. 森林业中的伐木、流放及守林作业；

10. 工作场所接触放射性物质的作业；

11. 有易燃易爆、化学性烧伤和热烧伤等危险性大的作业；

12. 地质勘探和资源勘探的野外作业；

13. 潜水、涵洞、涵道作业和海拔三千米以上的高原作业（不包括世居高原者）；

14. 连续负重每小时在六次以上并每次超过二十公斤，间断负重每次超过二十五公斤的作业；

15. 使用凿岩机、捣固机、气镐、气铲、铆钉机、电锤的作业；

16. 工作中需要长时间保持低头、弯腰、上举、下蹲等强迫体位和动作频率每分钟大于五十次的流水线作业；

17. 锅炉司炉。

案例四十二中，公司安排小张从事的工作正是法律禁止的劳动，小张每天需要长时间低头，眼睛长时间盯着零配件，手部每分钟近60次的装配动作，严重影响了小张的发育，因此，公司理应为小张调换岗位。

（三）劳动条件方面的特殊保护

1. 用人单位应根据未成年工的健康检查结果安排其从事适合的劳动，对不能胜任原劳动岗位的，应根据医务部门的证明，予以减轻劳动量或安排其他劳动。

2. 未成年工上岗前用人单位应对其进行有关的职业安全卫生教育、培训。

（四）安全健康方面的特殊保护

用人单位应按下列要求对未成年工定期进行健康检查：

1. 安排工作岗位之前；

2. 工作满一年；

3. 年满十八周岁，距前一次的体检时间已超过半年。

未成年工体检和登记，由用人单位统一办理和承担费用。

（五）患病或缺陷型未成年工的特殊保护

对患有某种疾病或具有某些生理缺陷（非残疾型）一种或一种以上情况的未成年工，用人单位不得安排其从事以下范围的劳动：

1.《高处作业分级》国家标准中第一级以上的高处作业；

2.《低温作业分级》国家标准中第二级以上的低温作业；

3.《高温作业分级》国家标准中第二级以上的高温作业；

4.《体力劳动强度分级》国家标准中第三级以上体力劳动强度的作业；

5. 接触铅、苯、汞、甲醛、二硫化碳等易引起过敏反应的作业。

患有某种疾病或具有某些生理缺陷（非残疾型）的未成年工，是指有以下一种或一种以上情况者：

1. 心血管系统：先天性心脏病、克山病、收缩期或舒张期二级以上心脏杂音。

2. 呼吸系统：中度以上气管炎或支气管哮喘；呼吸音明显减弱；各类结核病；体弱儿，呼吸道反复感染者。

3. 消化系统：各类肝炎；肝、脾肿大；胃、十二指肠溃疡；各种消化道疝。

4. 泌尿系统：急、慢性肾炎；泌尿系感染。

5. 内分泌系统：甲状腺机能亢进、中度以上糖尿病。

6. 精神神经系统：智力明显低下、精神忧郁或狂暴。

7. 肌肉、骨骼运动系统：身高和体重低于同龄人标准；一个及一个以上肢体存在明显功能障碍；躯干四分之一以上部位活动受限，包括强直或不能旋转。

8. 其他：结核性胸膜炎；各类重度关节炎；血吸虫病；严重贫血，其血色素每升低于九十五克（ <9. 5g/dL）。

法条链接

1.《劳动法》第五十八条、第六十四条、第六十五条、第九十五条

2.《未成年工特殊保护规定》

深度剖析

1. 基于未成年工生理机能、身体结构的特点以及他们在社会发展中担负着的特殊任务，在劳动权益方面，法律赋予了未成年工特殊的权益保障。但

是，相比于女职工特殊法律保护制度，我国未成年工特殊保护法律制度呈现保护单一性、缺乏可操作性的特点，比如，整部《未成年工特殊保护规定》没有罚则和责任条款。司法实践中，未成年工一旦遭遇权益侵害，除了法律规定的简单的特殊保护外，几乎没有更为强有力的保护措施。从国家未来发展的角度考虑未成年工保护的问题，亟须转变立法理念，提升立法层次，加大保护力度。

2. 对于未成年工而言，预防劳动争议纠纷，需注意以下几点：第一，“事前了解”，对于从事的工种、岗位有必要事先向用人单位或其他成年劳动者咨询，一旦确定属于法定不得安排其从事的劳动范围，“东家不打打西家”；第二，“事中防范”，劳动关系存续期间，劳动过程中产生的疑惑及时向家长或专业人士咨询，勿“有事自己扛”；第三，“事后维权”，一旦发生劳动争议，及时向当地劳动监察部门投诉，或者向当地工会和法律援助部门寻求帮助，合理合法维护自身权益。

3. 从社会和国家的角度看，保护未成年工的特殊权益同样是用人单位应尽的社会责任。世界各国对保护未成年工的权益都极为重视，但由于未成年工用工成本更低，一些单位违法大量使用未成年工，严重损害未成年工的特殊权益，性质极其恶劣，应引起全社会的关注。

谈谈劳动合同的变更

问题提出

劳动合同的变更包括哪些内容？应当采取什么样的方式和程序？用人单位和劳动者如何防范劳动合同变更纠纷的发生？

典型案例

案例四十三

2007 年 10 月 16 日，张某入职某酒店任行政办经理。酒店与张某签订了为期五年的书面劳动合同。2010 年 12 月 23 日，酒店向张某发出《调动通知》。《调动通知》载明：因酒店行政结构整体调整，酒店管理层决定，自

2010 年 12 月 23 日起取消行政办经理一职，请张某于当日17：30前到市场营销部报到，任营销经理一职，并在2010 年 12 月 27 日前完成原行政办经理工作移交，如不履行，将按旷工处理，如若2010 年 12 月 28 日前未到市场营销部报到，酒店将按《员工手册》之规定处理。

张某收到《调动通知》后，立即向酒店人力资源部递交了报告，报告写明酒店的调动决定违反劳动合同的约定，拒绝调动并要求酒店按照劳动合同的约定继续履行合同。2010 年 12 月 28 日，张某没有到市场营销部报到，继续在行政办上班。同日，酒店向张某发出《员工犯规及警告通知》，载明张某未按期到市场营销部报到，视为旷工，根据《员工手册》纪律处分丙类过失第 12 条，对其给予丙类最后警告处理。

张某接到通知后表示，酒店的调动违反劳动合同的约定，其根本没有旷工，一直在岗工作及处理相关事项，不认可酒店的处理。翌日，酒店又向张某发出《员工犯规及警告通知》，载明张某拒不执行公司工作安排，且连续旷工超过 3 天，根据《员工手册》纪律处分的相关规定，对张某给予解除合同处理。

张某不服，随即向当地劳动争议仲裁委员会提起仲裁，要求确认酒店违法解除劳动合同，裁决酒店支付违法解除劳动合同的赔偿金。经仲裁委员会审理查明，酒店就调整申请人岗位一事没有经过双方协商一致，违反了法律规定，该变更劳动合同的行为无效，双方应当继续履行原劳动合同的约定。张某在收到《调动通知》后仍在原岗位上班，未到市场营销部报到，不宜认定为旷工，酒店于 2010 年 12 月 29 日以张某旷工为由解除与张某的劳动合同，缺乏依据，属于违法解除劳动合同。劳动争议仲裁委员会支持了张某的全部仲裁请求。

案例四十四

1998 年 3 月，某汽车部件有限公司在某市设立总部，随后，在该市的不同区域设立了三个分工厂。2008 年 1 月，黄某到该汽车部件有限公司应聘，公司与黄某签订了为期三年的劳动合同。合同约定：黄某从事汽车零部件流水线的装配工作，公司根据生产经营的需要，有权将员工安排在公司总部及分工厂工作。公司安排黄某在公司总部上班。

2011 年 1 月，黄某的劳动合同到期，公司与黄某续订了一份为期三年的劳动合同，合同约定：按原劳动合同约定的内容履行。

2011年2月，因为公司总部办公场地和设备过于陈旧，无法满足生产的需要，公司董事会决定2012年1月将总部搬到距离总部约十五分钟车程的一个分工厂。2012年1月，总部通知员工全部搬到分工厂上班，但是黄某不同意，认为公司事先没有告知员工总部要搬离，而且员工搬到分工厂，为了准时到达厂区上班，必须提前一个小时从家里出发，相比现在的总部，只需提前半个小时就能到达，工作时间无疑延长了。公司变更工作地点实际上是变更劳动合同，应该与员工协商一致，否则应支付经济补偿。但公司认为有权根据合同约定调整员工的工作地点，因此，无须与员工协商一致。

双方争执不下，公司通知因黄某超过3天未到分工厂上班，根据企业规章制度视为旷工，将给予解除劳动合同的处理。黄某不服，向当地劳动监察部门投诉，经调解，公司同意给予黄某一定的交通补贴，黄某到分工场上班，双方按原劳动合同履行。

案例四十五

王某是一名机械工程师。2000年6月，某工程机械公司在引进人才时，聘请王某为该公司的技术总监，负责企业的技术管理与开发，双方签订了无固定期限劳动合同，约定王某的月工资为7000元。合同签订后，王某一直尽心尽力负责本职工作。到了2010年3月，企业需要停产，整体搬迁到市区外，公司提出三种方案，供职工选择登记：第一，企业停产，暂时不能生产，解除劳动合同，离开公司；第二，回家待岗，领取生活费，等候公司的通知；第三，继续上班，干一些临时性的工作，发放当地最低工资，但需得到公司的同意。

王某没有作出选择，他认为，这三种选择都不符合自己的意愿，于是，就赋闲在家。公司认为，王某作出的是第二种选择，就每月向王某发放700元生活费。王某对此并未提出异议。

2010年10月，企业搬迁完毕后，王某找到经理，要求上班。经理说，你的岗位已经有人了，你到后勤办公室当副主任吧。王某认为，自己的专长是技术，对后勤一窍不通，公司变更劳动合同，应当经双方协商一致，公司未经协商，就单方变更劳动合同，实际上是迫使自己辞职。

2010年11月，王某向当地劳动争议仲裁委提起仲裁，以公司未按劳动合同约定及时足额发放工资，且单位变更劳动合同为由，要求按原约定的岗位继续履行劳动合同，并要求公司补足2010年3月至10月的工资。经仲裁委调解，公司不愿按原约定的岗位安排王某工作，向王某支付了一次性经济补偿。

律师析案

辨析一：什么是劳动合同的变更？如何变更劳动合同？

从广义上讲，劳动合同的变更包括主体的变更和内容的变更，两者变更的程序和产生的法律后果不同。

一、主体的变更

劳动合同的主体一般包括用人单位和劳动者。这里主体的变更仅仅指用人单位的变更，因为劳动者的变更意味着劳动合同的解除或终止。那么，什么是用人单位的变更？用人单位的变更会产生什么法律后果呢？根据《劳动合同法》第三十三条、第三十四条规定，用人单位的变更包括以下两种情况：第一，用人单位变更名称、法定代表人、主要负责人或者投资人等事项；第二，用人单位发生合并或者分立等情况。这两种情况产生的法律后果是一样的，不影响劳动合同的履行。只不过第二种情况下，劳动合同由承继其权利和义务的用人单位继续履行。

对于主体的变更，用人单位无须履行法定的协商程序，因为，用人单位的变更并未影响劳动者权利的行使。

二、内容的变更

根据《劳动合同法》第十七条的规定，劳动合同的内容包括劳动合同期限（包括试用期）、工作内容和工作地点、工作时间和休息休假、劳动报酬、社会保险、劳动保护、劳动条件和职业危害防护、培训、保守秘密、补充保险和福利待遇、法律法规规定应当纳入劳动合同的其他事项。无论是哪一项内容，只要是合同明确约定的，在需要变更的情况下，用人单位与劳动者协商一致，并且采用书面形式，才可以变更劳动合同约定的内容。变更后的劳动合同文本由用人单位和劳动者各执一份。

案例四十三中，酒店调整行政结构属于内部事务，是酒店经营管理的需要，但是酒店不能以这种经营管理的需要侵犯劳动者的合法权益。酒店未经与张某协商一致，单方擅自变更张某的工作岗位，必然要承担相应的法律责任。

辨析二：调整工作岗位（或地点）是否等于变更劳动合同？

调整工作岗位（或地点）不一定就是变更劳动合同。如果工作岗位（或地点）的调整是在劳动合同约定的框架内进行的，这种情况是不宜视为变更劳动合同的；反之，如果工作岗位（或地点）的调整超出了劳动合同约定的框架，则是变更劳动合同。案例四十三中，酒店调整张某的工作岗位超出合同约定的框架，且未与张某协商一致，这是典型的变更劳动合同的方式。

案例四十四中，汽车部件有限公司与黄某签订的劳动合同约定：公司根据生产经营的需要，有权将员工安排在公司总部及分工厂工作。随后，公司根据生产经营的需要，将黄某安排至分工厂工作并未违反劳动合同的约定，这种情况下，公司调整黄某的工作地点无须与黄某协商一致，但是，事先告知还是比较人性化的做法。

辨析三：用人单位非因劳动者原因停产的情况下，能否未经协商单方降低劳动者的工资？

《工资支付暂行规定》第十二条规定，“非因劳动者原因造成单位停工、停产在一个工资支付周期内的，用人单位应按劳动合同规定的标准支付劳动者工资。超过一个工资支付周期的，若劳动者提供了正常劳动，则支付给劳动者的劳动报酬不得低于当地的最低工资标准；若劳动者没有提供正常劳动，应按国家有关规定办理。”这一条款实质是对用人单位非因劳动者原因停产的情况下，劳动者工资发放标准的限制性规定，并非用人单位单方降低工资的法定理由。

正常经营的情况下，用人单位与劳动者签订了劳动合同。但是，用人单位发生了非因劳动者原因的停产，劳动合同订立时所依据的客观情况发生了重大变化，劳动合同已经无法依约履行了。此时，用人单位意在调整劳动者的工资以适应经营的需要，变更劳动合同的内容，就应当与劳动者协商一致。如果双方协商不成，根据《劳动合同法》第四十条规定，“有下列情形之一的，用人单位提前三十日以书面形式通知劳动者本人或者额外支付劳动者一个月工资后，可以解除劳动合同：（三）劳动合同订立时所依据的客观情况发生重大变化，致使劳动合同无法履行，经用人单位与劳动者协商，未能就变更劳动合同内容达成协议的。”案例四十五中，某工程机械公司在停产期间，对王某的工资进行了变更，王某对此并无异议，这种行为可以视为王某以默示的方式与用人单位协商一致就停产期间的工资数额进行变更。但双方并未就王某的工作岗位进行变更。因此，某工程机械公司在复产后，仍应按照原约定的岗位继续履行原劳动合同，某工程机械公司未经协商一致，单方变更王某的工作岗位，显然不妥。

法条链接

1.《劳动合同法》第十七条、第三十三条、第三十四条

2.《工资支付暂行规定》第十二条

3.《关于贯彻执行〈中华人民共和国劳动法〉若干问题的意见》第七条、第十三条、第十五条、第十六条

4. 最高人民法院《关于审理劳动争议案件适用法律若干问题的解释》第十五条

5.《广东省劳动合同管理规定》

深度剖析

1. 基于企业管理与生产经营的需要，用人单位存在调整劳动者的工作岗位、劳动报酬等合同约定事项的客观需求。大多数企业认为，对劳动者的岗位或薪酬等进行调整，是行使对员工管理权的体现。但是，劳动者认为，用人单位进行岗位或薪酬等的调整，属于变更劳动合同，用人单位无权单方决定。因此，劳动合同变更涉及的争议纠纷，实质上是用人单位的用工自主权与劳动者权利保护的冲突问题。目前，法律涉及劳动合同变更的条文甚少，一定程度上给处理涉及变更劳动合同的纠纷造成了困难。但是，从用人单位经营自主的角度看，市场经济条件下，用人单位需要相对灵活的管理方式，以适应企业经营发展的需要，那么，法律不宜对此做出太多条条框框的限制，这也印证了《劳动合同法》出台的立法意图，以及《企业职工奖惩条例》2008 年 2 月 18 日废止的缘由。法律寄望于企业与劳动者对劳动关系存续期间岗位、薪酬等内容进行协商，并且共同遵守，以满足灵活多变的市场

需求。总之，用工自主权是一把双刃剑，用人单位资源配置得当，与劳动者协商得当，效益最优，争议减少，反之，则劳民伤财。

2. 对于劳动者而言，防范劳动合同变更纠纷，需要注意以下几点：第一，提出变更劳动合同的主体可以是用人单位，也可以是劳动者，无论是哪一方要求变更劳动合同，均应及时向对方提出变更劳动合同的要求，说明变更劳动合同的理由、内容和条件等，劳动者不愿变更劳动合同的，应及时向用人单位反馈意见，并留存相关证据，以备不时之需；第二，注意变更和调整的区别，用人单位在劳动合同约定范围内进行的调整一般不属于变更，如果劳动者未按合同约定履行劳动义务，可能面临违反合同约定而被解除劳动合同的风险；第三，用人单位变更劳动合同是否合法也应分情况对待，一般而言，因客观情况发生变化或者企业经营管理需要，用人单位变更劳动合同，须经双方当事人协商一致。但是，因劳动者自身原因不能胜任工作而变更、调整职工工作岗位的，则用人单位可单方行使用人自主权。

3. 对于用人单位而言，防范劳动合同变更纠纷，需要注意以下几点：第一，“约定要明细”，尽可能在规章制度或劳动合同文本中，将岗位、薪酬等制度明细化，这样既维护了用人单位的用人自主权，同时也使劳动者明确了解自己的权利义务，因为对于劳动者来说，如果用人单位变更劳动合同没有明确其内容，劳动者则可依据《劳动合同法》第三十八条的规定保护自己的权益；第二，“理由要合理”，在用人单位与劳动者就劳动合同某一项内容约定不明的情况下，特别是用人单位因劳动者自身原因不能胜任工作而变更、调整职工工作岗位时涉及变更劳动合同时，用人单位要有合理的理由，否则易有败诉风险；第三，“程序要公开”，用人单位在变更劳动合同时，要注意及时与劳动者沟通，并制作谈话记录，将变更劳动合同意见书交劳动者签收。如果劳动者持不同意见，再次沟通协调，双方仍不能达成一致意见时，用人单位可按法定程序解除劳动合同。一旦双方就变更合同发生争议，留存的记录对于确定变更的来龙去脉有着重要的作用。

好聚好散

劳动合同订立后，双方当事人应当按照劳动合同的约定履行各自的义务，任何一方均不得随意解除合同。但是在某些特殊情况发生时，继续履行劳动合同已经不可能、没必要甚至会损害一方或双方当事人的利益，那么双方当事人可以依法解除劳动合同。

谈谈劳动合同的解除

一、用人单位合法解除劳动合同的情形

问题提出

用人单位可以通过哪些方式合法解除劳动合同？解除劳动合同的经济补偿应当如何支付？什么是经济性裁员？

典型案例

案例四十六

1987 年 12 月，林某通过劳动部门审批进入某运输公司工作。1998 年年底，某运输公司经职代会讨论通过《职工奖惩制度》，其中规定了“职工因失职造成公司经济损失达 5 万元（含 5 万元）的，公司可以开除，并要求赔偿损失”。2000 年 1 月，该运输公司的上级主管部门——某交通总公司要求该运输公司实行经理负责承包制度。林某先后于 2000 年至 2004 年、2006 年至 2007 年 1 月期间，与某交通总公司签订承包合同。《承包合同书》约定：该运输公司所有制、行政隶属关系不变；林某为该运输公司承包经营者、法定代表人，对企业的经营、管理全面负责，同时承担一切经济法律责任；承包期间，因经营管理不善，违反政策法规造成经济或其他方面的重大损失时，某交通总公司有权按有关规定的程序对承包者的运营状况进行限期整顿，经整顿无效的有权更换承包负责人或者中止承包合同；如果林某在承包期内违反合同规定，致使合同无法执行，某交通总公司有权终止合同，清算承包企业财务状况，造成企业损失的由林某负责偿还，情况严重者，追究林某法律责任。

2007 年 2 月，林某承包期满，该运输公司因经营不善，处于停业状态，林某被通知在家待岗。2007 年 5 月 8 日，某运输公司召开职代会，以林某承包期间未按章纳税、财务制度不健全、资金亏空、损失严重为由，决定对林

某解除劳动合同，同时停缴林某的社会保险费。林某认为，运输公司经营不善，并非是资金亏空，是出纳失职造成的，现出纳病故，不应将责任归咎在他的身上。

2008 年 1 月 15 日，林某请求某交通总公司协调解决，2008 年 2 月，某交通总公司告知林某无法协调，可通过法律途径解决。林某遂向当地劳动仲裁委员会申请仲裁，请求裁决：确认该运输公司违法解除与林某的劳动关系，要求裁决该运输公司继续履行双方的劳动合同。

经仲裁委员会审理查明：运输公司提交的证据显示，自 2003 年 11 月至 2004 年年底，运输公司的业务处于瘫痪状态，造成资金欠缺 112134. 18 元，原因是林某未及时与原出纳员对账，直至 2007 年 2 月新的承包人才发现资金短缺 51140. 37 元，由于原出纳员已病故，故无法追回该笔损失。林某在承包期间没有依照《承包合同书》的约定，履行承包责任人的管理职责，确实存在严重失职的情形；申请人的严重失职造成企业经济损失超过 5 万元，林某的严重失职与运输公司的重大损失之间存在因果关系，根据《职工奖惩制度》，该运输公司以林某严重失职，给用人单位利益造成重大损失为由，解除双方劳动关系，符合法律规定，驳回了林某的仲裁请求。

案例四十七

1999 年 2 月，陈某经某区人才交流中心介绍，入职某织绣厂从事设计工作。2004 年 11 月 24 日，织绣厂与陈某签订了为期一年的劳动合同，此后每年续签，最后一份劳动合同期限至 2009 年 11 月 20 日。

2009 年 5 月 13 日，陈某罹患眼疾住院治疗。2009 年 5 月 30 日，陈某康复后上班，因陈某的眼睛难以长时间看电脑，无法按时完成织绣厂安排的工作。2009 年 6 月中旬，织绣厂口头通知陈某待岗。此后，陈某多次到织绣厂要求调换工作岗位，但织绣厂告知陈某，现在无合适岗位，让陈某回家耐心等待。迫于无奈，陈某多次到该区人才交流中心请求给予帮助，维护自己的合法权益，但该区人才交流中心调解无果。

2010 年 10 月 6 日，织绣厂通知陈某结清 2009 年 5—6 月工资 4678 元，并领回养老保险手册。至此，陈某才得知织绣厂已于 2010 年 8 月以陈某辞职为由终止为其缴纳养老保险。于是，陈某向当地劳动争议仲裁委员会提起仲裁，要求根据《劳动合同法》的规定，确认织绣厂违法解除劳动合同，依法支付陈某赔偿金 25300 元和一个月的代通知金 3000 元。经仲裁庭调解，织绣厂向陈某支付赔偿金 2. 2 万元。

案例四十八

1978 年，许某参加工作，进入某海洋集团公司上班，随后经人事调动派往某海洋集团公司下属某聚酯公司工作。2002 年开始，某聚酯公司处于停产状态，公司陆续安排职工待岗，2002 年年底，许某被安排待岗。2012 年 6 月 29 日，公司召开职工会议，告知职工因公司资不抵债，将分批解除劳动关系并进行职工安置，并向职工发放《某聚酯公司职工安置方案征询意见表》。

2012 年 7 月 2 日，许某等人针对《某聚酯公司职工安置方案征询意见表》，向公司提交了《员工诉求报告》，要求公司能够安排部分困难的职工留守，一直到公司注销为止。2012 年 7 月 13 日，公司董事会作出决议：因公司严重资不抵债，决定终止经营，公司资产进行盘整处置，对在职员工全体进行安置，安置办法按照《某聚酯公司职工安置方案》执行。同日，公司向当地人力资源和社会保障局（以下简称“人社局”）报送《关于企业终止经营与全部在职职工解除劳动关系并给予经济补偿的安排的请示》（以下简称《请示》）。

2012 年 7 月 20 日，人社局收到该《请示》，同意按《请示》的内容安置职工。2012 年 7 月 23 日，公司发布通知：“依照《劳动合同法》第四十一条规定，决定以 2012 年 8 月 31 日为基准日，与许某等 19 位同志解除劳动关系，并按规定给予经济补偿。”

2012 年 7 月 28 日，许某向公司提交《异议书》，表示不同意公司的安置方案，因其在公司已连续工作满十五年，且距法定退休年龄不足五年，依法应予以留用。2012 年 8 月 28 日，公司再次发布通知：“对在 2012 年 8 月 31 日前还未与公司办理解除劳动关系手续的员工，公司视同已解除劳动关系。”

2012 年 9 月 1 日，许某向当地劳动争议仲裁委员会申请仲裁，要求确认公司违法解除劳动关系，裁决公司继续履行劳动合同。经仲裁委员会审理查明：许某在公司已连续工作满十五年，且距法定退休年龄不足五年，根据《劳动合同法》第四十二条的规定，公司不得依据第四十一条解除许某与公司的劳动关系，因此，裁决公司解除与许某劳动关系的行为不符合法律规定，对许某要求确认劳动关系解除违法并撤销的仲裁请求，仲裁委予以支持。

案例四十九

1998 年 7 月 17 日，晏某应聘到某印刷公司任职，在计划物料部做木工工作。2008 年 1 月 28 日，公司与晏某签订无固定期限劳动合同。晏某每晚需加班到将近 10 点，每周最多休息一天。由于晏某从事体力劳动，随着晏某年龄的增长，晏某的身体难以适应频繁的加班和长时工作。

公司一直按照晏某基本工资为基数，支付晏某加班工资。2010 年 10 月起，晏某多次向公司领导反映加班工资计算有误的问题，均于事无补。2012 年 5 月初，公司在未经晏某同意的情况下，又再次强行要求晏某加班。晏某认为该要求不合法、不合理，不同意加班，并再次向公司反映问题，请求协商解决。公司认为晏某不参与生产、擅自离岗，无视公司生产纪律、规章制度，决定解除与晏某之间的劳动关系。晏某不服，仍多次向公司主张权利，并书面要求回到工作岗位。公司于 2012 年 5 月 30 日通知晏某解除双方劳动关系，并要求晏某两天内办理工作交接手续。

2012 年 6 月 2 日，晏某向当地劳动争议仲裁委员会申请仲裁，要求确认公司违法解除劳动关系，裁决公司支付赔偿金 6. 2 万元。经仲裁委调解，双方达成一致，公司向晏某支付赔偿金 5 万元。

律师析案

辨析一：用人单位什么情况下可以依法解除劳动合同？

根据《劳动合同法》第三十六条、第三十九条、第四十条、第四十一条规定，用人单位在以下两种情况下，可以依法解除劳动合同：

一、协商解除

用人单位与劳动者协商一致，用人单位可以提出解除劳动合同。

二、行使单方解除权

（一）劳动者存在法定过错性情形时，用人单位有权单方解除劳动合同，简称“过错性辞退”：

1. 在试用期间被证明不符合录用条件的。劳动者是否符合录用条件，用人单位至少应提供有效的证据证明两个事实：第一劳动者知悉或用人单位已明确告知录用条件；第二，劳动者不符合录用条件的记录、评价或其他证明材料。

2. 严重违反用人单位的规章制度的。用人单位依据这一项解除劳动合同的，至少应当证明四点：第一，用人单位的规章制度必须内容符合法律、法规规定，并且通过民主程序向全体职工公示或告知；第二，用人单位的规章制度对不同程度的违规行为设定了不同的后果；第三，劳动者的行为违反了规章制度设定的严重程度，达到解除劳动合同的底限；第四，用人单位解除劳动合同按照本单位规章制度规定的程序办理，并且将解除劳动合同的通知送达劳动者。

3. 严重失职，营私舞弊，给用人单位造成重大损害的。严重失职是指劳动关系存续期间，劳动者没有按照岗位职责履行自己的义务，有未尽职责的严重过失行为。营私舞弊是指劳动者利用职务之便谋取私利的行为。重大损害由企业内部规章来规定。因为企业类型各有不同，对重大损害的界定也千差万别，故法律或相关解释并未对重大损害做统一明确的界定，劳动部《关于〈劳动法〉若干条文的说明》第二十五条规定，“若由此发生劳动争议，可以通过劳动争议仲裁委员会对其规章规定的重大损害进行认定。”因此，用人单位在适用这一项解除劳动合同时，须提供证据证明：第一，劳动者存在严重失职或营私舞弊的行为；第二，用人单位有形财产或无形财产遭受重大损害；第三，劳动者严重失职或营私舞弊的行为与重大损害之间存在因果关系。

这一项与第二项“严重违反用人单位的规章制度”密切相关，用人单位在制定规章制度时若能直接规定严重失职行为、营私舞弊行为以及经济损失达到一定的数额则为“重大损害”，则在很大程度上能够避免因概念之争而导致的风险。

4. 劳动者同时与其他用人单位建立劳动关系，对完成本单位的工作任务造成严重影响，或者经用人单位提出，拒不改正的。双重劳动关系，俗称“兼职”。我国现行法律并未对双重劳动关系作禁止性规定，所以兼职是被允许的，这一项只是对兼职的限制性规定。根据该项规定，符合下列情形之一的，用人单位可以单方面解除劳动合同：（1）劳动者同时与其他用人单位建立劳动关系，对完成本单位的工作任务造成严重影响的；（2）劳动者同时与其他用人单位建立劳动关系，经用人单位提出，拒不改正的。

需要注意的是，第一种情形，如果劳动者对用人单位造成的影响轻微，用人单位不能以此为由与劳动者解除合同。第二种情形，无须给用人单位造成严重影响，只要用人单位提出反对意见，也就是不同意劳动者存在双重劳动关系时，劳动者仍继续“兼职”，那么用人单位可以直接解除劳动合同。

5. 劳动者以欺诈、胁迫的手段或者乘人之危，使用人单位在违背真实意思的情况下订立或者变更劳动合同，经依法确认劳动合同无效的。劳动合同无效可能产生两种法律后果：一是劳动关系继续存续，双方重新签订新的劳动合同或是变更原合同中的无效条款；二是劳动合同无效的，劳动者与用人单位发生争议，无过错方因此要求单方解除劳动合同，根据《劳动合同法》第二十六条、劳动部《关于贯彻执行〈劳动法〉若干问题的意见》（劳部发［1995］309号）第二十七条的规定，劳动合同的无效由人民法院或劳动争议仲裁委员会确认，不能由合同双方当事人决定。但是，确认劳动合同无效并非单方解除的前置程序，无过错方可以在未经有权机关确认的情况下直接解除双方的劳动关系。

6. 被依法追究刑事责任的。根据《劳动部关于贯彻执行〈中华人民共和国劳动法〉若干问题的意见》第二十九条的规定，“‘被依法追究刑事责任’是指：被人民检察院免予起诉的、被人民法院判处刑罚的、被人民法院依据刑法第三十二条（新刑法为第三十七条）免予刑事处分的。劳动者被人民法院判处拘役、三年以下有期徒刑缓刑的，用人单位可以解除劳动合同。”

（二）劳动者本人无过错，但由于主客观原因致使劳动合同无法履行，用人单位在符合法律规定的情形下，履行法定程序后有权单方解除劳动合同，简称“非过错性辞退”。相比于“过错性辞退”，“非过错性辞退”须履行法定的程序，即用人单位需提前三十日以书面形式通知劳动者或额外支付劳动者一个月工资后，才能解除劳动合同。有以下三种情形：

1. 劳动者患病或者非因工负伤，在规定的医疗期满后不能从事原工作，也不能从事由用人单位另行安排的工作的。这里的医疗期，是根据劳动部颁发的《企业职工患病或非因工负伤医疗期规定》规定的劳动者因患病或非因工负伤停止工作治病休息的法定时限。医疗期满后，在劳动者由于身体健康原因不能胜任原工作的前提下，用人单位有义务为其调动岗位，另行安排适当工作，只有当劳动者对用人单位重新安排的工作也无法完成的条件下，用人单位才能单方解除劳动合同。

2. 劳动者不能胜任工作，经过培训或者调整工作岗位，仍不能胜任工作的。不能胜任工作，是指不能按要求完成劳动合同中约定的任务或者同工种、同岗位人员的工作量。用人单位不得故意提高定额标准，使劳动者无法完成。用人单位适用该项解除劳动合同时，至少应证明：第一，劳动合同或用人单位针对劳动者的工作岗位约定或制定了合理的工作职责或考核制度；第二，用人单位履行了告知义务即通知了劳动者；第三，劳动者不能按要求履行职责或通过考核；第四，在劳动者无法按要求完成任务后，用人单位为劳动者提供了培训或调整了劳动者的工作岗位；第五，劳动者仍无法完成新的工作岗位约定或制定的工作职责。

3. 劳动合同订立时所依据的客观情况发生重大变化，致使劳动合同无法履行，经用人单位与劳动者协商，未能就变更劳动合同内容达成协议的。客观情况，是指发生不可抗力或出现致使劳动合同全部或部分条款无法履行的其他情况，如企业迁移、被兼并、企业资产转移等，并且排除用人单位濒临破产进行法定整顿期间或者生产经营状况发生严重困难，确需裁减人员的客观情况。

三、经济性裁员

用人单位濒临破产进行法定整顿期间或者生产经营状况发生严重困难，确需裁减人员的，经法定程序后，有权进行经济性裁员。

1. 依照企业破产法规定进行重整的。《企业破产法》第二条规定，“企业法人不能清偿到期债务，并且资产不足以清偿全部债务或者明显缺乏清偿能力的，依照本法规定清理债务。企业法人有前款规定情形，或者有明显丧失清偿能力可能的，可以依照本法规定进行重整。”依照《企业破产法》的规定，在三种情形下，债务人或者债权人可以向人民法院申请对债务人进行重整：一是企业法人不能清偿到期债务，并且资产不足以清偿全部债务；二是企业法人不能清偿到期债务，并且明显缺乏清偿能力的；三是企业法人不能清偿到期债务，并且有明显丧失清偿能力可能的。另外，根据《企业破产法》第七十条第二款的规定，债权人申请对债务人进行破产清算的，在人民法院受理破产申请后宣告债务人破产前，债务人或者出资额占债务人注册资本十分之一以上的出资人，可以向人民法院申请重整。

2. 生产经营发生严重困难的。根据《关于〈劳动法〉若干条文的说明》第二十七条和《企业经济性裁决人员规定》第二条规定，“生产经营状况发生严重困难”可以根据地方政府规定的困难企业标准来界定。比如，《天津市企业经济性裁减人员暂行规定》，“生产经营状况发生严重困难确需裁减人员，应当同时具备下列条件：（一）生产经营实际亏损连续三年（财政决算年度）以上，亏损额逐年增加，且生产经营状况无明显好转；（二）连续两年开工率不足60%，有50%以上职工下岗待工；（三）连续六个月以上在岗职工工资不能按照本市规定的最低工资标准支付。”

3. 企业转产、重大技术革新或者经营方式调整，经变更劳动合同后，仍需裁减人员的。这一项中，值得注意的是“经营方式调整”，现行法律法规或其他规范性文件并未对此予以明确。实践中，由于经营方式的调整，导致在新条件下部分劳动者原有劳动合同所依赖的劳动条件、工作岗位等不复存在，劳动合同客观上已经无法继续履行，此时，用人单位可以单方变更劳动合同，变更后，仍无法满足经营方式调整所需时，方能裁减人员。

4. 其他因劳动合同订立时所依据的客观经济情况发生重大变化，致使劳动合同无法履行的。对何谓客观情况发生重大变化，《劳动法》和《劳动合同法》均未作具体规定，实践中，企业迁移、企业资产转移、合并、分立等，都可能导致客观情况发生重大变化。用人单位适用这一项，解除劳动合同时，至少应证明：第一，用人单位客观情况发生重大变化；第二，客观情况发生重大变化和需要裁减员工存在因果关系。

辨析三：用人单位经济性裁员时，应当如何裁减人员？哪些人员应当优先留用？

用人单位经济性裁员时，必须符合以下规定：

1. 需要裁减人员二十人以上或者裁减不足二十人但占企业职工总数百分之十以上的；

2. 必须提前三十日向工会或者全体职工说明情况，并听取工会或者职工的意见；

3. 裁减人员方案向劳动行政部门报告。

经济性裁员时，用人单位应优先留用以下人员：

1. 与本单位订立较长期限的固定期限劳动合同的；

2. 与本单位订立无固定期限劳动合同的；

3. 家庭无其他就业人员，有需要扶养的老人或者未成年人的。注意：“优先录用”指同等条件下优先录用。

辨析四：什么情况下用人单位解除劳动合同无须支付经济补偿？

根据《劳动合同法》第四十六条规定，符合以下情形之一的，用人单位解除劳动合同无须支付经济补偿：

1. 用人单位与劳动者协商一致，由劳动者提出解除劳动合同；

2. 过错性辞退的情形。案例四十六中，林某在承包期间没有依照《承包合同书》的约定，履行承包责任人的管理职责，存在严重失职行为，造成企业经济损失超过5万元，林某的严重失职与造成的重大损失之间存在因果关系。根据《劳动合同法》第三十九条规定，运输公司可以林某严重失职，给单位利益造成重大损失为由，解除双方劳动关系，无须向林某支付经济补偿。

辨析五：什么情况下用人单位解除劳动合同须支付经济补偿？如何计算经济补偿？

根据《劳动合同法》第四十六条规定，符合以下情形之一的，用人单位解除劳动合同须支付经济补偿：

1. 用人单位与劳动者协商一致，由用人单位提出解除劳动合同；

2. 非过错性辞退；

3. 经济性裁员。

用人单位解除劳动合同须依法向劳动者支付经济补偿。经济补偿的计算公式是：月平均工资×工作年限。其中：

月工资是按劳动者在劳动合同解除或者终止前12个月的平均工资计算。月工资按照劳动者应得工资计算，包括计时工资或者计件工资以及奖金、津贴和补贴等货币性收入。劳动者工作不满12个月的，按照实际工作的月数计算平均工资。劳动者月工资高于用人单位所在直辖市、设区的市级人民政府公布的本地区上年度职工月平均工资3倍的，向其支付经济补偿的标准按职工月平均工资3倍的数额支付，向其支付经济补偿的年限最高不超过12年。劳动者在劳动合同解除或者终止前12个月的平均工资低于当地最低工资标准的，按照当地最低工资标准计算。

工作年限是按劳动者在本单位工作的年限，每满1年支付1个月工资的标准向劳动者支付。6个月以上不满1年的，按1年计算；不满6个月的，向劳动者支付半个月工资的经济补偿。但是，2008年1月1日《劳动合同法》施行之日仍存续的劳动合同，2008年后解除或终止的，经济补偿年限应分段计算：2008年后的按劳动合同法的规定计算年限，2008年以前的按当时劳动法的有关规定计算年限。2008年前后计算工作年限存在不同的主要有两种情况：

第一，经劳动合同当事人协商一致，由用人单位解除劳动合同的；

第二，劳动者不能胜任工作，经过培训或者调整工作岗位仍不能胜任工作，由用人单位解除劳动合同的情况。

以上两种情况，在计算工作年限时，2008 年以前的工作年限应根据劳动者在本单位的工作年限，每满 1 年发给相当于 1 个月工资的经济补偿，最多不超过 12 个月。2008 年以后工作年限的计算没有 12 个月的限制，除非劳动者的工资高于用人单位所在直辖市、设区的市级人民政府公布的本地区上年度职工月平均工资 3 倍的，才有 12 个月的限制。

辨析六：什么情况下，用人单位不得解除劳动合同？

根据《劳动合同法》第二十一条、第四十二条规定，劳动者有下列情形之一的，用人单位不得对其进行非过错性辞退或者经济性裁员：

1. 从事接触职业病危害作业的劳动者未进行离岗前职业健康检查，或者疑似职业病病人在诊断或者医学观察期间的；

2. 在本单位患职业病或者因工负伤并被确认丧失或者部分丧失劳动能力的；

3. 患病或者非因工负伤，在规定的医疗期内的；

4. 女职工在孕期、产期、哺乳期的；

5. 在本单位连续工作满 15 年，且距法定退休年龄不足 5 年的。案例四十八中，许某在公司已连续工作满 15 年，且距法定退休年龄不足 5 年，根据《劳动合同法》第四十二条的规定，公司不得依据第四十一条解除双方劳动关系。

6. 在试用期中，除劳动者存在法定过错行为或者非过错行为的情形外，用人单位不得解除劳动合同。其中，“过错行为”包括：（1）在试用期间被证明不符合录用条件的；（2）严重违反用人单位的规章制度的；（3）严重失职，营私舞弊，给用人单位造成重大损害的；（4）劳动者同时与其他用人单位建立劳动关系，对完成本单位的工作任务造成严重影响，或者经用人单位提出，拒不改正的；（5）因劳动者欺诈、胁迫或者乘人之危，使用人单位在违背真实意思的情况下订立或者变更劳动合同的，经依法确认劳动合同无效的；（6）被依法追究刑事责任的。

“非过错行为”包括：（1）劳动者患病或者非因工负伤，在规定的医疗期满后不能从事原工作，也不能从事由用人单位另行安排的工作的；（2）劳动者不能胜任工作，经过培训或者调整工作岗位，仍不能胜任工作的。

辨析七：什么情况下，用人单位解除劳动合同须支付赔偿金？如何计算赔偿金？

根据《劳动合同法》第四十八条规定，用人单位违法解除劳动合同，劳动者要求继续履行劳动合同的，用人单位应当继续履行；劳动者不要求继续履行劳动合同或者劳动合同已经不能继续履行的，用人单位应当按照经济补偿标准的二倍向劳动者支付赔偿金。赔偿金的计算年限自用工之日起计算。

案例四十八中，公司并未能提供证据证明相关规章制度的存在，也未能提供证据证明晏某存在不参与生产、擅自离岗，无视公司生产纪律、规章制度的行为，因此，公司以晏某严重违反用人单位的规章制度为由解除劳动合同，缺乏事实和法律依据，当认定为违法解除劳动合同，依法应向晏某支付赔偿金。

法条链接

1.《劳动合同法》第三十六条、第三十八条、第三十九条、第四十条、第四十三条

2.《劳动合同法实施条例》第十九条

深度剖析

1.《劳动合同法》实施以来，劳动争议案件大幅上升，其中劳动合同解除争议占有较大的比重，特别是因用人单位解除事由、解除程序不符合法律规定而引发的劳动争议是劳动关系领域的敏感问题，也是劳动争议的多发地带。用人单位单方解除劳动合同引发争议的背后是：《劳动合同法》的出台，赋予用人单位更多的用工自主权，然而大多数中小型用人单位难以适应这样的变化，仍沿用传统、僵化、单一的管理方式，用人单位管理制度不规范、劳动者维权意识普遍增强导致了此类争议频发。

2. 企业要实现利润最大化，有效开发人力资源，减少争议纠纷的发生，就必须更新观念，实现传统人事管理向科学人力资源管理的转变。人力资源

科学管理首先应立足于“以人为本”，重视对劳动者的人文关怀、工作积极性的调动；其次应构建多元化薪酬分配机制、科学有效的人力资源配置机制和绩效考评机制。简言之，就是要建立科学合理的规章制度和规范有效的管理机制。无论是哪种制度或机制的建立，必须以我国现行劳动法律法规为基础，结合用人单位自身实际情况，把原则化的法律法规科学合理地转化为与单位自身发展相匹配、相适应的规章制度。

二、劳动者合法解除劳动合同的情形

问题提出

劳动者可以通过哪些方式合法解除劳动合同？劳动者要求用人单位支付经济补偿或赔偿金的情形有哪些？如何认定劳动者违约？

典型案例

案例五十

2007年3月15日，徐某入职某聚酯公司，任仓库管理员，双方签订了为期三年的劳动合同，月工资1200元。

2009年10月12日，公司向徐某发出《解除劳动合同通知书》，内容为“由于公司经营困难，即将进行改制，届时公司将停产，无法继续安排你在仓库继续服务，现公司决定与你协商解除劳动合同，请你于2009年10月31日前与公司办理解除劳动合同手续，并移交相关工作”。徐某签收了此通知后，公司开始就补偿问题与徐某协商，公司提出支付徐某2个月工资作为补偿，但徐某要求支付3个月工资，双方对补偿标准未达成一致意见。

徐某向当地劳动争议仲裁委员会提出仲裁申请，要求确认公司的辞退行为违法，并支付6个月工资的赔偿金。庭审时，徐某确认签收《解除劳动合同通知书》时，同意与公司解除劳动合同，在与公司协商过程中，双方在补偿金额上存在分歧。仲裁庭认定徐某对公司的辞退行为本身无异议，应视为由公司提出双方协商一致解除劳动合同。经仲裁庭调解，公司向徐某支付了

3 个月的经济补偿。

案例五十一

2005 年 11 月 28 日，曾某进入某视信公司工作，任职公司文员，每月平均工资为 1460 元。2009 年 11 月 1 日，曾某与公司签订了书面劳动合同，合同约定：合同期限从 2009 年 11 月 1 日起至 2011 年 10 月 31 日止。合同约定期限届满后，双方没有再签订书面劳动合同，但曾某仍继续在该视信公司工作。

2012 年 3 月 17 日，曾某接到公司短信通知："公司因故停电，可能要二十几号才恢复，大家请休息届时再告知!"曾某开始休息在家，等待公司的通知。2011 年 3 月 21 日，公司再次以短信形式通知曾某："因公司被断电，且账号被封，难以维持，所欠工资及社保容后理清楚再通知大家。"曾某只能一直在家等待公司的进一步通知，但是几个月后，曾某仍未接到公司的任何通知，生活难以为继。

2012 年 4 月，曾某向当地劳动仲裁委员会申请仲裁，以公司相继拖欠 2011 年 12 月至 2012 年 3 月工资为由，要求解除双方劳动关系，裁决公司支付经济补偿。

经仲裁委审理查明，某视信公司因资金周转困难，无法继续经营，至 2012 年 4 月，视信公司仍拖欠曾某 2011 年 12 月至 2012 年 3 月工资，月欠工资 1460 元。经仲裁委调解，公司一次性支付曾某 1.5 万元。

案例五十二

1998 年 9 月 28 日，孙某进入某物流公司，从事速递员工作。2008 年 1 月，孙某与物流公司签订了一份无固定期限劳动合同，双方约定：公司以标准工时工作制确定申请人的工作时间，即每日工作 8 小时，平均每周工作时间不超过 44 小时，每周至少休息一天；孙某正常工作时间的工资按计件工资执行，计件单价按《司机薪资福利试行办法》计发；孙某的津贴、补贴发放标准和办法为：在员工出满勤的情况下可再享有企业福利 500 元，该部分金额将根据员工出勤情况及企业相关规定做相应扣减；公司每月最后一日发放当月工资，如遇法定休假日或休息日，则提前到最近的工作日支付。

2010 年 10 月，物流公司改革薪酬制度，将原来速递员统一的绩效考核制度改为单独发货和合车发货不同的绩效考核。2011 年 2 月 27 日，由于孙某两次与他人合车，因此在计算绩效工资时，与公司存在争议。随后，公司讨论后决定补发给孙某少计算的金额，书面通知孙某2月的绩效工资在3月31日发放。2011年3月29日，孙某以公司无故克扣2011年2月工资以及没有按合同约定时间发工资为由，提交辞职报告，要求公司在三天内安排其他人交接工作，并依法发放经济补偿。2011年3月30日，公司书面答复孙某，公司从未无故拖欠加班工资，如刘某主动辞职，公司会考虑实际情况，予以批准。由于公司拒绝支付经济补偿，2011年4月，孙某向当地劳动争议仲裁委员会申请仲裁，要求确认双方解除劳动合同，裁决公司支付经济补偿3.5万元。

经仲裁委审理查明，孙某与公司在劳动关系存续期间就2011年2月绩效工资的问题发生争议后，公司经核对统计后告知孙某在2011年3月的工资中予以补发。因此，公司未以明示或默示的形式表明拒绝支付，应认定公司无主观恶意未及时足额支付劳动报酬。孙某于2011年3月23日前在《司机绩效工资计算表》中签名确认公司补发的工资数额的行为应视为孙某与公司已于2011年3月23日前以协商一致的方式解决履约中发生的工资争议。孙某主张公司无故克扣2011年2月工资缺乏事实依据。另外，根据《劳动合同法》第三十八条的规定，孙某以用人单位未按合同约定时间发工资作为劳动者解除劳动合同的理由缺乏事实和法律依据。因此，驳回孙某的全部仲裁请求。

案例五十三

2000年9月，李某由某航空股份有限公司招录并出资送往某飞行学院就读。2004年7月，李某毕业后，某航空股份有限公司指派李某在下属某航空公司工作。2004年8月5日，李某与某航空公司签订无固定期限劳动合同。2011年5月17日，李某向航空公司提交了《解除劳动合同通知书》，向航空公司单方提出解除劳动合同。

2011年5月24日，航空公司复函，不同意李某在合同期未满及无法定事由的情况下辞职，并告知其单方解除劳动合同的行为将会给公司的生产运营造成巨大损失，希望其继续留任。为了飞行安全，航空公司暂时安排李某参加地面工作。直至2011年6月16日，航空公司仍未给李某办理解除劳动合同和社会保险移转手续。

2011年6月30日，李某向当地劳动仲裁委员会申请劳动仲裁，要求确认双方于2011年6月16日解除劳动合同，裁决航空公司为其办理解除劳动合同和社会保险移转手续。2011年7月15日，航空公司向当地劳动仲裁委提起仲裁反申请，要求李某继续履行双方签订的劳动合同；如该合同确实无法继续履行下去，则根据劳动合同的约定，以及《某航空公司实行劳动合同制补充规定》，裁决李某赔偿航空公司培训费用及违约金等合计人民币3824927.72元。具体包括：1. 培训费用折合人民币共2203182.92元；2. 李某因单方解除劳动合同的严重违约行为应向航空公司支付的违约金621744.28元；3. 因李某的单方解约，给公司造成经济损失100万元。

经仲裁委审理认定：根据《劳动合同法》第三十七条规定，“劳动者提前三十日以书面形式通知用人单位，可以解除劳动合同。”李某2011年5月17日向航空公司提交《解除劳动合同通知书》，已履行劳动者单方解除劳动合同提前30日的通知义务，故李某解除劳动合同关系的行为合法有效。双方劳动合同自2011年6月16日起解除。李某请求确认解除双方劳动合同关系，为其办理解除劳动合同和社会保险移转手续，予以支持。

李某与某航空公司劳动关系存续期间，某航空公司出资为李某提供专业技术培训，但是航空公司未能提交足以认定培训费用数额合法的支付凭证，只能证明航空公司为李某支付培训费的事实，无法证明其主张金额的真实性。为公平合理地确定该笔培训费用数额，参照中国民用航空总局《关于贯彻落实飞行人员流动管理保证民航飞行队伍稳定意见有关问题的通知》（民航人发〔2005〕109号）中招接收飞行员的单位与飞行员原单位之间就飞行员招收录用费用的规定，遵循合法、公正的原则，李某自2004年8月5日参加工作至2011年5月17日解除劳动合同关系，工作年限为6年9个月（折合6.75年），李某应支付给航空公司的培训费用数额为164.5万元（即70万元+70万元×20%×6.75年），对航空公司主张的超过164.5万元的培训费，不予支持。

用人单位除劳动者违反专项培训服务期和竞业限制约定外，不得就其他事项与劳动者约定由劳动者承担违约金。因此，航空公司以李某违约解除劳动合同为由，请求李某支付违约金621744.28元，不予支持。

航空公司未能举证证明李某违法解除劳动合同，也未能举证证明李某给航空公司造成经济损失和具体数额，故航空公司请求李某赔偿经济损失100万元，缺乏事实和法律依据，不予支持。

律师析案

辨析一：什么情况下劳动者可以依法解除劳动合同?

根据《劳动合同法》第三十六条、第三十七条、第三十九条、第四十一条规定，以下两种情况，劳动者可以依法解除劳动合同：

一、协商解除

用人单位与劳动者协商一致，劳动者可以提出解除劳动合同。案例五十中，徐某与某聚酯公司在解除劳动合同这个问题上是协商一致的，只是对经济补偿的标准存在分歧，所以，不能由此推断出某聚酯公司没有与徐某协商一致，违法解除劳动合同的事实存在。

二、行使单方解除权

（一）劳动者履行预告程序后单方解除劳动合同，简称“预告解除”。

1. 劳动者提前30日以书面形式通知用人单位，可以解除劳动合同；

2. 劳动者在试用期内提前3日通知用人单位，可以解除劳动合同。

以上规定的劳动者的辞职权，除规定的程序外，对劳动者行使辞职权不附加任何条件，也就是说，劳动者只要按法定预告期提交辞职报告，法定预告期满之日起劳动者与用人单位即解除双方劳动合同。

（二）因用人单位的过错，劳动者可以即时单方解除劳动合同，简称“特别解除”。

1. 需事先告知用人单位的“特别解除”：

《劳动合同法》第三十八条第一款并未明确规定因用人单位过错，劳动者解除劳动合同需事先告知，但是，对比《劳动合同法》第三十七条和第三十八条第二款可以看出，用人单位存在以下过错的情况时，劳动者虽无须预告，但是至少应明确告知用人单位因其过错行为解除劳动合同的意愿。

（1）未按照劳动合同约定提供劳动保护或者劳动条件的；

（2）未及时足额支付劳动报酬的；

案例五十一中，某视信公司因资金周转困难，无法继续经营，存在拖欠曾某工资的行为，这种情况下，某视信公司可以有多种选择，避免争议纠纷：第一，协商解除劳动合同和经济补偿的数额；第二，单方解除劳动合同，依法支付经济补偿；第三，消极被动地等待劳动者提出解除劳动合同，依法支付经济补偿。遗憾的是，某视信公司选择了消极被动处理问题的方式，此时，曾某对视信公司的行为，选择了积极主动维权的方式，虽然结果是一样的，但是，对于公司而言，消极应对失去的还有声誉。

（3）未依法为劳动者缴纳社会保险费的；

（4）用人单位的规章制度违反法律、法规的规定，损害劳动者权益的；

（5）用人单位以欺诈、胁迫的手段或者乘人之危，使劳动者在违背真实意思的情况下订立或者变更劳动合同的，经依法确认劳动合同无效的；

（6）法律、行政法规规定劳动者可以解除劳动合同的其他情形。

2. 无须事先告知用人单位的“特别解除”：

（1）用人单位以暴力、威胁或者非法限制人身自由的手段强迫劳动者劳动的。“非法限制人身自由”是指采用拘留、禁闭或其他强制方法非法剥夺或限制他人按照自己的意志支配自己的身体活动的自由的行为。

（2）用人单位违章指挥、强令冒险作业危及劳动者人身安全的。

辨析二：什么情况下劳动者解除劳动合同可以要求用人单位支付经济补偿？

根据《劳动合同法》第四十六条规定，劳动者在以下情形解除劳动合同可以要求用人单位支付经济补偿：

（1）未按照劳动合同约定提供劳动保护或者劳动条件的；

（2）未及时足额支付劳动报酬的；

案例五十二中，孙某对于这一条款的理解较为僵化和机械。因为用人单位在支付工资时，如果出现了时间和数额上的“未及时”，在劳动者提出后，用人单位未以明示或默示的形式表明拒绝支付，并且在积极主动的协调处理后，已支付劳动报酬，用人单位无主观恶意，那么不宜认定用人单位未及时足额支付劳动报酬。劳动者是弱势群体，并不意味着对用人单位求全责备，虽然这一条款并未以用人单位是否存在主观恶意为认定标准，但是从客观现实的合理性来看，结合用人单位的主观判断这一条款更具合理性和人性化。

（3）未依法为劳动者缴纳社会保险费的；

（4）用人单位的规章制度违反法律、法规的规定，损害劳动者权益的；

（5）用人单位以欺诈、胁迫的手段或者乘人之危，使劳动者在违背真实意思的情况下订立或者变更劳动合同的，经依法确认劳动合同无效的；

（6）法律、行政法规规定劳动者可以解除劳动合同的其他情形；

（7）用人单位以暴力、威胁或者非法限制人身自由的手段强迫劳动者劳动的；

（8）用人单位违章指挥、强令冒险作业危及劳动者人身安全的。

辨析三：什么情况下劳动者解除劳动合同可以要求用人单位加付赔偿金？

根据《劳动合同法》第八十五条、《最高人民法院关于审理劳动争议案件适用法律若干问题的解释（三）》第三条规定，劳动者在以下情形解除劳动合同，可以要求用人单位按应付金额百分之五十以上百分之一百以下的标准加付赔偿金：

1. 未按照劳动合同的约定或者国家规定及时足额支付劳动者劳动报酬的；

2. 低于当地最低工资标准支付劳动者工资的；

3. 安排加班不支付加班费的；

4. 解除劳动合同，未依法向劳动者支付经济补偿的。

第1项至第3项实质上都是用人单位未及时足额支付劳动报酬的具体表现。

辨析四：什么情况下劳动合同解除，劳动者须向用人单位支付违约金？如何计算违约金？

根据《劳动合同法》第二十二条、第二十三条，《劳动合同法实施条例》第二十六条规定，以下情形，劳动者解除劳动合同须向用人单位支付违约金：

（一）劳动者违反服务期约定，应当按照约定向用人单位支付违约金。

劳动者违反服务期约定，并非必须支付违约金。劳动者只有同时满足以下五个条件方承担相应的违约责任：

1. 用人单位与劳动者签订了专业技术培训服务协议；

2. 用人单位与劳动者在专项技术培训服务协议中约定了服务期；

3. 用人单位为劳动者进行了专业技术培训；

4. 用人单位为了对劳动者进行专业技术培训支付了相应的培训费用；

5. 劳动者违反服务期的约定且用人单位没有《劳动合同法》第三十八

条规定情形。

案例五十三中，李某违反专项培训服务期约定，某航空公司可要求李某支付违约金。除此外，某航空公司不得就其他事项要求李某承担违约金。本案中，稍感欠缺的是某航空公司并未与李某签订专项技术培训协议，也并未在劳动合同中明确约定服务期，因此，某航空公司以李某违反专项培训服务期约定为由，要求李某支付违约金，单纯从法律的角度看，是欠缺依据的。但是，从公平合理的角度看，毕竟某航空公司为李某支付了专业技术培训费，并且航空公司为李某提供的专业技术培训发生在2008年前延续至2008年《劳动合同法》出台后，因此，仲裁委最终参照劳动部办公厅《关于试用期内解除劳动合同处理依据问题的复函》（劳办发〔1995〕264号），对服务年限约定不明的视同劳动合同期限处理。

（二）劳动者未违反服务期约定，但用人单位因劳动者过错解除劳动合同，劳动者应当按照劳动合同的约定向用人单位支付违约金。

1. 劳动者严重违反用人单位的规章制度的；

2. 劳动者严重失职，营私舞弊，给用人单位造成重大损害的；

3. 劳动者同时与其他用人单位建立劳动关系，对完成本单位的工作任务造成严重影响，或者经用人单位提出，拒不改正的；

4. 劳动者以欺诈、胁迫的手段或者乘人之危，使用人单位在违背真实意思的情况下订立或者变更劳动合同的；

5. 劳动者被依法追究刑事责任的。

以上（一）和（二）两种情况，计算违约金时，违约金的数额不超过服务期尚未履行部分所应分摊的培训费用。培训费用，包括用人单位为了对劳动者进行专业技术培训而支付的有凭证的培训费用、培训期间的差旅费用以及因培训产生的用于该劳动者的其他直接费用。

（三）劳动者违反竞业限制约定，应当按照约定向用人单位支付违约金。

劳动者违反竞业限制约定，并非必须支付违约金。劳动者只有同时满足以下五个条件方承担相应的违约责任：

1. 劳动者属于竞业限制人员，竞业限制的人员限于用人单位的高级管理人员、高级技术人员和其他负有保密义务的人员；

2. 用人单位与劳动者在劳动合同中约定保守用人单位的商业秘密和与知识产权相关的保密事项；

3. 用人单位与负有保密义务的劳动者在劳动合同或者保密协议中约定竞

业限制条款，竞业限制的约定不违反法律、法规的规定；

4. 竞业限制约定期限不超过二年；

5. 竞业限制条款约定在解除或者终止劳动合同后，用人单位在竞业限制期限内按月给予劳动者经济补偿；

6. 劳动者违反竞业限制约定的，在解除或者终止劳动合同后，到与本单位生产或者经营同类产品、从事同类业务的有竞争关系的其他用人单位，或者自己开业生产或者经营同类产品、从事同类业务的竞业限制。

《劳动合同法》对于竞业限制违约金数额则没有作任何限定。司法实践中，违约金的计算按照以下原则：劳动者与用人单位有约定的从约定；未约定的，由劳动争议仲裁委员会和法院按公平原则，综合用人单位经济损失和劳动者领取的经济补偿数额，对用人单位请求的违约金数额作相应的调整，使之更加公平、合理。

注意：除了专业技术培训和竞业限制可以约定违约金外，用人单位不得以任何理由与劳动者约定由劳动者承担违约金。

法条链接

1.《劳动合同法》第二十二条、第二十三条、第三十六条、第三十七条、第三十八条、第三十九条、第四十一条、第四十六条、第八十五条

2.《劳动合同法实施条例》第二十六条

3.《最高人民法院关于审理劳动争议案件适用法律若干问题的解释（三）》第三条

深度剖析

1.《劳动合同法》施行之初，劳动者即时解除劳动合同情形居多。随着时间的推移，用人单位不签订书面劳动合同、拖欠劳动者工资等明显违法行为趋少，《劳动合同法》一定程度上有效实现了当初的立法目的。但是，劳动者单方解除劳动合同除了用人单位的原因外，同样存在劳动者过度维权的情况。引发此类争议的背后值得关注一个现象：劳资双方不诚信。劳动者过度维权实际是劳动者不诚信的表现之一；用人单位不诚信导致的结果是留不

住人才，劳动者不诚信的结果是找不到好单位。

2. 正如海涅所说：“生命不可能从谎言中开出灿烂的鲜花。”劳资双方不诚信带给自身和相对方的伤害都是巨大的。劳资双方互筑壁垒，互相拆台，都感对方居心叵测。一旦信用消失，任何一方必然会处处碰壁，纠纷频发，无论是劳动者还是用人单位，精力只能放在防范对方上，何谈企业发展，个人幸福？一旦发生纠纷，双方都不愿调解，彼此心生怨恨，矛盾调处难度加大，时间和经济成本必然增加。说到底，最有效、简单的防范纠纷的方法就是诚信。

谈谈劳动合同的终止

问题提出

劳动合同终止包括哪些情形？法律对劳动合同终止的经济补偿作了哪些规定？用人单位终止劳动合同有无限制？

典型案例

案例五十四

2005 年 3 月 2 日，刘某被聘入职某娱乐公司，双方签订了一份为期三年的劳动合同。2008 年 2 月 19 日，刘某肾脏出现病症，向公司请假后入院治疗，由于手术过程中出现并发症，医生要求刘某住院治疗 3 个月。

2008 年 3 月 1 日，公司以刘某合同到期为由，通知刘某终止劳动合同。由于刘某尚在医院治疗，只得签收公司发出的终止劳动合同通知。2008 年 5 月 20 日，刘某出院后找到公司，要求公司支付 2008 年 2 月至 5 月的工资，以及终止劳动合同的经济补偿。但是，公司答复刘某，工资只能发至 2008 年 3 月，公司原本愿意和刘某续签劳动合同，但是刘某生病，也没法续签，所以责任在刘某，不在公司，公司无须支付经济补偿。

2008 年 5 月 25 日，刘某向当地劳动仲裁委申请仲裁，要求确认该娱乐公司终止劳动合同违法，裁决娱乐公司支付赔偿金。经仲裁委审理查明：刘某实际工作年限十年以下，在本单位工作年限五年以下，依法享有3个月的医疗期，刘某与娱乐公司的劳动合同虽于2008年3月1日到期，但是，刘某尚在规定医疗期内治疗，根据《劳动合同法》第四十五条规定，双方的劳动合同应当顺延至刘某医疗期满时终止，娱乐公司于2008年3月1日通知刘某终止劳动合同，属于违法终止。于是，仲裁委裁决娱乐公司依法支付刘某赔偿金，同时按劳动合同约定补发给刘某2008年3月至5月病假工资。

案例五十五

1995年3月，郑某经某人事局批准，从某开发区发展公司商调入某工业经济发展公司任职，双方没有签订书面劳动合同。2007年3月，某工业经济发展公司口头通知郑某，因企业经营困难，要求郑某回家待岗，但没有为郑某办理任何手续，也没有发放生活费。郑某一直待业在家。期间，郑某多次回到公司，要求发放生活费，均被告知公司已经停产，待条件转好才能发放生活费。

2008年5月29日，郑某再次回到公司了解个人社保缴纳情况，才得知公司的社保费已停缴多年。郑某要求公司为其缴清社保费。但是，公司告知郑某，公司即将办理注销，双方劳动关系已经终止，公司正在为其办理社会保险的中止手续，并向郑某出具终止劳动合同的通知。郑某不同意，认为公司尚未注销，不能自行终止双方的劳动合同。

2008年6月3日，郑某向当地劳动仲裁委员会申请仲裁，要求确认公司违法终止劳动合同，裁决公司支付赔偿金。经仲裁委审理查明：该工业经济发展公司尚未办理注销登记，也未被工商部门吊销营业执照，根据《劳动合同法》第四十四条规定，公司终止双方劳动关系，属于违法终止。经仲裁委调解，公司继续履行双方劳动合同。

案例五十六

2004年3月1日，周某进入某电子厂工作，双方先后签订三份书面劳动合同，合同约定：周某每月工资按当地最低工资标准发放。周某与电子厂签订的最后一份劳动合同期限自2008年7月1日起至2010年12月31日止。2010年5月11日周某达到法定退休年龄。2010年4月26日电子厂为周某办理退休手续。因周某缴费年限不足法定年限，未能在达到法定退休年龄时领取养老保险。

2010 年 12 月 31 日，电子厂以合同到期为由向周某出具了终止劳动合同证明书。同年 12 月，电子厂停止缴纳周某的职工医疗保险。周某要求厂方支付一定的经济补偿，但是，电子厂认为，周某已经达到法定退休年龄，厂方依法无须支付经济补偿。周某认为，自己虽然达到退休年龄，但是没法享受养老保险待遇，况且之后合同才到期的，双方劳动关系一直存续，电子厂应向其支付终止劳动合同的经济补偿。

2011 年 1 月 5 日，周某向当地劳动仲裁委员会申请仲裁，要求裁决电子厂支付终止劳动合同的经济补偿。经仲裁委审理查明，2010 年 12 月 31 日电子厂以合同到期为由终止双方劳动合同关系，但因周某已于 2010 年 5 月 11 日达到法定退休年龄，故双方劳动合同关系应于 2010 年 5 月 11 日终止。根据《劳动合同法实施条例》第二十一条规定，“劳动者达到法定退休年龄的，劳动合同终止。”周某与电子厂 2010 年 5 月 12 日至 2010 年 12 月 31 日之间存续的用工关系应按劳务关系处理。因此，对周某要求电子厂支付经济补偿的请求，不予支持，驳回周某全部仲裁请求。

律师析案

辨析一：哪些情形下，劳动合同终止用人单位无须向劳动者支付经济补偿？

根据《劳动合同法》第四十四条、第四十六条规定，下列情形，劳动合同终止，用人单位无须支付经济补偿：

1. 劳动合同期满，用人单位维持或者提高劳动合同约定条件续订劳动合同，劳动者不同意续订；

2. 劳动者达到法定退休年龄的；

案例五十六中，周某达到法定退休年龄，虽然尚未领取基本养老保险待遇，但是《劳动合同法实施条例》对《劳动合同法》中“劳动者开始依法享受基本养老保险待遇的”终止劳动合同的条款，作了进一步限制性解释，因此，司法实践中，对此类案件，仍按终止劳动合同处理。

3. 劳动者开始依法享受基本养老保险待遇的；

4. 劳动者死亡，或者被人民法院宣告死亡或者宣告失踪的；

5. 自用工之日起一个月内，经用人单位书面通知后，劳动者不与用人单位订立书面劳动合同的，用人单位应当书面通知劳动者终止劳动关系，无须向劳动者支付经济补偿，但是应当依法向劳动者支付其实际工作时间的劳动报酬。

辨析二：什么情形下，劳动合同终止用人单位应向劳动者支付经济补偿?

根据《劳动合同法》第四十四条、第四十六条规定，下列情形，劳动合同终止，用人单位应向劳动者支付经济补偿：

1. 劳动合同期满的；

2. 用人单位被依法宣告破产的；

3. 用人单位被吊销营业执照、责令关闭、撤销或者用人单位决定提前解散的；

这里要注意的是，吊销营业执照和注销的区别：吊销营业执照是工商行政管理机关对公民或者法人作出的一种行政处罚措施。用人单位被吊销营业执照后，经营上主体资格被强行剥夺，不能进行经营活动，但是法人主体资格仍然存在，仅停止清算范围外的一切活动，仍以自己的财产对外承担责任；注销是消灭用人单位法人主体资格。用人单位被注销后，法人主体资格已不存在，没有民事权利能力和民事行为能力，除负有清算义务的董事或者股东未履行清算义务或者转移资产、逃避债务的，债权人不能再向已经注销的用人单位主张权利，也不能要求股东承担清偿责任。

案例五十五中，某工业经济发展公司虽停产，但尚未办理注销登记，以此为由终止劳动合同属于违法行为，依法应向郑某支付赔偿金。

4. 用人单位自用工之日起超过一个月不满一年未与劳动者订立书面劳动合同的，应当依法向劳动者每月支付两倍的工资，并与劳动者补订书面劳动合同；劳动者不与用人单位订立书面劳动合同的，用人单位应当书面通知劳动者终止劳动关系，并依法支付经济补偿；

5. 完成一定工作任务为期限的劳动合同因任务完成而终止的；

6. 用人单位依法终止工伤职工的劳动合同的，除依法支付经济补偿外，还应当依照国家有关工伤保险的规定支付一次性工伤医疗补助金和伤残就业补助金。

辨析三：什么情形下，用人单位不得终止劳动合同？

根据《劳动合同法》第四十五条规定，劳动合同期满，有以下情形之一的，用人单位不得终止劳动合同，应当续延至相应的情形消失时终止：

1. 从事接触职业病危害作业的劳动者未进行离岗前职业健康检查，或者疑似职业病病人在诊断或者医学观察期间的；

2. 在本单位患职业病或者因工负伤并被确认丧失或者部分丧失、劳动能力的；

3. 患病或者非因工负伤，在规定的医疗期内的。

案例五十四中，刘某医疗期未满，某娱乐公司依法应将双方劳动合同延至刘某医疗期满时终止，由于某娱乐公司在合同期满时终止劳动合同，属于违法终止，当然依法应支付刘某赔偿金。

4. 女职工在孕期、产期、哺乳期的；

5. 在本单位连续工作满十五年，且距法定退休年龄不足五年的；

6. 劳动合同期满，但是用人单位与劳动者签订的专业技术培训协议约定的服务期尚未到期的，劳动合同应当续延至服务期满，但是双方另有约定的，从其约定；

7. 法律、行政法规规定的其他情形。

辨析四：用人单位违法终止劳动合同应承担哪些法律责任？

1. 用人单位与劳动者不得在法定的劳动合同终止情形之外约定其他的劳动合同终止条件；

2. 用人单位违法终止劳动合同，劳动者要求继续履行劳动合同的，用人单位应当继续履行；

3. 劳动者拒绝继续履行劳动合同或者劳动合同已经不能继续履行的，用人单位应当向劳动者支付赔偿金。

法条链接

《劳动合同法》第四十四条、第四十五条、第四十六条

深度剖析

"法律的目的是对受法律支配的一切人公正地运用法律，借以保护和救济无辜者。"《劳动合同法》在劳动合同终止方面的规定，极具价值的条款就是对劳动合同期满，用人单位未续签劳动合同的，支付经济补偿的设定。这一条款与"未签劳动合同支付双倍工资"一样，改变了我国长期存在的劳动合同短期化的问题，通俗地讲，就是法律的制定应该让劳动者更有安全感。但是，对于达到法定退休年龄，但无法享受养老保险待遇的劳动者，《劳动合同法实施条例》给出的答案却是让人深感遗憾。

如果说《劳动合同法实施条例》是对《劳动合同法》的一种立法解释，那么，"解释应该是一种创造，而不是约束"，尽管我们对计划、利益和信念各持己见，但对法律和法律解释的理念应该是建设性的、友好的，向人们指明通往更美好的未来的最佳道路，这条道路就是让更多的人能够通过自己勤劳的双手为社会创造财富，收获自己的劳动果实，过上美好幸福的生活。

按图索骥

标准劳动合同订立、履行、变更、解除、终止程序指引表

劳动争议处理程序简易指引表

职工养老保险条件简易检索表

职工工伤认定程序、保险待遇简易检索表

职工申领失业保险程序、失业保险待遇简易检索表

女职工“五期”权益简易检索表

常用劳动法律法规规章检索目录

标准劳动合同订立、履行、变更、解除、终止程序指引表

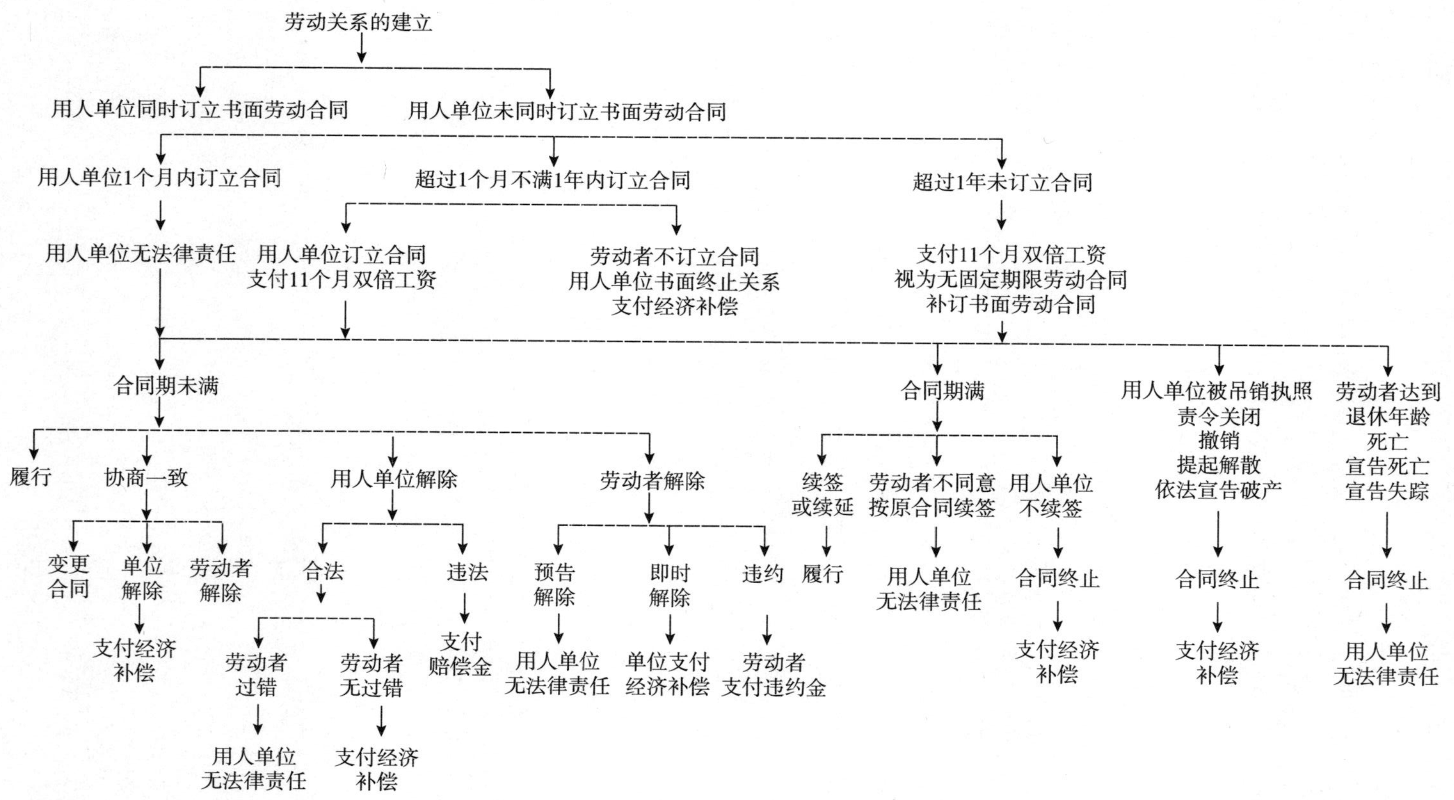

劳动争议处理程序简易指引表

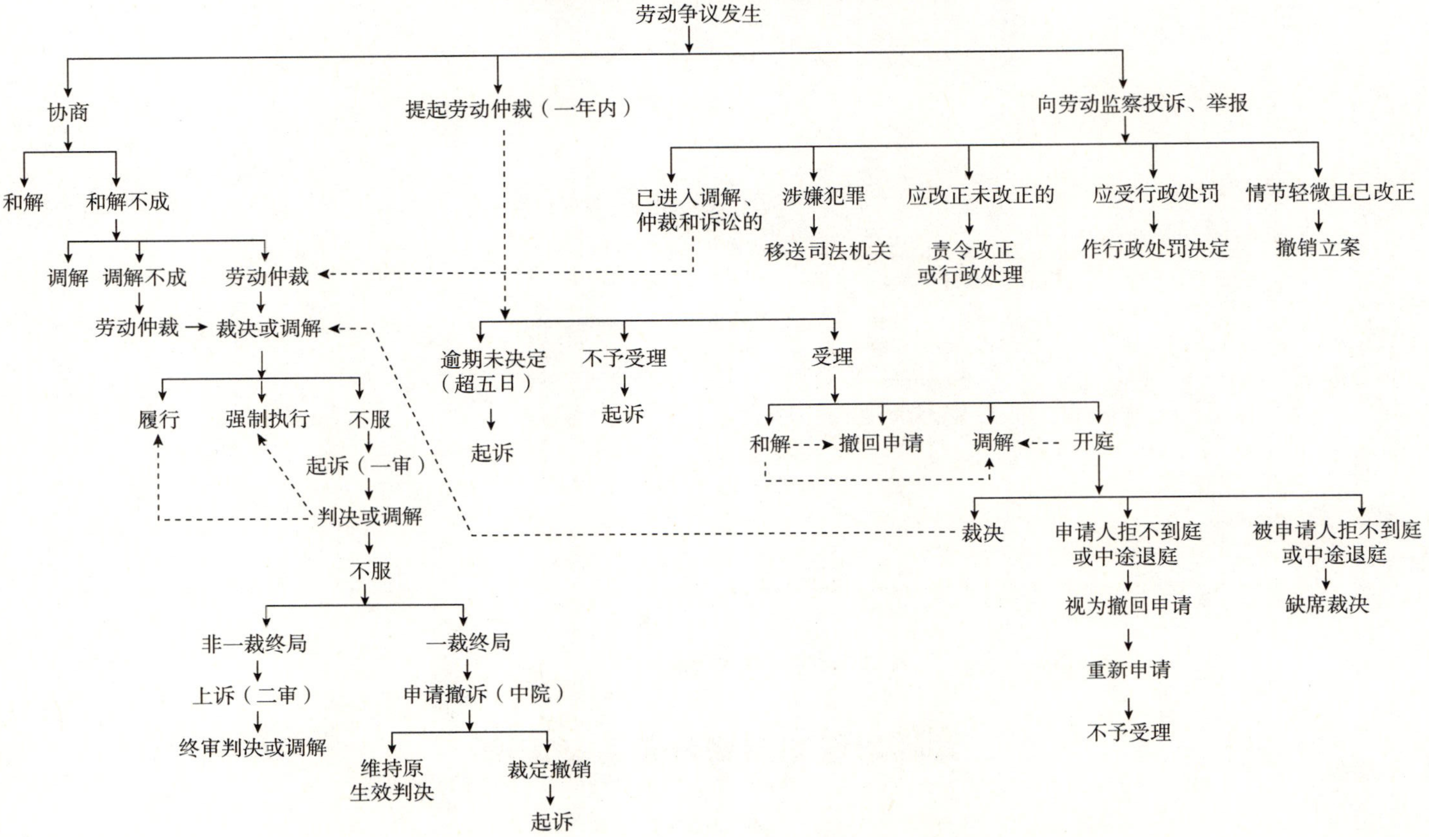

职工养老保险条件简易检索表

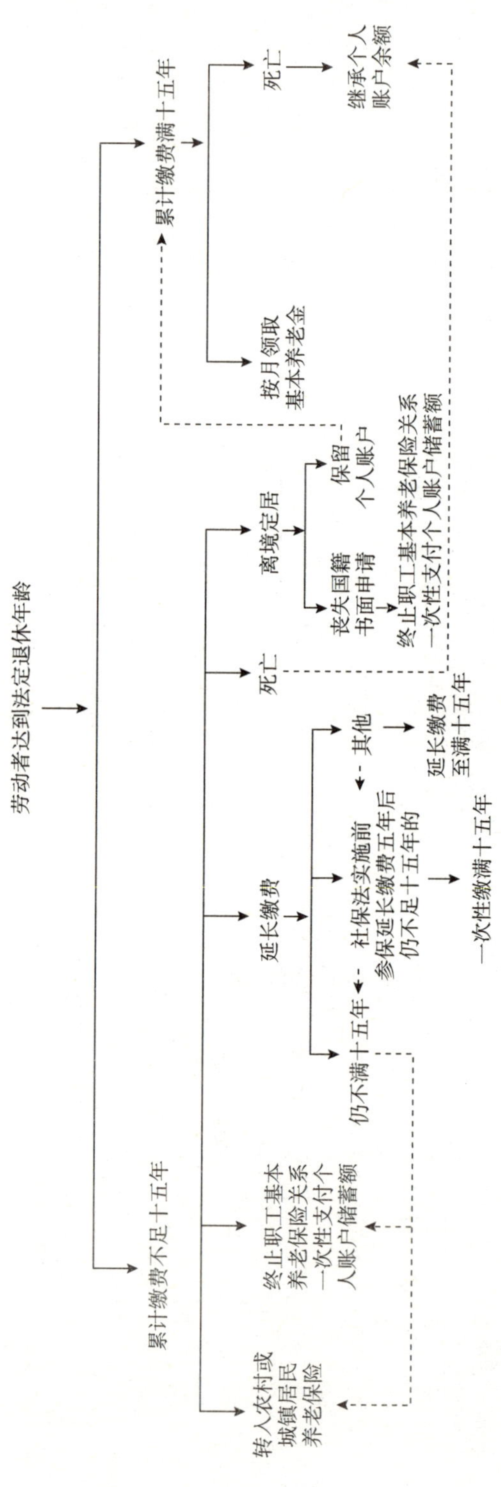

职工工伤认定程序、保险待遇简易检索表

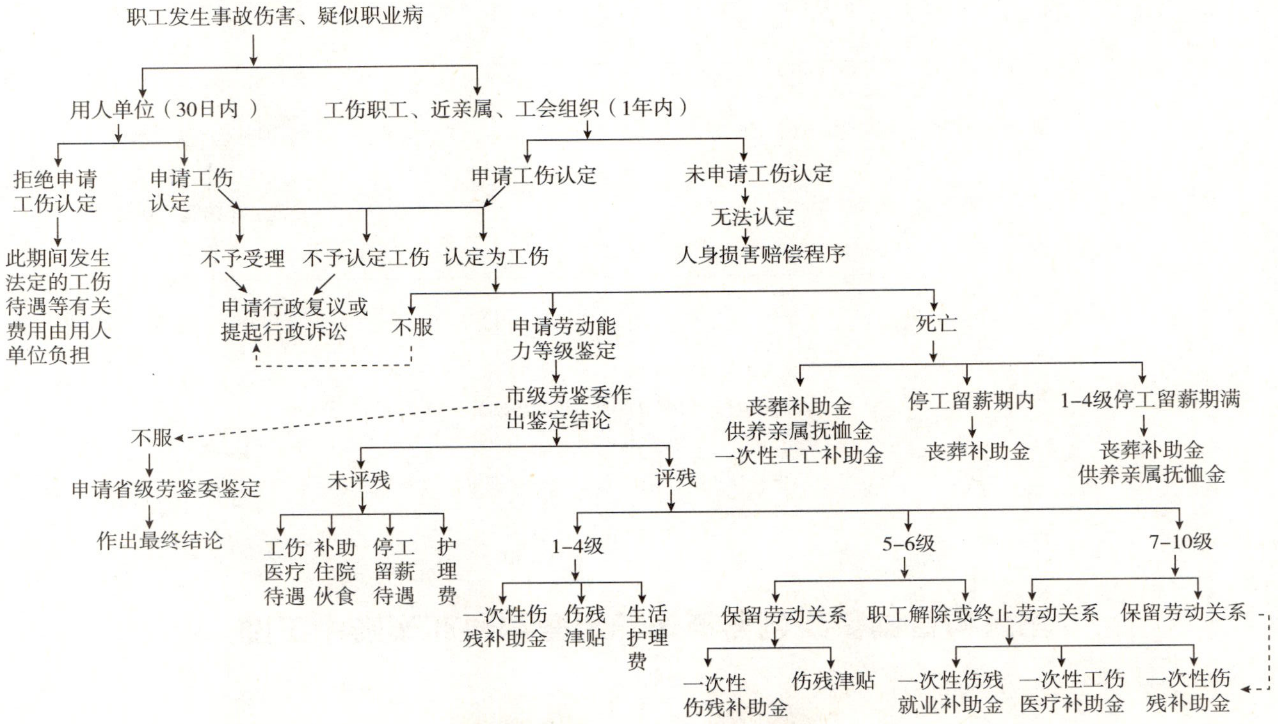

职工申领失业保险程序、失业保险待遇简易检索表

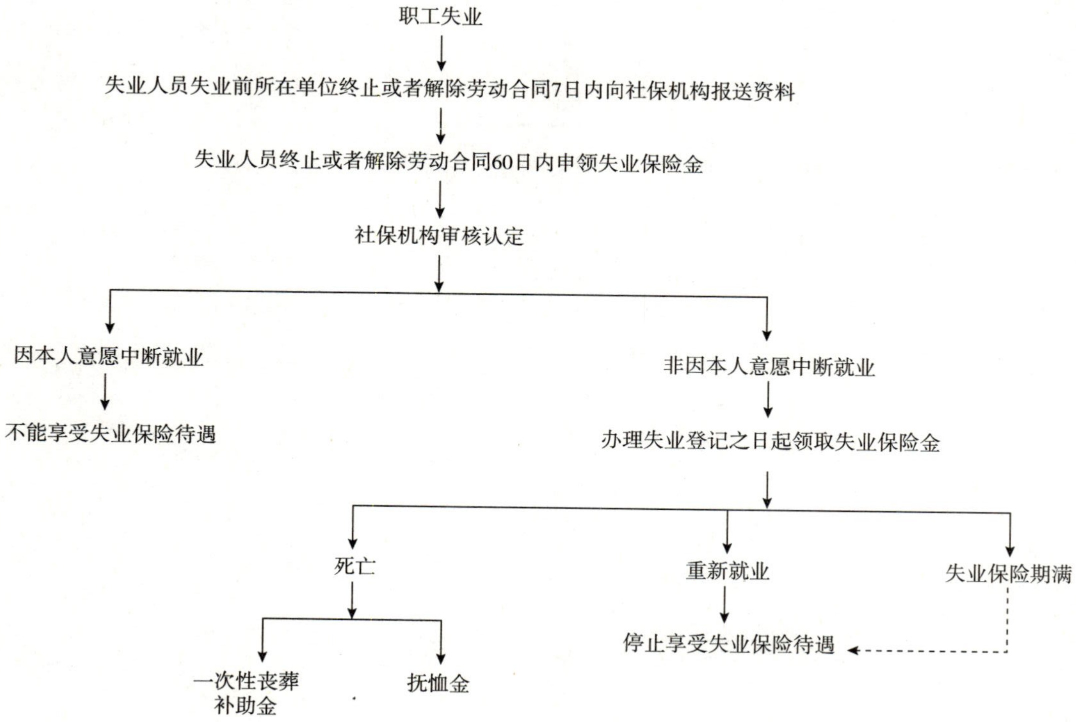

女职工“五期”权益简易检索表

项目＼内容	劳动合同	劳动保护	工作时间和休假	工资待遇	生育福利待遇
月经期	无	不得安排其从事高空、低温、冷水和国家规定的第三级体力劳动强度的劳动。	患有重度痛经及月经过多的女职工，经医疗或妇幼保健机构确诊后，月经期间可适当给予1至2天的休假。	无	无
孕期	不得解除劳动合同	1. 不得安排其从事国家规定的第三级体力劳动强度的劳动和孕期禁忌从事的劳动； 2. 不能适应原劳动的，根据医疗机构的证明，予以减轻劳动量或者安排其他能够适应的劳动。	1. 产前检查视为劳动时间，劳动时间有休息安排； 2. 怀孕7个月以上不得安排加班或夜班； 3. 预产期前可休息15天。	不得降低工资	1. 未缴纳生育保险的，医疗费和工资由所在单位负担； 2. 已缴纳生育保险的，医疗费和生育津贴由生育保险基金支付。
产期		产假期满恢复工作时，应允许有1至2周时间逐渐恢复原工作量。	1. 98天产假，难产的，增加产假15天；生育多胞胎的，每多生育1个婴儿，增加产假15天； 2. 怀孕不满四个月流产，15天产假； 3. 怀孕满四个月以上流产，42天产假。		
哺乳期		不得安排其从事国家规定的第三级体力劳动强度的劳动和哺乳期禁忌从事的劳动。	1. 不得加班或者安排夜班； 2. 每天1小时哺乳时间，多胞胎的，每多哺乳1个婴儿每天增加1小时哺乳时间； 3. 婴儿满周岁时，经县（区）以上（含县、区）医疗或保健机构确诊为体弱儿，可适当延长授乳时间，但不得超过6个月。		无
更年期	无	经县（区）以上（含县、区）的医疗或妇幼保健机构诊断为更年期综合症者，经治疗效果不明显的，且不适应原工作的，应减轻其劳动量或暂时安排适宜的工作； 每1至2年进行一次妇科疾病的查治。	无	无	无

常用劳动法律法规规章检索目录

类别	名称	发文单位	颁布时间	生效时间	修改时间
综合类	劳动法	全国人大常委会	1994 年 7 月 5 日	1995 年 1 月 1 日	
综合类	关于贯彻执行《中华人民共和国劳动法》若干问题的意见	原劳动部	1995 年 8 月 4 日	1995 年 8 月 4 日	
综合类	关于《劳动法》若干条文的说明	原劳动部	1994 年 9 月 5 日	1995 年 1 月 1 日	
综合类	最高人民法院关于审理劳动争议案件适用法律若干问题的解释	最高人民法院	2001 年 4 月 16 日	2001 年 4 月 30 日	
综合类	最高人民法院关于审理劳动争议案件适用法律若干问题的解释（二）	最高人民法院	2006 年 8 月 14 日	2006 年 10 月 1 日	
综合类	最高人民法院关于审理劳动争议案件适用法律若干问题的解释（三）	最高人民法院	2010 年 7 月 12 日	2010 年 9 月 14 日	
综合类	最高人民法院关于审理劳动争议案件适用法律若干问题的解释（四）	最高人民法院	2012 年 12 月 31 日	2013 年 2 月 1 日	
综合类	劳动部办公厅关于处理劳动争议案件若干政策性问题的复函	原劳动部	1994 年 10 月 10 日	1994 年 10 月 10 日	
劳动关系类	劳动合同法	全国人大常委会	2007 年 6 月 29 日	2008 年 1 月 1 日	2012 年 12 月 28 日
劳动关系类	劳动合同法实施条例	国务院	2008 年 9 月 3 日	2008 年 9 月 3 日	

续 表

类别	名称	发文单位	颁布时间	生效时间	修改时间
劳动关系类	关于确立劳动关系有关事项的通知	原劳动部	2005 年 5 月 25 日	2005 年 5 月 25 日	
劳动关系类	关于非全日制用工若干问题的意见	原劳动部	2003 年 5 月 30 日	2003 年 5 月 30 日	
劳动关系类	关于工人退休、退职的暂行办法	国务院	1978 年 6 月 2 日	1978 年 6 月 2 日	
社会保险类	社会保险法	全国人大常委会	2010 年 10 月 28 日	2011 年 7 月 1 日	
社会保险类	工伤保险条例	国务院	2003 年 4 月 27 日	2004 年 1 月 1 日	2010 月 12 月 20 日
社会保险类	失业保险条例	国务院	1999 年 1 月 22 日	1999 年 1 月 22 日	
社会保险类	社会保险费征缴暂行条例	国务院	1999 年 1 月 22 日	1999 年 1 月 22 日	
社会保险类	实施《中华人民共和国社会保险法》若干规定	人力资源和社会保障部	2011 年 6 月 29 日	2011 年 7 月 1 日	
社会保险类	工伤认定办法	原劳动部	2010 年 12 月 31 日	2011 年 1 月 1 日	
社会保险类	企业职工生育保险试行办法	原劳动部	1994 年 12 日 14 日	1995 年 1 日 1 日	
社会保险类	非法用工单位伤亡人员一次性赔偿办法	人力资源和社会保障部	2010 年 12 月 31 日	2011 年 1 月 1 日	
社会保险类	因工死亡职工供养亲属范围规定	原劳动部	2003 年 9 月 23 日	2004 年 1 月 1 日	
社会保险类	最高人民法院行政审判庭关于超过法定退休年龄的进城务工农民因工伤亡的，应否适用《工伤保险条例》请示的答复	最高人民法院	2010 年 3 月 17 日	2010 年 3 月 17 日	
社会保险类	关于实施《工伤保险条例》若干问题的意见	原劳动部	2004 年 11 月 1 日	2004 年 11 月 1 日	

续 表

类别	名称	发文单位	颁布时间	生效时间	修改时间
工资福利待遇类	工资支付暂行规定	原劳动部	1994 年 12 月 6 日	1995 年 1 月 1 日	
工资福利待遇类	最低工资规定	原劳动部	2004 年 1 月 20 日	2004 年 3 月 1 日	
工资福利待遇类	关于工资总额组成的规定	国家统计局	1990 年 1 月 1 日	1990 年 1 月 1 日	
工资福利待遇类	职工带薪年休假条例	国务院	2007 年 12 月 14 日	2008 年 1 月 1 日	
工资福利待遇类	企业职工带薪年休假实施办法	人力资源和社会保障部	2008 年 9 月 18 日	2008 年 9 月 18 日	
工资福利待遇类	关于《企业职工带薪年休假实施办法》有关问题的复函	人力资源和社会保障部	2009 年 4 月 5 日	2009 年 4 月 5 日	
工资福利待遇类	国务院关于职工探亲待遇的规定	国务院	1981 年 3 月 14 日	1981 年 3 月 14 日	
工资福利待遇类	企业职工患病或非因工负伤医疗期规定	原劳动部	1994 年 12 月 1 日	1995 年 1 月 1 日	
工资福利待遇类	防暑降温措施管理办法	国家安全生产监督管理总局等四部门	2012 年 6 月 29 日	2012 年 6 月 29 日	
工时类	国务院关于职工工作时间的规定	国务院	1994 年 2 月 3 日	1995 年 5 月 1 日	1995 年 3 月 25 日
工时类	关于企业实行不定时工作制和综合计算工时工作制的审批办法	原劳动部	1994 年 12 月 14 日	1995 年 1 月 1 日	
特殊权益类	女职工劳动保护特别规定	国务院	2012 年 4 月 18 日	2012 年 4 月 18 日	
特殊权益类	禁止使用童工规定	国务院	2002 年 10 月 1 日	2002 年 12 月 1 日	
特殊权益类	未成年工特殊保护规定	原劳动部	1994 年 12 月 9 日	1995 年 1 日 1 日	
特殊权益类	女职工保健工作规定	原劳动部等五部门	1993 年 11 月 26 日	1993 年 11 月 26 日	

续 表

类别	名称	发文单位	颁布时间	生效时间	修改时间
特殊权益类	关于女职工生育待遇若干问题的通知	原劳动部	1988 年 9 月 1 日	1988 年 9 月 1 日	
特殊权益类	关于女职工保胎休息和病假超过六个月后生育时的待遇问题给上海市劳动局的复函	原劳动部	1982 年 3 月 27 日	1982 年 3 月 27 日	
程序类	劳动争议调解仲裁法	全国人大常委会	2007 年 12 月 29 日	2008 年 5 月 1 日	
程序类	劳动人事争议仲裁办案规则	人力资源和社会保障部	2009 年 1 月 1 日	2009 年 1 月 1 日	
程序类	劳动保障监察条例	国务院	2004 年 11 月 1 日	2004 年 12 月 1 日	
程序类	民事诉讼法	全国人大	1991 年 4 月 9 日	1991 年 4 月 9 日	2007 年 10 月 28 日第一次修改 2012 年 8 月 31 日第二次修改
民事综合类	民法通则	全国人大	1986 年 4 月 12 日	1987 年 1 月 1 日	
安全生产类	安全生产法	全国人大常委会	2002 年 6 月 29 日	2002 年 11 月 1 日	
工会类	工会法	全国人大常委会	1992 年 4 月 3 日	1992 年 4 月 3 日	2001 年 10 月 27 日
工会类	最高人民法院关于在民事审判工作中适用《中华人民共和国工会法》若干问题的解释	最高人民法院	2003 年 1 月 9 日	2003 年 7 月 9 日	
其他类	无照经营查处取缔办法	国务院	2003 年 1 月 6 日	2003 年 3 月 1 日	
其他类	就业服务与就业管理规定	原劳动部	2007 年 11 月 5 日	2008 年 1 月 1 日	

常用劳动法律法规摘要

《中华人民共和国劳动法》

《中华人民共和国劳动合同法》

《关于〈劳动法〉若干条文的说明》

《中华人民共和国劳动合同法实施条例》

……

中华人民共和国劳动法

（1994 年 7 月 5 日第八届全国人民代表大会常务委员会
第八次会议通过　自 1995 年 1 月 1 日起施行）

第一条　为了保护劳动者的合法权益，调整劳动关系，建立和维护适应社会主义市场经济的劳动制度，促进经济发展和社会进步，根据宪法，制定本法。

第十七条　订立和变更劳动合同，应当遵循平等自愿、协商一致的原则，不得违反法律、行政法规的规定。

劳动合同依法订立即具有法律约束力，当事人必须履行劳动合同规定的义务。

第十八条　下列劳动合同无效：

（一）违反法律、行政法规的劳动合同；

（二）采取欺诈、威胁等手段订立的劳动合同。

无效的劳动合同，从订立的时候起，就没有法律约束力。确认劳动合同部分无效的，如果不影响其余部分的效力，其余部分仍然有效。

劳动合同的无效，由劳动争议仲裁委员会或者人民法院确认。

第三十六条　国家实行劳动者每日工作时间不超过八小时、平均每周工作时间不超过四十四小时的工时制度。

第三十七条　对实行计件工作的劳动者，用人单位应当根据本法第三十六条规定的工时制度合理确定其劳动定额和计件报酬标准。

第三十八条　用人单位应当保证劳动者每周至少休息一日。

第三十九条　企业因生产特点不能实行本法第三十六条、第三十八条规定的，经劳动行政部门批准，可以实行其他工作和休息办法。

第四十条　用人单位在下列节日期间应当依法安排劳动者休假：

（一）元旦；

（二）春节；

（三）国际劳动节；

（四）国庆节；

（五）法律、法规规定的其他休假节日。

第四十一条　用人单位由于生产经营需要，经与工会和劳动者协商后可以延长工作时间，一般每日不得超过一小时；因特殊原因需要延长工作时间的，在保障劳动者身体健康的条件下延长工作时间每日不得超过三小时，但是每月不得超过三十六小时。

第四十二条　有下列情形之一的，延长工作时间不受本法第四十一条的限制：

（一）发生自然灾害、事故或者因其他原因，威胁劳动者生命健康和财产安全，需要紧急处理的；

（二）生产设备、交通运输线路、公共设施发生故障，影响生产和公众利益，必须及时抢修的；

（三）法律、行政法规规定的其他情形。

第四十三条 用人单位不得违反本法规定延长劳动者的工作时间。

第四十四条 有下列情形之一的，用人单位应当按照下列标准支付高于劳动者正常工作时间工资的工资报酬：

（一）安排劳动者延长工作时间的，支付不低于工资的百分之一百五十的工资报酬；

（二）休息日安排劳动者工作又不能安排补休的，支付不低于工资的百分之二百的工资报酬；

（三）法定休假日安排劳动者工作的，支付不低于工资的百分之三百的工资报酬。

第四十五条 国家实行带薪年休假制度。

劳动者连续工作一年以上的，享受带薪年休假。具体办法由国务院规定。

第五十四条 用人单位必须为劳动者提供符合国家规定的劳动安全卫生条件和必要的劳动防护用品，对从事有职业危害作业的劳动者应当定期进行健康检查。

第五十八条 国家对女职工和未成年工实行特殊劳动保护。

未成年工是指年满十六周岁未满十八周岁的劳动者。

第五十九条 禁止安排女职工从事矿山井下、国家规定的第四级体力劳动强度的劳动和其他禁忌从事的劳动。

第六十条 不得安排女职工在经期从事高处、低温、冷水作业和国家规定的第三级体力劳动强度的劳动。

第六十一条 不得安排女职工在怀孕期间从事国家规定的第三级体力劳动强度的劳动和孕期禁忌从事的劳动。对怀孕七个月以上的女职工，不得安排其延长工作时间和夜班劳动。

第六十二条 女职工生育享受不少于九十天的产假。

第六十三条 不得安排女职工在哺乳未满一周岁的婴儿期间从事国家规定的第三级体力劳动强度的劳动和哺乳期禁忌从事的其他劳动，不得安排其延长工作时间和夜班劳动。

第六十四条 不得安排未成年工从事矿山井下、有毒有害、国家规定的第四级体力劳动强度的劳动和其他禁忌从事的劳动。

第六十五条 用人单位应当对未成年工定期进行健康检查。

第七十二条 社会保险基金按照保险类型确定资金来源，逐步实行社会统筹。用人单位和劳动者必须依法参加社会保险，缴纳社会保险费。

第七十三条 劳动者在下列情形下，依法享受社会保险待遇：

（一）退休；

（二）患病、负伤；

（三）因工伤残或者患职业病；

（四）失业；

（五）生育。

劳动者死亡后，其遗属依法享受遗属津贴。

劳动者享受社会保险待遇的条件和标准由法律、法规规定。

劳动者享受的社会保险金必须按时足额支付。

第九十七条 由于用人单位的原因订立的无效合同，对劳动者造成损害的，应当承担赔偿责任。

第九十九条 用人单位招用尚未解除劳动合同的劳动者，对原用人单位造成经济损失的，该用人单位应当依法承担连带赔偿责任。

关于贯彻执行《中华人民共和国劳动法》若干问题的意见

（1995 年 8 月 4 日 劳部发〔1995〕309 号）

6. 用人单位应与其富余人员、放长假的职工，签订劳动合同，但其劳动合同与在岗职工的劳动合同在内容上可以有所区别。用人单位与劳动者经协商一致可以在劳动合同中就不在岗期间的有关事项作出规定。

7. 用人单位应与其长期被外单位借用的人员、带薪上学人员、以及其他非在岗但仍保持劳动关系的人员签订劳动合同，但在外借和上学期间，劳动合同中的某些相关条款经双方协商可以变更。

8. 请长病假的职工，在病假期间与原单位保持着劳动关系，用人单位应与其签订劳动合同。

9. 原固定工中经批准的停薪留职人员，愿意回原单位继续工作的，原单位应与其签订劳动合同；不愿回原单位继续工作的，原单位可与其解除劳动关系。

13. 用人单位发生分立或合并后，分立或合并的用人单位可依据其实际情况与原用人单位的劳动者遵循平等自愿、协商一致的原则变更原劳动合同。

14. 派出到合资、参股单位的职工如果与原单位仍保持着劳动关系，应当与原单位签订劳动合同，原单位可就劳动合同的有关内容在与合资、参股单位订立劳动合同时，明确职工的工资、保险、福利、休假等有关待遇。

15. 租赁经营（生产）、承包经营（生产）的企业，所有权并没有发生变化，法人名称未变，在与职工订立劳动合同时，该企业仍为用人单位一方。依据租赁合同或承包合同，租赁人、承包人如果作为该企业的法定代表人或者该法定代表人的授权委托人时，可代表该企业（用人单位）与劳动者订立劳动合同。

16. 用人单位与劳动者签订劳动合同时，劳动合同可以由用人单位拟定，也可以由双方当事人共同拟定，但劳动合同必须经双方当事人协商一致后才能签订，职工被迫签订的劳动合同或未经协商一致签订的劳动合同为无效劳动合同。

17. 用人单位与劳动者之间形成了事实劳动关系，而用人单位故意拖延不订立劳动合同，劳动行政部门应予以纠正。用人单位因此给劳动者造成损害的，应按劳动部《违反〈劳动法〉有关劳动合同规定的赔偿办法》（劳部发〔1995〕223 号）的规定进行赔偿。

18. 劳动者被用人单位录用后，双方可以在劳动合同中约定试用期，试用期应包括在劳动合同期限内。

53. 劳动法中的“工资”是指用人单位依据国家有关规定或劳动合同的约定，以货币形式直接支付给本单位劳动者的劳动报酬，一般包括计时工资、计件工资、奖金、津贴和补贴、延长工作时间的工资报酬以及特殊情况下支付的工资等。“工资”是劳动者劳动收入的主要组成部分。劳动者的以下劳动收入不属于工资范围：（1）单位支付给劳动者个人的社会保险福利费用，如丧葬抚恤救济费、生活困难补助费、计划生育补贴等；（2）劳动保护方面的费用，如用人单位支付给劳动者的工作服、解毒剂、清凉饮料费用等；（3）按规定未介入工资总额的各种劳动报酬及其他劳动收入，如国家根据规定发放的创造发明奖、国家星火奖、自然科学奖、科学技术进步奖、合理化建议和技术改进奖、中华技能大奖等，以及稿费、讲课费、翻译费等。

54. 劳动法第四十八条中的“最低工资”是指劳动者在法定工作时间内履行了正常劳动义务的前提下，由其所在单位支付的最低劳动报酬。最低工资不包括延长工作时间的工资报酬，以货币形式支付的住房和用人单位支付的伙食补贴，中班、夜班、高温、低温、井下、有毒、有害等特殊工作环境和劳动条件下的津贴，国家法律、法规、规章规定的社会保险福利待遇。

55. 劳动法第四十四条中的“劳动者正常工作时间工资”是指劳动合同规定的劳动者本人所在工作岗位（职位）相对应的工资。鉴于当前劳动合同制度尚处于推进过程中，按上述规定执行确有困难的用人单位，地方或行业劳动行政部门可在不违反劳动部《关于〈工资支付暂行规定〉有关问题的补充规定》（劳部发〔1995〕226 号）文件所规定的总的原则的基础上，制定过渡办法。

56. 在劳动合同中，双方当事人约定的劳动者在未完成劳动定额或承包任务的情况下，用人单位可低于最低工资标准支付劳动者工资的条款不具有法律效力。

59. 职工患病或非因工负伤治疗期间，在规定的医疗期内由企业按有关规定支付其病假工资或疾病救济费，病假工资或疾病救济费可以低于当地最低工资标准支付，但不能低于最低工资标准的 80%。

关于《劳动法》若干条文的说明

（1994年9月5日　劳办发〔1994〕289号）

第一条　为了保护劳动者的合法权益，调整劳动关系，建立和维护适应社会主义市场经济的劳动制度，促进经济发展和社会进步，根据宪法，制定本法。

本条中的“劳动制度”，此处作广义理解，不仅仅指用人制度，还包括就业、工资分配、社会保险、职业培训、劳动安全卫生等制度。

第二条　在中华人民共和国境内的企业、个体经济组织（以下统称用人单位）和与之形成劳动关系的劳动者，适用本法。国家机关、事业组织、社会团体和与之建立劳动合同关系的劳动者，依照本法执行。

本条第一款中的“企业”是指从事产品生产、流通或服务性活动等实行独立经济核算的经济单位，包括各种所有制类型的企业，如工厂、农场、公司等。

本条第二款所指劳动法对劳动者的适用范围，包括三个方面：

①国家机关、事业组织、社会团体的工勤人员；

②实行企业化管理的事业组织的非工勤人员；

③其他通过劳动合同（包括聘用合同）与国家机关、事业单位、社会团体建立劳动关系的劳动者。

本法的适用范围除了公务员和比照实行公务员制度的事业组织和社会团体的工作人员，以及农业劳动者、现役军人和家庭保姆等。

第三条　劳动者享有平等就业和选择职业的权利、取得劳动报酬的权利、休息休假的权利、获得劳动安全卫生保护的权利、接受职业技能培训的权利、享受社会保险和福利的权利、提请劳动争议处理的权利以及法律规定的其他劳动权利。

劳动者应当完成劳动任务，提高职业技能，执行劳动安全卫生规程，遵守劳动纪律和职业道德。

本条中的“劳动报酬”是指，劳动者从用人单位得到的全部工资收入。

本条中“法律规定的其他劳动权利”是指劳动者依法享有参加和组织工会的权利，参加职工民主管理权利，参加社会义务劳动的权利，参加劳动竞赛的权利，提出合理化建议的权利，从事科学研究、技术革新、发明创造的权利，依法解除劳动者合同的权利，对用人单位管理人员违章指挥、强令冒险作业有拒绝执行的权利，对危害生命安全和身体健康的行为有权提出批评、检举和控告的权利，对违反劳动法的行为进行监督的权利等。

第十五条　禁止用人单位招用未满十六周岁的未成年人。

文艺、体育和特种工艺单位招用未满十六周岁的未成年人，必须依照国家有关规定，履行审批手续，并保障其接受义务教育的权利。

本条第一款的具体规定在国务院第81号令《禁止使用童工规定》中。

本条中“依照国家有关规定”主要指《关于界定文艺工作者、运动员、艺徒概念的通知》、《关于禁止使用童工的罚款标准》等。

第十六条 劳动合同是劳动者与用人单位确立劳动关系、明确双方权利和义务的协议。

建立劳动关系应当订立劳动合同。

此条明确：建立劳动关系的所有劳动者，不论是管理人员、技术人员还是原来所称的固定工，都必须订立劳动合同。“应当”在这里是“必须”的含义。

第二十一条 劳动合同可以约定试用期。试用期最长不得超过六个月。

本条中规定的“试用期”适用于初次就业或再次就业时改变劳动岗位或工种劳动者。

第二十二条 劳动合同当事人可以在劳动合同中约定保守用人单位商业秘密的有关事项。

根据《反不正当竞争法》第十条规定，商业秘密指不为公众所知悉，能为用人单位带来经济利益，具有实用性并经用人单位采取保密措施的技术信息和经营信息。

第二十五条 劳动者有下列情形之一的，用人单位可以解除劳动合同：

（一）在试用期间被证明不符合录用条件的；

（二）严重违反劳动纪律或者用人单位规章制度的；

（三）严重失职，营私舞弊，对用人单位利益造成重大损害的；

（四）被依法追究刑事责任的。

本条中“严重违反劳动纪律”的行为，可根据《企业职工奖惩条例》和《国营企业辞退违纪职工暂行规定》等有关法规认定。

本条中的“重大损害”由企业内部规章来规定。因为企业类型各有不同，对重大损害的界定也千差万别，故不便于对重大损害作统一的解释。若由此发生劳动争议，可以通过劳动争议仲裁委员会对其规章规定的重大损害进行认定。

本条中“被依法追究刑事责任”，具体指：①被人民检察院免予起诉的；②被人民法院判处刑罚（刑罚包括：主刑：管制、拘役、有期徒刑、无期徒刑、死刑；附加刑：罚金、剥夺政治权利、没收财产）的；③被人民法院依据刑法第32条免予刑事处分的。

第二十六条 有下列情形之一的，用人单位可以解除劳动合同，但是应当提前三十日以书面形式通知劳动者本人：

（一）劳动者患病或者非因工负伤，医疗期满后，不能从事原工作也不能从事由用人单位另行安排的工作的；

（二）劳动者不能胜任工作，经过培训或者调整工作岗位，仍不能胜任工作的；

（三）劳动合同订立时所依据的客观情况发生重大变化，致使原劳动合同无法履行，经当事人协商不能就变更劳动合同达成协议的。

本条第（一）项指劳动者医疗期满后，不能从事原工作的，由原用人单位另行安排适当的工作之后，仍不能从事另行安排的工作的，可以解除劳动合同。

本条第（二）项中的“不能胜任工作”，是指不能按要求完成劳动合同中约定的任务或者同工种、同岗位人员的工作量。用人单位不得故意提高定额标准，使劳动者无法完成。

本条中的“客观情况”指：发生不可抗力或出现致使劳动合同全部或部分条款无法履行的其他情况，如企业迁移、被兼并、企业资产转移等，并且排除本法第二十七条所列的客观情况。。

第二十七条 用人单位濒临破产进行法定整顿期间或者生产经营状况发生严重困难，确需裁减人员的，应当提前三十日向工会或者全体职工说明情况，听取工会或者职工的意见，经向劳动行政部门报告后，可以裁减人员。

用人单位依据本条规定裁减人员，在六个月内录用人员的，应当优先录用被裁减的人员。

本条中的“法定整顿期间”指依据《中华人民共和国破产法》和《民事诉讼法》的破产程序进行的整顿期间。“生产经营状况发生严重困难”可以根据地方政府规定的困难企业标准来界定。“报告”仅指说明情况，无批准含义。“优先录用”指同等条件下优先录用。

第三十一条 劳动者解除劳动合同，应当提前三十日以书面形式通知用人单位。

本条规定了劳动者的辞职权，除此条规定的程序外，对劳动者行使辞职权不附加任何条件。但违反劳动合同约定者要依法承担责任。

第三十二条 有下列情形之一的，劳动者可以随时通知用人单位解除劳动合同：

（一）在试用期内的；

（二）用人单位以暴力、威胁或者非法限制人身自由的手段强迫劳动的；

（三）用人单位未按照劳动合同约定支付劳动报酬或者提供劳动条件的。

本条中的“非法限制人身自由”是指采用拘留、禁闭或其他强制方法非法剥夺或限制他人按照自己的意志支配自己的身体活动的自由的行为。

第三十五条 依法签订的集体合同对企业和企业全体职工具有约束力。职工个人与企业订立的劳动合同中劳动条件和劳动报酬等标准不得低于集体合同的规定。

集体合同中劳动条件和劳动报酬的规定不得违背国家法律、法规的规定；企业与职工签订的劳动合同在此方面不得低于集体合同的规定。即集体合同的法律效力高于劳动合同，劳动法律、法规的法律效力高于集体合同。

第三十六条 国家实行劳动者每日工作时间不超过八小时，平均每周工作时间不超过四十四小时的工时制度。

根据《国务院关于职工工作时间的规定》，目前，职工的标准工作时间为每日工作八小时，平均每周工作四十四小时。但企业可要根据实际情况，在标准工作时间范围内合理安排生产和劳动时间。但每日不能超过八小时，平均每周不能超过四十四小时。

第三十七条 对实行计件工作的劳动者，用人单位应当根据本法第三十六条规定的工时制度合理确定其劳动定额和计件报酬标准。

本条应理解为：

（一）对于实行计件工资的用人单位，在实行新的工时制度下，应既能保证劳动者享受缩短工时的待遇，又尽量保证劳动者的计件工资收入不减少。

（二）如果适当调整劳动定额，在保证劳动者计件工资收入不降低的前提下，计件单价可以不作调整；如果调整劳动定额有困难，就应该考虑适当调整劳动计件单价，以保证收入不减少。

第三十八条 用人单位应当保证劳动者每周至少休息一日。

本条应理解为：用人单位必须保证劳动者每周至少有一次 24 小时不间断的休息。

第三十九条 企业因生产特点不能实行本法第三十六条、第三十八条规定的，经劳动行政部门批准，可以实行其他工作和休息办法。

劳动部、人事部颁发的《国务院关于职工工作时间的规定的实施办法》中规定："由于工作性质和职责的限制，不宜实行定时工作制的职工，由国务院行业系统主管部门提出意见，报国务院劳动、人事行政主管部门批准，可以实行不定时工作制。"如：出租车驾驶员、森林巡视员等。

第四十一条 用人单位由于生产经营需要，经与工会和劳动者协商后可以延长工作时间，一般每日不得超过一小时；因特殊原因需要延长工作时间的，在保障劳动者身体健康的条件下延长工作时间每日不得超过三小时，但是每月不得超过三十六小时。

本条中的"延长工作时间"是指在企业执行的工作时间制度的基础上的加班加点。本条中的"生产经营需要"是指来料加工、商业企业在旺季完成收购、运输、加工农副产品紧急任务等情况。

第四十二条 有下列情形之一的，延长工作时间不受本法第四十一条规定的限制：

（一）发生自然灾害、事故或者因其他原因，威胁劳动者生命健康和财产安全，需要紧急处理的；

（二）生产设备、交通运输线路、公共设施发生故障，影响生产和公众利益，必须及时抢修的；

（三）法律、行政法规规定的其他情形。

本条第（三）项中的"法律、行政法规"，既包括现行的，也包括以后颁布实行的，当前主要指国务院《关于职工工作时间的规定的实施办法》规定的四种其他情形：

（一）在法定节日和公休假日内工作不能间断，必须连续生产、运输或者营业的；

（二）必须利用法定节日或公休假日的停产期间进行设备检修、保养的；

（三）为完成国防紧急任务的；

（四）为完成国家下达的其他紧急生产任务的。

第四十四条 有下列情形之一的，用人单位应当按照下列标准支付高于劳动者正常工作时间工资的工资报酬：

（一）安排劳动者延长工作时间的，支付不低于工资的百分之一百五十的工资报酬；

（二）休息日安排劳动者工作又不能安排补休的，支付不低于工资的百分之二百的工资报酬；

（三）法定休假日安排劳动者工作的，支付不低于工资的百分之三百的工资报酬。

本条的“工资”，实行计时工资的用人单位，指的是用人单位规定的其本人的基本工资，其计算方法是：用月基本工资除以月法定工作天数即得日工资，用日工资除以日工作时间即得小时工资；实行计件工资的用人单位，指的是劳动者在加班加点的工作时间内应得的计件工资。

第四十六条 工资分配应当遵循按劳分配原则，实行同工同酬。

工资水平在经济发展的基础上逐步提高。国家对工资总量实行宏观调控。

本条中的“工资水平”是指一定区域一定时期内平均工资的高低程度。

本条中的“工资总量”是指一定时期内国民生产总值用于工资分配的总数量。

本条中的“宏观调控”的具体办法，可执行《关于加强企业工资总额宏观调控的实施意见》（劳部发〔1993〕299号）。

第四十七条 用人单位根据本单位的生产经营特点和经济效益，依法自主确定本单位的工资分配方式和工资水平。

本条中的“经济效益”包含了劳动生产率和就业状况两个重要的因素。

本条中的“依法”，指依照法律和法规。目前主要指《全民所有制工业企业转换经营机制条例》等。

本条中的“工资分配方式”是指单位内部的工资制度，包括工资构成、工资标准、工资形式、工资增长机制等。“工资水平”是指本单位在一定时期内的职工平均工资。

第四十八条 国家实行最低工资保障制度。最低工资的具体标准由省、自治区、直辖市人民政府规定，报国务院备案。

用人单位支付劳动者的工资不得低于当地最低工资标准。

本条中的“最低工资”是指劳动者在法定工作时间内履行了正常劳动义务的前提下，由其所在单位支付的最低劳动报酬，最低工资包括基本工资和奖金、津贴、补贴，但不包括加班加点工资、特殊劳动条件下的津贴，国家规定的社会保险和福利待遇排除在外。最低工资的具体规定见《企业最低工资规定》（劳部发〔1993〕333号）。

第五十条 工资应当以货币形式按月支付给劳动者本人。不得克扣或者无故拖欠劳动者的工资。

本条中的“货币形式”排除发放实物、发放有价证券等形式。“按月支付”应理解为每月至少发放一次工资，实行月薪制的单位，工资必须每月发放，超过企业与职工约定或劳动合同规定的每月支付工资的时间发放工资即为不按月支付。实行小时工资制、日工资制、周工资制的单位工资也可以按日或按周发放，并且要足额发放。“克扣”是指用人单位对履行了劳动合同规定的义务和责任，保质保量完成生产工作任务的劳动者，不支付或未足额支付其工资。“无故拖欠”应理解为，用人单位无正当理由在规定时间内故意不支付劳动者工资。

第五十一条 劳动者在法定休假日和婚丧假期间以及依法参加社会活动期间，用人单位应当依法支付工资。

法定休假日，是指法律、法规规定的劳动者休假的时间，包括法定节日（即元旦、春节、国际劳动节、国庆节及其他节假日）以及法定带薪年休假。

婚丧假，是指劳动者本人结婚以及其直系亲属死亡时依法享受的假期。

依法参加社会活动是指：行使选举权；当选代表，出席政府、党派、工会、青年团、妇女联合会等组织召开的会议；担任人民法庭的人民陪审员、证明人、辩护人；出席劳动模范、先进工作者大会；《工会法》规定的不脱产工会基层委员会委员因工会活动占用的生产时间等。

第五十八条 国家对女职工和未成年工实行特殊劳动保护。

未成年工是指年满十六周岁未满十八周岁的劳动者。

第五十九条 禁止安排女职工从事矿山井下、国家规定的第四级体力劳动强度的劳动和其他禁忌从事的劳动。

本条中的“第四级体力劳动强度”和“禁忌从事的劳动”，可以按照《女职工禁忌劳动范围的规定》（劳安字〔1990〕2号）和国家标准《体力劳动强度分级》（GB3869－83）等规定执行。

第六十条 不得安排女职工在经期从事高处、低温、冷水作业和国家规定的第三级体力劳动强度的劳动。

本条中的“高处作业”是指二级高处作业，即凡在坠落高度基准面5米以上（含5米）有可能坠落的高处进行的作业。“低温作业”是指在劳动生产过程中，其工作地点平均气温等于或低于5℃的作业。“冷水作业”是指在劳动生产过程中，操作人员接触冷水温度等于或小于12℃的作业。

第六十一条 不得安排女职工在怀孕期间从事国家规定的第三级体力劳动强度的劳动和孕期禁忌从事的劳动。对怀孕七个月以上的女职工，不得安排其延长工作时间和夜班劳动。

第六十三条 不得安排女职工在哺乳未满一周岁的婴儿期间从事国家规定的第三级体力劳动强度的劳动和哺乳期禁忌从事的其他劳动，不得安排其延长工作时间和夜班劳动。

第六十四条 不得安排未成年工从事矿山井下、有毒有害、国家规定的第四级体力劳动强度的劳动和其他禁忌从事的劳动。

本条中的“其他禁忌从事的劳动”是指：

（一）森林业伐木、归楞及流放作业；

（二）凡在坠落高度基准面5米以上（含5米）有可能坠落的高处进行的作业。即二级高处作业；

（三）作业场所放射性物质超过《放射防护规定》中规定剂量的作业；

（四）其他对未成年工的发育成长有影响的作业。

第六十五条 用人单位应当对未成年工定期进行健康检查。

最高人民法院关于审理劳动争议案件适用法律若干问题的解释

（2001年3月22日最高人民法院审判委员会第1165次会议通过 法释〔2001〕14号）

第一条 劳动者与用人单位之间发生的下列纠纷，属于《劳动法》第二条规定的劳动争议，当事人不服劳动争议仲裁委员会作出的裁决，依法向人民法院起诉的，人民法院应当受理：

（一）劳动者与用人单位在履行劳动合同过程中发生的纠纷；

（二）劳动者与用人单位之间没有订立书面劳动合同，但已形成劳动关系后发生的纠纷；

（三）劳动者退休后，与尚未参加社会保险统筹的原用人单位因追索养老金、医疗费、工伤保险待遇和其他社会保险费而发生的纠纷。

第十条 用人单位与其它单位合并的，合并前发生的劳动争议，由合并后的单位为当事人；用人单位分立为若干单位的，其分立前发生的劳动争议，由分立后的实际用人单位为当事人。

用人单位分立为若干单位后，对承受劳动权利义务的单位不明确的，分立后的单位均为当事人。

第十一条 用人单位招用尚未解除劳动合同的劳动者，原用人单位与劳动者发生的劳动争议，可以列新的用人单位为第三人。

原用人单位以新的用人单位侵权为由向人民法院起诉的，可以列劳动者为第三人。

原用人单位以新的用人单位和劳动者共同侵权为由向人民法院起诉的，新的用人单位和劳动者列为共同被告。

第十二条 劳动者在用人单位与其他平等主体之间的承包经营期间，与发包方和承包方双方或者一方发生劳动争议，依法向人民法院起诉的，应当将承包方和发包方作为当事人。

第十三条 因用人单位作出的开除、除名、辞退、解除劳动合同、减少劳动报酬、计算劳动者工作年限等决定而发生的劳动争议，用人单位负举证责任。

第十四条 劳动合同被确认为无效后，用人单位对劳动者付出的劳动，一般可参照本单位同期、同工种、同岗位的工资标准支付劳动报酬。

根据《劳动法》第九十七条之规定，由于用人单位的原因订立的无效合同，给劳动者造成损害的，应当比照违反和解除劳动合同经济补偿金的支付标准，赔偿劳动者因合同无效所造成的经济损失。

第十五条 用人单位有下列情形之一，迫使劳动者提出解除劳动合同的，用人单位应当支付劳动者的劳动报酬和经济补偿，并可支付赔偿金：

（一）以暴力、威胁或者非法限制人身自由的手段强迫劳动的；

（二）未按照劳动合同约定支付劳动报酬或者提供劳动条件的；

（三）克扣或者无故拖欠劳动者工资的；

（四）拒不支付劳动者延长工作时间工资报酬的；

（五）低于当地最低工资标准支付劳动者工资的。

第十六条 劳动合同期满后，劳动者仍在原用人单位工作，原用人单位未表示异议的，视为双方同意以原条件继续履行劳动合同。一方提出终止劳动关系的，人民法院应当支持。

根据《劳动法》第二十条之规定，用人单位应当与劳动者签订无固定期限劳动合同而未签订的，人民法院可以视为双方之间存在无固定期限劳动合同关系，并以原劳动合同确定双方的权利义务关系。

第十九条 用人单位根据《劳动法》第四条之规定，通过民主程序制定的规章制度，不违反国家法律、行政法规及政策规定，并已向劳动者公示的，可以作为人民法院审理劳动争议案件的依据。

第二十条 用人单位对劳动者作出的开除、除名、辞退等处理，或者因其他原因解除劳动合同确有错误的，人民法院可以依法判决予以撤销。

对于追索劳动报酬、养老金、医疗费以及工伤保险待遇、经济补偿金、培训费及其他相关费用等案件，给付数额不当的，人民法院可以予以变更。

最高人民法院关于审理劳动争议案件适用法律若干问题的解释（二）

（2006年7月10日最高人民法院审判委员会第1393次会议通过 法释〔2006〕6号）

第七条 下列纠纷不属于劳动争议：

（一）劳动者请求社会保险经办机构发放社会保险金的纠纷；

（二）劳动者与用人单位因住房制度改革产生的公有住房转让纠纷；

（三）劳动者对劳动能力鉴定委员会的伤残等级鉴定结论或者对职业病诊断鉴定委员会的职业病诊断鉴定结论的异议纠纷；

（四）家庭或者个人与家政服务人员之间的纠纷；

（五）个体工匠与帮工、学徒之间的纠纷；

（六）农村承包经营户与受雇人之间的纠纷。

第九条 劳动者与起有字号的个体工商户产生的劳动争议诉讼，人民法院应当以营业执照上登记的字号为当事人，但应同时注明该字号业主的自然情况。

第十条 劳动者因履行劳动力派遣合同产生劳动争议而起诉，以派遣单位为被告；争议内容涉及接受单位的，以派遣单位和接受单位为共同被告。

第十七条 当事人在劳动争议调解委员会主持下达成的具有劳动权利义务内容的调解协议，具有劳动合同的约束力，可以作为人民法院裁判的根据。

当事人在劳动争议调解委员会主持下仅就劳动报酬争议达成调解协议，用人单位不履行调解协议确定的给付义务，劳动者直接向人民法院起诉的，人民法院可以按照普通民事纠纷受理。

最高人民法院关于审理劳动争议案件适用法律若干问题的解释（三）

（2010 年 7 月 12 日最高人民法院审判委员会
第 1489 次会议通过　法释〔2010〕12 号）

第一条 劳动者以用人单位未为其办理社会保险手续，且社会保险经办机构不能补办导致其无法享受社会保险待遇为由，要求用人单位赔偿损失而发生争议的，人民法院应予受理。

第三条 劳动者依据劳动合同法第八十五条规定，向人民法院提起诉讼，要求用人单位支付加付赔偿金的，人民法院应予受理。

第四条 劳动者与未办理营业执照、营业执照被吊销或者营业期限届满仍继续经营的用人单位发生争议的，应当将用人单位或者其出资人列为当事人。

第五条 未办理营业执照、营业执照被吊销或者营业期限届满仍继续经营的用人单位，以挂靠等方式借用他人营业执照经营的，应当将用人单位和营业执照出借方列为当事人。

第七条 用人单位与其招用的已经依法享受养老保险待遇或领取退休金的人员发生用工争议，向人民法院提起诉讼的，人民法院应当按劳务关系处理。

第八条 企业停薪留职人员、未达到法定退休年龄的内退人员、下岗待岗人员以及企业经营性停产放长假人员，因与新的用人单位发生用工争议，依法向人民法院提起诉讼的，人民法院应当按劳动关系处理。

第九条 劳动者主张加班费的，应当就加班事实的存在承担举证责任。但劳动者有证据证明用人单位掌握加班事实存在的证据，用人单位不提供的，由用人单位承担不利后果。

最高人民法院关于审理劳动争议案件适用法律若干问题的解释（四）

（2012年12月31日最高人民法院审判委员会第1566次会议通过 法释〔2013〕4号）

第五条 劳动者非因本人原因从原用人单位被安排到新用人单位工作，原用人单位未支付经济补偿，劳动者依照劳动合同法第三十八条规定与新用人单位解除劳动合同，或者新用人单位向劳动者提出解除、终止劳动合同，在计算支付经济补偿或赔偿金的工作年限时，劳动者请求把在原用人单位的工作年限合并计算为新用人单位工作年限的，人民法院应予支持。

用人单位符合下列情形之一的，应当认定属于“劳动者非因本人原因从原用人单位被安排到新用人单位工作”：

（一）劳动者仍在原工作场所、工作岗位工作，劳动合同主体由原用人单位变更为新用人单位；

（二）用人单位以组织委派或任命形式对劳动者进行工作调动；

（三）因用人单位合并、分立等原因导致劳动者工作调动；

（四）用人单位及其关联企业与劳动者轮流订立劳动合同；

（五）其他合理情形。

第六条 当事人在劳动合同或者保密协议中约定了竞业限制，但未约定解除或者终止劳动合同后给予劳动者经济补偿，劳动者履行了竞业限制义务，要求用人单位按照劳动者在劳动合同解除或者终止前十二个月平均工资的30%按月支付经济补偿的，人民法院应予支持。

前款规定的月平均工资的30%低于劳动合同履行地最低工资标准的，按照劳动合同履行地最低工资标准支付。

第七条 当事人在劳动合同或者保密协议中约定了竞业限制和经济补偿，当事人解除劳动合同时，除另有约定外，用人单位要求劳动者履行竞业限制义务，或者劳动者履行了竞业限制义务后要求用人单位支付经济补偿的，人民法院应予支持。

第八条 当事人在劳动合同或者保密协议中约定了竞业限制和经济补偿，劳动合同解除或者终止后，因用人单位的原因导致三个月未支付经济补偿，劳动者请求解除竞业限制约定的，人民法院应予支持。

第九条 在竞业限制期限内，用人单位请求解除竞业限制协议时，人民法院应予支持。

在解除竞业限制协议时，劳动者请求用人单位额外支付劳动者三个月的竞业限制经济补偿的，人民法院应予支持。

第十条 劳动者违反竞业限制约定，向用人单位支付违约金后，用人单位要求劳动者按照约定继续履行竞业限制义务的，人民法院应予支持。

第十一条 变更劳动合同未采用书面形式，但已经实际履行了口头变更的劳动合同超过一个月，且变更后的劳动合同内容不违反法律、行政法规、国家政策以及公序良俗，当事人以未采用书面形式为由主张劳动合同变更无效的，人民法院不予支持。

第十二条 建立了工会组织的用人单位解除劳动合同符合劳动合同法第三十九条、第四十条规定，但未按照劳动合同法第四十三条规定事先通知工会，劳动者以用人单位违法解除劳动合同为由请求用人单位支付赔偿金的，人民法院应予支持，但起诉前用人单位已经补正有关程序的除外。

第十三条 劳动合同法施行后，因用人单位经营期限届满不再继续经营导致劳动合同不能继续履行，劳动者请求用人单位支付经济补偿的，人民法院应予支持。

中华人民共和国劳动合同法

（2007年6月29日第十届全国人民代表大会常务委员会
第二十八次会议通过　自2008年1月1日起施行）

第二条 中华人民共和国境内的企业、个体经济组织、民办非企业单位等组织（以下称用人单位）与劳动者建立劳动关系，订立、履行、变更、解除或者终止劳动合同，适用本法。

国家机关、事业单位、社会团体和与其建立劳动关系的劳动者，订立、履行、变更、解除或者终止劳动合同，依照本法执行。

第三条 订立劳动合同，应当遵循合法、公平、平等自愿、协商一致、诚实信用的原则。

依法订立的劳动合同具有约束力，用人单位与劳动者应当履行劳动合同约定的义务。

第十条 建立劳动关系，应当订立书面劳动合同。

已建立劳动关系，未同时订立书面劳动合同的，应当自用工之日起一个月内订立书面劳动合同。

用人单位与劳动者在用工前订立劳动合同的，劳动关系自用工之日起建立。

第十一条 用人单位未在用工的同时订立书面劳动合同，与劳动者约定的劳动报酬不明确的，新招用的劳动者的劳动报酬按照集体合同规定的标准执行；没有集体合同或者集体合同未规定的，实行同工同酬。

第十二条 劳动合同分为固定期限劳动合同、无固定期限劳动合同和以完成一定工作任务为期限的劳动合同。

第十三条 固定期限劳动合同，是指用人单位与劳动者约定合同终止时间的劳动合同。

用人单位与劳动者协商一致，可以订立固定期限劳动合同。

第十四条 无固定期限劳动合同，是指用人单位与劳动者约定无确定终止时间的劳动合同。

用人单位与劳动者协商一致，可以订立无固定期限劳动合同。有下列情形之一，劳动者提出或者同意续订、订立劳动合同的，除劳动者提出订立固定期限劳动合同外，应当订立无固定期限劳动合同：

（一）劳动者在该用人单位连续工作满十年的；

（二）用人单位初次实行劳动合同制度或者国有企业改制重新订立劳动合同时，劳动者在该用人单位连续工作满十年且距法定退休年龄不足十年的；

（三）连续订立二次固定期限劳动合同，且劳动者没有本法第三十九条和第四十条第一项、第二项规定的情形，续订劳动合同的。

用人单位自用工之日起满一年不与劳动者订立书面劳动合同的，视为用人单位与劳动者已订立无固定期限劳动合同。

第十五条 以完成一定工作任务为期限的劳动合同，是指用人单位与劳动者约定以某项工作的完成为合同期限的劳动合同。

用人单位与劳动者协商一致，可以订立以完成一定工作任务为期限的劳动合同。

第十七条 劳动合同应当具备以下条款：

（一）用人单位的名称、住所和法定代表人或者主要负责人；

（二）劳动者的姓名、住址和居民身份证或者其他有效身份证件号码；

（三）劳动合同期限；

（四）工作内容和工作地点；

（五）工作时间和休息休假；

（六）劳动报酬；

（七）社会保险；

（八）劳动保护、劳动条件和职业危害防护；

（九）法律、法规规定应当纳入劳动合同的其他事项。

劳动合同除前款规定的必备条款外，用人单位与劳动者可以约定试用期、培训、保守秘密、补充保险和福利待遇等其他事项。

第十八条 劳动合同对劳动报酬和劳动条件等标准约定不明确，引发争议的，用人单位与劳动者可以重新协商；协商不成的，适用集体合同规定；没有集体合同或者集体合同未规定劳动报酬的，实行同工同酬；没有集体合同或者集体合同未规定劳动条件等标准的，适用国家有关规定。

第二十二条 用人单位为劳动者提供专项培训费用，对其进行专业技术培训的，可以与该劳动者订立协议，约定服务期。

劳动者违反服务期约定的，应当按照约定向用人单位支付违约金。违约金的数额不得超过用人单位提供的培训费用。用人单位要求劳动者支付的违约金不得超过服务期尚未履行部分所应分摊的培训费用。

用人单位与劳动者约定服务期的，不影响按照正常的工资调整机制提高劳动者在服务期期间的劳动报酬。

第二十三条 用人单位与劳动者可以在劳动合同中约定保守用人单位的商业秘密和与知识产权相关的保密事项。

对负有保密义务的劳动者，用人单位可以在劳动合同或者保密协议中与劳动者约定竞业限制条款，并约定在解除或者终止劳动合同后，在竞业限制期限内按月给予劳动者经济补偿。劳动者违反竞业限制约定的，应当按照约定向用人单位支付违约金。

第二十四条 竞业限制的人员限于用人单位的高级管理人员、高级技术人员和其他负有保密义务的人员。竞业限制的范围、地域、期限由用人单位与劳动者约定，竞业限制的约定不得违反法律、法规的规定。

在解除或者终止劳动合同后，前款规定的人员到与本单位生产或者经营同类产品、从事同类业务的有竞争关系的其他用人单位，或者自己开业生产或者经营同类产品、从事同类业务的竞业限制期限，不得超过二年。

第二十五条 除本法第二十二条和第二十三条规定的情形外，用人单位不得与劳动者约定由劳动者承担违约金。

第二十六条 下列劳动合同无效或者部分无效：

（一）以欺诈、胁迫的手段或者乘人之危，使对方在违背真实意思的情况下订立或者变更劳动合同的；

（二）用人单位免除自己的法定责任、排除劳动者权利的；

（三）违反法律、行政法规强制性规定的。

对劳动合同的无效或者部分无效有争议的，由劳动争议仲裁机构或者人民法院确认。

第二十七条 劳动合同部分无效，不影响其他部分效力的，其他部分仍然有效。

第二十八条 劳动合同被确认无效，劳动者已付出劳动的，用人单位应当向劳动者支付劳动报酬。劳动报酬的数额，参照本单位相同或者相近岗位劳动者的劳动报酬确定。

第三十三条 用人单位变更名称、法定代表人、主要负责人或者投资人等事项，不影响劳动合同的履行。

第三十四条 用人单位发生合并或者分立等情况，原劳动合同继续有效，劳动合同由承继其权利和义务的用人单位继续履行。

第三十五条 用人单位与劳动者协商一致，可以变更劳动合同约定的内容。变更劳动合同，应当采用书面形式。

变更后的劳动合同文本由用人单位和劳动者各执一份。

第三十六条 用人单位与劳动者协商一致，可以解除劳动合同。

第三十七条 劳动者提前三十日以书面形式通知用人单位，可以解除劳动合同。劳动者在试用期内提前三日通知用人单位，可以解除劳动合同。

第三十八条 用人单位有下列情形之一的，劳动者可以解除劳动合同：

（一）未按照劳动合同约定提供劳动保护或者劳动条件的；

（二）未及时足额支付劳动报酬的；

（三）未依法为劳动者缴纳社会保险费的；

（四）用人单位的规章制度违反法律、法规的规定，损害劳动者权益的；

（五）因本法第二十六条第一款规定的情形致使劳动合同无效的；

（六）法律、行政法规规定劳动者可以解除劳动合同的其他情形。

用人单位以暴力、威胁或者非法限制人身自由的手段强迫劳动者劳动的，或者用人单位违章指挥、强令冒险作业危及劳动者人身安全的，劳动者可以立即解除劳动合同，不需事先告知用人单位。

第三十九条 劳动者有下列情形之一的，用人单位可以解除劳动合同：

（一）在试用期间被证明不符合录用条件的；

（二）严重违反用人单位的规章制度的；

（三）严重失职，营私舞弊，给用人单位造成重大损害的；

（四）劳动者同时与其他用人单位建立劳动关系，对完成本单位的工作任务造成严重影响，或者经用人单位提出，拒不改正的；

（五）因本法第二十六条第一款第一项规定的情形致使劳动合同无效的；

（六）被依法追究刑事责任的。

第四十条 有下列情形之一的，用人单位提前三十日以书面形式通知劳动者本人或者额外支付劳动者一个月工资后，可以解除劳动合同：

（一）劳动者患病或者非因工负伤，在规定的医疗期满后不能从事原工作，也不能从事由用人单位另行安排的工作的；

（二）劳动者不能胜任工作，经过培训或者调整工作岗位，仍不能胜任工作的；

（三）劳动合同订立时所依据的客观情况发生重大变化，致使劳动合同无法履行，经用人单位与劳动者协商，未能就变更劳动合同内容达成协议的。

第四十一条 有下列情形之一，需要裁减人员二十人以上或者裁减不足二十人但占企业职工总数百分之十以上的，用人单位提前三十日向工会或者全体职工说明情况，听取工会或者职工的意见后，裁减人员方案经向劳动行政部门报告，可以裁减人员：

（一）依照企业破产法规定进行重整的；

（二）生产经营发生严重困难的；

（三）企业转产、重大技术革新或者经营方式调整，经变更劳动合同后，仍需裁减人员的；

（四）其他因劳动合同订立时所依据的客观经济情况发生重大变化，致使劳动合同无法履行的。

裁减人员时，应当优先留用下列人员：

（一）与本单位订立较长期限的固定期限劳动合同的；

（二）与本单位订立无固定期限劳动合同的；

（三）家庭无其他就业人员，有需要扶养的老人或者未成年人的。

用人单位依照本条第一款规定裁减人员，在六个月内重新招用人员的，应当通知被裁减的人员，并在同等条件下优先招用被裁减的人员。

第四十二条 劳动者有下列情形之一的，用人单位不得依照本法第四十条、第四十一条的规定解除劳动合同：

（一）从事接触职业病危害作业的劳动者未进行离岗前职业健康检查，或者疑似职业病病人在诊断或者医学观察期间的；

（二）在本单位患职业病或者因工负伤并被确认丧失或者部分丧失劳动能力的；

（三）患病或者非因工负伤，在规定的医疗期内的；

（四）女职工在孕期、产期、哺乳期的；

（五）在本单位连续工作满十五年，且距法定退休年龄不足五年的；

（六）法律、行政法规规定的其他情形。

第四十三条 用人单位单方解除劳动合同，应当事先将理由通知工会。用人单位违反法律、行政法规规定或者劳动合同约定的，工会有权要求用人单位纠正。用人单位应当研究工会的意见，并将处理结果书面通知工会。

第四十四条 有下列情形之一的，劳动合同终止：

（一）劳动合同期满的；

（二）劳动者开始依法享受基本养老保险待遇的；

（三）劳动者死亡，或者被人民法院宣告死亡或者宣告失踪的；

（四）用人单位被依法宣告破产的；

（五）用人单位被吊销营业执照、责令关闭、撤销或者用人单位决定提前解散的；

（六）法律、行政法规规定的其他情形。

第四十五条 劳动合同期满，有本法第四十二条规定情形之一的，劳动合同应当续延至相应的情形消失时终止。但是，本法第四十二条第二项规定丧失或者部分丧失劳动能力劳动者的劳动合同的终止，按照国家有关工伤保险的规定执行。

第四十六条 有下列情形之一的，用人单位应当向劳动者支付经济补偿：

（一）劳动者依照本法第三十八条规定解除劳动合同的；

（二）用人单位依照本法第三十六条规定向劳动者提出解除劳动合同并与劳动者协商一致解除劳动合同的；

（三）用人单位依照本法第四十条规定解除劳动合同的；

（四）用人单位依照本法第四十一条第一款规定解除劳动合同的；

（五）除用人单位维持或者提高劳动合同约定条件续订劳动合同，劳动者不同意续订的情形外，依照本法第四十四条第一项规定终止固定期限劳动合同的；

（六）依照本法第四十四条第四项、第五项规定终止劳动合同的；

（七）法律、行政法规规定的其他情形。

第四十七条 经济补偿按劳动者在本单位工作的年限，每满一年支付一个月工资的标准向劳动者支付。六个月以上不满一年的，按一年计算；不满六个月的，向劳动者支付半个月工资的经济补偿。

劳动者月工资高于用人单位所在直辖市、设区的市级人民政府公布的本地区上年度职工月平均工资三倍的，向其支付经济补偿的标准按职工月平均工资三倍的数额支付，向其支付经济补偿的年限最高不超过十二年。

本条所称月工资是指劳动者在劳动合同解除或者终止前十二个月的平均工资。

第四十八条 用人单位违反本法规定解除或者终止劳动合同，劳动者要求继续履行劳动合同的，用人单位应当继续履行；劳动者不要求继续履行劳动合同或者劳动合同已经不能继续履行的，用人单位应当依照本法第八十七条规定支付赔偿金。

第五十七条 劳务派遣单位应当依照公司法的有关规定设立，注册资本不得少于五十万元。

第五十八条 劳务派遣单位是本法所称用人单位，应当履行用人单位对劳动者的义务。劳务派遣单位与被派遣劳动者订立的劳动合同，除应当载明本法第十七条规定的事项外，还应当载明被派遣劳动者的用工单位以及派遣期限、工作岗位等情况。

劳务派遣单位应当与被派遣劳动者订立二年以上的固定期限劳动合同，按月支付劳动报酬；被派遣劳动者在无工作期间，劳务派遣单位应当按照所在地人民政府规定的最低工资标准，向其按月支付报酬。

第五十九条 劳务派遣单位派遣劳动者应当与接受以劳务派遣形式用工的单位（以下称用工单位）订立劳务派遣协议。劳务派遣协议应当约定派遣岗位和人员数量、派遣期限、劳动报酬和社会保险费的数额与支付方式以及违反协议的责任。

用工单位应当根据工作岗位的实际需要与劳务派遣单位确定派遣期限，不得将连续用工期限分割订立数个短期劳务派遣协议。

第六十条 劳务派遣单位应当将劳务派遣协议的内容告知被派遣劳动者。

劳务派遣单位不得克扣用工单位按照劳务派遣协议支付给被派遣劳动者的劳动报酬。

劳务派遣单位和用工单位不得向被派遣劳动者收取费用。

第六十一条 劳务派遣单位跨地区派遣劳动者的，被派遣劳动者享有的劳动报酬和劳动条件，按照用工单位所在地的标准执行。

第六十二条 用工单位应当履行下列义务：

（一）执行国家劳动标准，提供相应的劳动条件和劳动保护；

（二）告知被派遣劳动者的工作要求和劳动报酬；

（三）支付加班费、绩效奖金，提供与工作岗位相关的福利待遇；

（四）对在岗被派遣劳动者进行工作岗位所必需的培训；

（五）连续用工的，实行正常的工资调整机制。

用工单位不得将被派遣劳动者再派遣到其他用人单位。

第六十三条 被派遣劳动者享有与用工单位的劳动者同工同酬的权利。用工单位无同类岗位劳动者的，参照用工单位所在地相同或者相近岗位劳动者的劳动报酬确定。

第六十四条 被派遣劳动者有权在劳务派遣单位或者用工单位依法参加或者组织工会，维护自身的合法权益。

第六十五条 被派遣劳动者可以依照本法第三十六条、第三十八条的规定与劳务派遣单位解除劳动合同。

被派遣劳动者有本法第三十九条和第四十条第一项、第二项规定情形的，用工单位可以将劳动者退回劳务派遣单位，劳务派遣单位依照本法有关规定，可以与劳动者解除劳动合同。

第六十六条 劳务派遣一般在临时性、辅助性或者替代性的工作岗位上实施。

第六十七条 用人单位不得设立劳务派遣单位向本单位或者所属单位派遣劳动者。

第六十八条 非全日制用工，是指以小时计酬为主，劳动者在同一用人单位一般平均每日工作时间不超过四小时，每周工作时间累计不超过二十四小时的用工形式。

第六十九条 非全日制用工双方当事人可以订立口头协议。

从事非全日制用工的劳动者可以与一个或者一个以上用人单位订立劳动合同；但是，后订立的劳动合同不得影响先订立的劳动合同的履行。

第七十条 非全日制用工双方当事人不得约定试用期。

第七十一条 非全日制用工双方当事人任何一方都可以随时通知对方终止用工。终止用工，用人单位不向劳动者支付经济补偿。

第七十二条 非全日制用工小时计酬标准不得低于用人单位所在地人民政府规定的最低小时工资标准。

非全日制用工劳动报酬结算支付周期最长不得超过十五日。

第八十二条 用人单位自用工之日起超过一个月不满一年未与劳动者订立书面劳动合同的，应当向劳动者每月支付二倍的工资。

用人单位违反本法规定不与劳动者订立无固定期限劳动合同的，自应当订立无固定期限劳动合同之日起向劳动者每月支付二倍的工资。

第八十三条 用人单位违反本法规定与劳动者约定试用期的，由劳动行政部门责令改正；违法约定的试用期已经履行的，由用人单位以劳动者试用期满月工资为标准，按已经履行的超过法定试用期的期间向劳动者支付赔偿金。

第八十四条 用人单位违反本法规定，扣押劳动者居民身份证等证件的，由劳动行政部门责令限期退还劳动者本人，并依照有关法律规定给予处罚。

用人单位违反本法规定，以担保或者其他名义向劳动者收取财物的，由劳动行政部门责令限期退还劳动者本人，并以每人五百元以上二千元以下的标准处以罚款；给劳动者造成损害的，应当承担赔偿责任。

劳动者依法解除或者终止劳动合同，用人单位扣押劳动者档案或者其他物品的，依照前款规定处罚。

第八十五条 用人单位有下列情形之一的，由劳动行政部门责令限期支付劳动报酬、加班费或者经济补偿；劳动报酬低于当地最低工资标准的，应当支付其差额部分；逾期不支付的，责令用人单位按应付金额百分之五十以上百分之一百以下的标准向劳动者加付赔偿金：

（一）未按照劳动合同的约定或者国家规定及时足额支付劳动者劳动报酬的；

（二）低于当地最低工资标准支付劳动者工资的；

（三）安排加班不支付加班费的；

（四）解除或者终止劳动合同，未依照本法规定向劳动者支付经济补偿的。

第八十六条 劳动合同依照本法第二十六条规定被确认无效，给对方造成损害的，有过错的一方应当承担赔偿责任。

第九十二条 劳务派遣单位违反本法规定的，由劳动行政部门和其他有关主管部门责令改正；情节严重的，以每人一千元以上五千元以下的标准处以罚款，并由工商行政管理部门吊销营业执照；给被派遣劳动者造成损害的，劳务派遣单位与用工单位承担连带赔偿责任。

第九十三条 对不具备合法经营资格的用人单位的违法犯罪行为，依法追究法律责任；劳动者已经付出劳动的，该单位或者其出资人应当依照本法有关规定向劳动者支付劳动报酬、经济补偿、赔偿金；给劳动者造成损害的，应当承担赔偿责任。

第九十四条 个人承包经营违反本法规定招用劳动者，给劳动者造成损害的，发包的组织与个人承包经营者承担连带赔偿责任。

第九十七条 本法施行前已依法订立且在本法施行之日存续的劳动合同，继续履行；本法第十四条第二款第三项规定连续订立固定期限劳动合同的次数，自本法施行后续订固定期限劳动合同时开始计算。

本法施行前已建立劳动关系，尚未订立书面劳动合同的，应当自本法施行之日起一个月内订立。

本法施行之日存续的劳动合同在本法施行后解除或者终止，依照本法第四十六条规定应当支付经济补偿的，经济补偿年限自本法施行之日起计算；本法施行前按照当时有关规定，用人单位应当向劳动者支付经济补偿的，按照当时有关规定执行。

全国人民代表大会常务委员会关于修改《中华人民共和国劳动合同法》的决定

（2012年12月28日第十一届全国人民代表大会常务委员会第三十次会议通过）

第十一届全国人民代表大会常务委员会第三十次会议决定对《中华人民共和国劳动合同法》作如下修改：

一、将第五十七条修改为：“经营劳务派遣业务应当具备下列条件：

“（一）注册资本不得少于人民币二百万元；

“（二）有与开展业务相适应的固定的经营场所和设施；

“（三）有符合法律、行政法规规定的劳务派遣管理制度；

“（四）法律、行政法规规定的其他条件。

“经营劳务派遣业务，应当向劳动行政部门依法申请行政许可；经许可的，依法办理相应的公司登记。未经许可，任何单位和个人不得经营劳务派遣业务。”

二、将第六十三条修改为：“被派遣劳动者享有与用工单位的劳动者同工同酬的权利。用工单位应当按照同工同酬原则，对被派遣劳动者与本单位同类岗位的劳动者实行相同的劳动报酬分配办法。用工单位无同类岗位劳动者的，参照用工单位所在地相同或者相近岗位劳动者的劳动报酬确定。

“劳务派遣单位与被派遣劳动者订立的劳动合同和与用工单位订立的劳务派遣协议，载明或者约定的向被派遣劳动者支付的劳动报酬应当符合前款规定。”

三、将第六十六条修改为：“劳动合同用工是我国的企业基本用工形式。劳务派遣用工是补充形式，只能在临时性、辅助性或者替代性的工作岗位上实施。

“前款规定的临时性工作岗位是指存续时间不超过六个月的岗位；辅助性工作岗位是指为主营业务岗位提供服务的非主营业务岗位；替代性工作岗位是指用工单位的劳动者因脱产学习、休假等原因无法工作的一定期间内，可以由其他劳动者替代工作的岗位。

“用工单位应当严格控制劳务派遣用工数量，不得超过其用工总量的一定比例，具体比例由国务院劳动行政部门规定。”

四、将第九十二条修改为：“违反本法规定，未经许可，擅自经营劳务派遣业务的，由劳动行政部门责令停止违法行为，没收违法所得，并处违法所得一倍以上五倍以下的罚款；没有违法所得的，可以处五万元以下的罚款。

“劳务派遣单位、用工单位违反本法有关劳务派遣规定的，由劳动行政部门责令限期改正；逾期不改正的，以每人五千元以上一万元以下的标准处以罚款，对劳务派遣单位，吊销其劳务派遣业务经营许可证。用工单位给被派遣劳动者造成损害的，劳务派遣单位与用工单位承担连带赔偿责任。”

本决定自2013年7月1日起施行。

本决定公布前已依法订立的劳动合同和劳务派遣协议继续履行至期限届满，但是劳动合同和劳务派遣协议的内容不符合本决定关于按照同工同酬原则实行相同的劳动报酬分配办法的规定的，应当依照本决定进行调整；本决定施行前经营劳务派遣业务的单位，应当在本决定施行之日起一年内依法取得行政许可并办理公司变更登记，方可经营新的劳务派遣业务。具体办法由国务院劳动行政部门会同国务院有关部门规定。

《中华人民共和国劳动合同法》根据本决定作相应修改，重新公布。

中华人民共和国劳动合同法实施条例

（2008年9月18日　国务院令第535号）

第四条　劳动合同法规定的用人单位设立的分支机构，依法取得营业执照或者登记证书的，可以作为用人单位与劳动者订立劳动合同；未依法取得营业执照或者登记证书的，受用人单位委托可以与劳动者订立劳动合同。

第五条　自用工之日起一个月内，经用人单位书面通知后，劳动者不与用人单位订立书面劳动合同的，用人单位应当书面通知劳动者终止劳动关系，无需向劳动者支付经济补偿，但是应当依法向劳动者支付其实际工作时间的劳动报酬。

第六条　用人单位自用工之日起超过一个月不满一年未与劳动者订立书面劳动合同的，应当依照劳动合同法第八十二条的规定向劳动者每月支付两倍的工资，并与劳动者补订书面劳动合同；劳动者不与用人单位订立书面劳动合同的，用人单位应当书面通知劳动者终止劳动关系，并依照劳动合同法第四十七条的规定支付经济补偿。

前款规定的用人单位向劳动者每月支付两倍工资的起算时间为用工之日起满一个月的次日，截止时间为补订书面劳动合同的前一日。

第七条　用人单位自用工之日起满一年未与劳动者订立书面劳动合同的，自用工之日起满一个月的次日至满一年的前一日应当依照劳动合同法第八十二条的规定向劳动者每月支付两倍的工资，并视为自用工之日起满一年的当日已经与劳动者订立无固定期限劳动合同，应当立即与劳动者补订书面劳动合同。

第九条　劳动合同法第十四条第二款规定的连续工作满10年的起始时间，应当自用人单位用工之日起计算，包括劳动合同法施行前的工作年限。

第十条　劳动者非因本人原因从原用人单位被安排到新用人单位工作的，劳动者在原用人单位的工作年限合并计算为新用人单位的工作年限。原用人单位已经向劳动者支付经济补偿的，新用人单位在依法解除、终止劳动合同计算支付经济补偿的工作年限时，不再计算劳动者在原用人单位的工作年限。

第二十条　用人单位依照劳动合同法第四十条的规定，选择额外支付劳动者一个月工资解除劳动合同的，其额外支付的工资应当按照该劳动者上一个月的工资标准确定。

第二十一条 劳动者达到法定退休年龄的，劳动合同终止。

第二十二条 以完成一定工作任务为期限的劳动合同因任务完成而终止的，用人单位应当依照劳动合同法第四十七条的规定向劳动者支付经济补偿。

第二十三条 用人单位依法终止工伤职工的劳动合同的，除依照劳动合同法第四十七条的规定支付经济补偿外，还应当依照国家有关工伤保险的规定支付一次性工伤医疗补助金和伤残就业补助金。

第二十五条 用人单位违反劳动合同法的规定解除或者终止劳动合同，依照劳动合同法第八十七条的规定支付了赔偿金的，不再支付经济补偿。赔偿金的计算年限自用工之日起计算。

第二十六条 用人单位与劳动者约定了服务期，劳动者依照劳动合同法第三十八条的规定解除劳动合同的，不属于违反服务期的约定，用人单位不得要求劳动者支付违约金。

有下列情形之一，用人单位与劳动者解除约定服务期的劳动合同的，劳动者应当按照劳动合同的约定向用人单位支付违约金：

（一）劳动者严重违反用人单位的规章制度的；

（二）劳动者严重失职，营私舞弊，给用人单位造成重大损害的；

（三）劳动者同时与其他用人单位建立劳动关系，对完成本单位的工作任务造成严重影响，或者经用人单位提出，拒不改正的；

（四）劳动者以欺诈、胁迫的手段或者乘人之危，使用人单位在违背真实意思的情况下订立或者变更劳动合同的；

（五）劳动者被依法追究刑事责任的。

第二十七条 劳动合同法第四十七条规定的经济补偿的月工资按照劳动者应得工资计算，包括计时工资或者计件工资以及奖金、津贴和补贴等货币性收入。劳动者在劳动合同解除或者终止前12个月的平均工资低于当地最低工资标准的，按照当地最低工资标准计算。劳动者工作不满12个月的，按照实际工作的月数计算平均工资。

第二十八条 用人单位或者其所属单位出资或者合伙设立的劳务派遣单位，向本单位或者所属单位派遣劳动者的，属于劳动合同法第六十七条规定的不得设立的劳务派遣单位。

第二十九条 用工单位应当履行劳动合同法第六十二条规定的义务，维护被派遣劳动者的合法权益。

第三十条 劳务派遣单位不得以非全日制用工形式招用被派遣劳动者。

第三十一条 劳务派遣单位或者被派遣劳动者依法解除、终止劳动合同的经济补偿，依照劳动合同法第四十六条、第四十七条的规定执行。

第三十二条 劳务派遣单位违法解除或者终止被派遣劳动者的劳动合同的，依照劳动合同法第四十八条的规定执行。

第三十五条 用工单位违反劳动合同法和本条例有关劳务派遣规定的，由劳动行政部门和其他有关主管部门责令改正；情节严重的，以每位被派遣劳动者1000元以上5000元以下的标准处以罚款；给被派遣劳动者造成损害的，劳务派遣单位和用工单位承担连带赔偿责任。

劳动和社会保障部
《关于确立劳动关系有关事项的通知》

（2005年5月25日　劳社部发〔2005〕12号）

各省、自治区、直辖市劳动和社会保障厅（局）：

近一个时期，一些地方反映部分用人单位招用劳动者不签订劳动合同，发生劳动争议时因双方劳动关系难以确定，致使劳动者合法权益难以维护，对劳动关系的和谐稳定带来不利影响。为规范用人单位用工行为，保护劳动者合法权益，促进社会稳定，现就用人单位与劳动者确立劳动关系的有关事项通知如下：

一、用人单位招用劳动者未订立书面劳动合同，但同时具备下列情形的，劳动关系成立。

（一）用人单位和劳动者符合法律、法规规定的主体资格；

（二）用人单位依法制定的各项劳动规章制度适用于劳动者，劳动者受用人单位的劳动管理，从事用人单位安排的有报酬的劳动；

（三）劳动者提供的劳动是用人单位业务的组成部分。

二、用人单位未与劳动者签订劳动合同，认定双方存在劳动关系时可参照下列凭证：

（一）工资支付凭证或记录（职工工资发放花名册）、缴纳各项社会保险费的记录；

（二）用人单位向劳动者发放的“工作证”、“服务证”等能够证明身份的证件；

（三）劳动者填写的用人单位招工招聘“登记表”“报名表”等招用记录；

（四）考勤记录；

（五）其他劳动者的证言等。

其中，（一）、（三）、（四）项的有关凭证由用人单位负举证责任。

三、用人单位招用劳动者符合第一条规定的情形的，用人单位应当与劳动者补签劳动合同，劳动合同期限由双方协商确定。协商不一致的，任何一方均可提出终止劳动关系，但对符合签订无固定期限劳动合同条件的劳动者，如果劳动者提出订立无固定期限劳动合同，用人单位应当订立。

用人单位提出终止劳动关系的，应当按照劳动者在本单位工作年限每满一年支付一个月工资的经济补偿金。

四、建筑施工、矿山企业等用人单位工程（业务）或经营权发包给不具备用工主体资格的组织或自然人，对该组织或自然人招用的劳动者，由具备用工主体资格的发包方承担用工主体责任。

五、劳动者与用人单位就是否存在劳动关系引发争议的，可以向有管辖权的劳动争议仲裁委员会申请仲裁。

劳动和社会保障部
《关于非全日制用工若干问题的意见》

（2003年5月30日　劳社部发〔2003〕12号）

各省、自治区、直辖市劳动和社会保障厅（局）：

近年来，以小时工为主要形式的非全日制用工发展较快。这一用工形式突破了传统的全日制用工模式，适应了用人单位灵活用工和劳动者自主择业的需要，已成为促进就业的重要途径。为规范用工单位非全日制用工行为，保障劳动者的合法权益，促进非全日制就业健康发展，根据《中共中央国务院关于进一步做好下岗失业人员再就业工作的通知》（中发〔2002〕12号）精神，对非全日制用工劳动关系等问题，提出以下意见：

一、关于非全日制用工的劳动关系

（一）非全日制用工是指以小时计酬、劳动者在同一用人单位平均每日工作时间不超过5小时累计每周工作时间不超过30小时的用工形式。

从事非全日制工作的劳动者，可以与一个或一个以上用人单位建立劳动关系。用人单位与非全日制劳动者建立劳动关系，应当订立劳动合同。劳动合同一般以书面形式订立。劳动合同期限在一个月以下的，经双方协商同意，可以订立口头劳动合同。但劳动者提出订立书面劳动合同的，应当以书面形式订立。

（二）劳动者通过依法成立的劳务派遣组织为其他单位、家庭或个人提供非全日制劳动的，由劳务派遣组织与非全日制劳动者签订劳动合同。

（三）非全日制劳动合同的内容由双方协商确定，应当包括工作时间和期限、工作内容、劳动报酬、劳动保护和劳动条件五项必备条款，但不得约定试用期。

（四）非全日制劳动合同的终止条件，按照双方的约定办理。劳动合同中，当事人未约定终止劳动合同提前通知期的，任何一方均可以随时通知对方终止劳动合同；双方约定了违约责任的，按照约定承担赔偿责任。

（五）用人单位招用劳动者从事非全日制工作，应当在录用后到当地劳动保障行政部门办理录用备案手续。

（六）从事非全日制工作的劳动者档案可由本人户口所在地劳动保障部门的公共职业介绍机构代管。

二、关于非全日制用工的工资支付

（七）用人单位应当按时足额支付非全日制劳动者的工资。用人单位支付非全日制劳动者的小时工资不得低于当地政府颁布的小时最低工资标准。

（八）非全日制用工的小时最低工资标准由省、自治区、直辖市规定，并报劳动保障部备案。确定和调整小时最低工资标准应当综合参考以下因素：当地政府颁布的月最低工资标准；单位应缴纳的基本养老保险费和基本医疗保险费（当地政府颁布的月最低工资标准未包含个人缴纳社会保险费因素的，还应考虑个人应缴纳的社会保险费）；非全日制劳动者在工作稳定性、劳动条件和劳动强度、福利等方面与全日制就业人员之间的差异。小时最低工资标准的测算方法为：

小时最低工资标准 = 〔（月最低工资标准 ÷ 20.92 ÷ 8）×（1 + 单位应当缴纳的基本养老保险费、基本医疗保险费比例之和）〕×（1 + 浮动系数）

（九）非全日制用工的工资支付可以按小时、日、周或月为单位结算。

三、关于非全日制用工的社会保险

（十）从事非全日制工作的劳动者应当参加基本养老保险，原则上参照个体工商户的参保办法执行。对于已参加过基本养老保险和建立个人账户的人员，前后缴费年限合并计算，跨统筹地区转移的，应办理基本养老保险关系和个人账户的转移、接续手续。符合退休条件时，按国家规定计发基本养老金。

（十一）从事非全日制工作的劳动者可以以个人身份参加基本医疗保险，并按照待遇水平与缴费水平相挂钩的原则，享受相应的基本医疗保险待遇。参加基本医疗保险的具体办法由各地劳动保障部门研究制定。

（十二）用人单位应当按照国家有关规定为建立劳动关系的非全日制劳动者缴纳工伤保险费。从事非全日制工作的劳动者发生工伤，依法享受工伤保险待遇；被鉴定为伤残 5—10 级的，经劳动者与用人单位协商一致，可以一次性结算伤残待遇及有关费用。

四、关于非全日制用工的劳动争议处理

（十三）从事非全日制工作的劳动者与用人单位因履行劳动合同引发的劳动争议，按照国家劳动争议处理规定执行。

（十四）劳动者直接向其他家庭或个人提供非全日制劳动的，当事人双方发生的争议不适用劳动争议处理规定。

五、关于非全日制用工的管理与服务

（十五）非全日制用工是劳动用工制度的一种重要形式，是灵活就业的主要方式。各级劳动保障部门要高度重视，从有利于维护非全日制劳动者的权益、有利于促进灵活就业、有利于规范非全日制用工的劳动关系出发，结合本地实际，制定相应的政策措施。要在劳动关系建立、工资支付、劳动争议处理等方面为非全日制用工提供政策指导和服务。

（十六）各级劳动保障部门要切实加强劳动保障监察执法工作，对用人单位不按照本意见要求订立劳动合同、低于最低小时工资标准支付工资以及拖欠克扣工资的行为，应当严肃查处，维护从事非全日制工作劳动者的合法权益。

（十七）各级社会保险经办机构要为非全日制劳动者参保缴费提供便利条件，开设

专门窗口，可以采取按月、季或半年缴费的办法，及时为非全日制劳动者办理社会保险关系及个人账户的接续和转移手续；按规定发放社会保险缴费对账单，及时支付各项社会保险待遇，维护他们的社会保障权益。

（十八）各级公共职业介绍机构要积极为从事非全日制工作的劳动者提供档案保管、社会保险代理等服务，推动这项工作顺利开展。

中华人民共和国社会保险法

（2010年10月28日第十一届全国人民代表大会常务委员会第十七次会议通过　自2011年7月1日起施行）

第二十三条　职工应当参加职工基本医疗保险，由用人单位和职工按照国家规定共同缴纳基本医疗保险费。

无雇工的个体工商户、未在用人单位参加职工基本医疗保险的非全日制从业人员以及其他灵活就业人员可以参加职工基本医疗保险，由个人按照国家规定缴纳基本医疗保险费。

第四十四条　职工应当参加失业保险，由用人单位和职工按照国家规定共同缴纳失业保险费。

第四十五条　失业人员符合下列条件的，从失业保险基金中领取失业保险金：

（一）失业前用人单位和本人已经缴纳失业保险费满一年的；

（二）非因本人意愿中断就业的；

（三）已经进行失业登记，并有求职要求的。

第四十六条　失业人员失业前用人单位和本人累计缴费满一年不足五年的，领取失业保险金的期限最长为十二个月；累计缴费满五年不足十年的，领取失业保险金的期限最长为十八个月；累计缴费十年以上的，领取失业保险金的期限最长为二十四个月。重新就业后，再次失业的，缴费时间重新计算，领取失业保险金的期限与前次失业应当领取而尚未领取的失业保险金的期限合并计算，最长不超过二十四个月。

第五十三条　职工应当参加生育保险，由用人单位按照国家规定缴纳生育保险费，职工不缴纳生育保险费。

第五十四条　用人单位已经缴纳生育保险费的，其职工享受生育保险待遇；职工未就业配偶按照国家规定享受生育医疗费用待遇。所需资金从生育保险基金中支付。

生育保险待遇包括生育医疗费用和生育津贴。

第五十五条　生育医疗费用包括下列各项：

（一）生育的医疗费用；

（二）计划生育的医疗费用；

（三）法律、法规规定的其他项目费用。

第五十六条 职工有下列情形之一的，可以按照国家规定享受生育津贴：

（一）女职工生育享受产假；

（二）享受计划生育手术休假；

（三）法律、法规规定的其他情形。

生育津贴按照职工所在用人单位上年度职工月平均工资计发。

工伤保险条例

（2003年4月27日中华人民共和国国务院令第375号公布
根据2010年12月20日《国务院关于修改〈工伤保险条例〉的决定》修订）

第二条 中华人民共和国境内的企业、事业单位、社会团体、民办非企业单位、基金会、律师事务所、会计师事务所等组织和有雇工的个体工商户（以下称用人单位）应当依照本条例规定参加工伤保险，为本单位全部职工或者雇工（以下称职工）缴纳工伤保险费。

中华人民共和国境内的企业、事业单位、社会团体、民办非企业单位、基金会、律师事务所、会计师事务所等组织的职工和个体工商户的雇工，均有依照本条例的规定享受工伤保险待遇的权利。

第十四条 职工有下列情形之一的，应当认定为工伤：

（一）在工作时间和工作场所内，因工作原因受到事故伤害的；

（二）工作时间前后在工作场所内，从事与工作有关的预备性或者收尾性工作受到事故伤害的；

（三）在工作时间和工作场所内，因履行工作职责受到暴力等意外伤害的；

（四）患职业病的；

（五）因工外出期间，由于工作原因受到伤害或者发生事故下落不明的；

（六）在上下班途中，受到非本人主要责任的交通事故或者城市轨道交通、客运轮渡、火车事故伤害的；

（七）法律、行政法规规定应当认定为工伤的其他情形。

第十五条 职工有下列情形之一的，视同工伤：

（一）在工作时间和工作岗位，突发疾病死亡或者在48小时之内经抢救无效死亡的；

（二）在抢险救灾等维护国家利益、公共利益活动中受到伤害的；

（三）职工原在军队服役，因战、因公负伤致残，已取得革命伤残军人证，到用人单位后旧伤复发的。

职工有前款第（一）项、第（二）项情形的，按照本条例的有关规定享受工伤保险待遇；职工有前款第（三）项情形的，按照本条例的有关规定享受除一次性伤残补助金以外的工伤保险待遇。

第十六条 职工符合本条例第十四条、第十五条的规定，但是有下列情形之一的，不得认定为工伤或者视同工伤：

（一）故意犯罪的；

（二）醉酒或者吸毒的；

（三）自残或者自杀的。

第十七条 职工发生事故伤害或者按照职业病防治法规定被诊断、鉴定为职业病，所在单位应当自事故伤害发生之日或者被诊断、鉴定为职业病之日起30日内，向统筹地区社会保险行政部门提出工伤认定申请。遇有特殊情况，经报社会保险行政部门同意，申请时限可以适当延长。

用人单位未按前款规定提出工伤认定申请的，工伤职工或者其近亲属、工会组织在事故伤害发生之日或者被诊断、鉴定为职业病之日起1年内，可以直接向用人单位所在地统筹地区社会保险行政部门提出工伤认定申请。

按照本条第一款规定应当由省级社会保险行政部门进行工伤认定的事项，根据属地原则由用人单位所在地的设区的市级社会保险行政部门办理。

用人单位未在本条第一款规定的时限内提交工伤认定申请，在此期间发生符合本条例规定的工伤待遇等有关费用由该用人单位负担。

第三十条 职工因工作遭受事故伤害或者患职业病进行治疗，享受工伤医疗待遇。

职工治疗工伤应当在签订服务协议的医疗机构就医，情况紧急时可以先到就近的医疗机构急救。

治疗工伤所需费用符合工伤保险诊疗项目目录、工伤保险药品目录、工伤保险住院服务标准的，从工伤保险基金支付。工伤保险诊疗项目目录、工伤保险药品目录、工伤保险住院服务标准，由国务院社会保险行政部门会同国务院卫生行政部门、食品药品监督管理部门等部门规定。

职工住院治疗工伤的伙食补助费，以及经医疗机构出具证明，报经办机构同意，工伤职工到统筹地区以外就医所需的交通、食宿费用从工伤保险基金支付，基金支付的具体标准由统筹地区人民政府规定。

工伤职工治疗非工伤引发的疾病，不享受工伤医疗待遇，按照基本医疗保险办法处理。

工伤职工到签订服务协议的医疗机构进行工伤康复的费用，符合规定的，从工伤保险基金支付。

第三十一条 社会保险行政部门作出认定为工伤的决定后发生行政复议、行政诉讼的，行政复议和行政诉讼期间不停止支付工伤职工治疗工伤的医疗费用。

第三十二条 工伤职工因日常生活或者就业需要，经劳动能力鉴定委员会确认，可以安装假肢、矫形器、假眼、假牙和配置轮椅等辅助器具，所需费用按照国家规定的标准从工伤保险基金支付。

第三十三条 职工因工作遭受事故伤害或者患职业病需要暂停工作接受工伤医疗的，在停工留薪期内，原工资福利待遇不变，由所在单位按月支付。

停工留薪期一般不超过12个月。伤情严重或者情况特殊，经设区的市级劳动能力鉴定委员会确认，可以适当延长，但延长不得超过12个月。工伤职工评定伤残等级后，停发原待遇，按照本章的有关规定享受伤残待遇。工伤职工在停工留薪期满后仍需治疗的，继续享受工伤医疗待遇。

生活不能自理的工伤职工在停工留薪期需要护理的，由所在单位负责。

第三十四条 工伤职工已经评定伤残等级并经劳动能力鉴定委员会确认需要生活护理的，从工伤保险基金按月支付生活护理费。

生活护理费按照生活完全不能自理、生活大部分不能自理或者生活部分不能自理3个不同等级支付，其标准分别为统筹地区上年度职工月平均工资的50%、40%或者30%。

第三十五条 职工因工致残被鉴定为一级至四级伤残的，保留劳动关系，退出工作岗位，享受以下待遇：

（一）从工伤保险基金按伤残等级支付一次性伤残补助金，标准为：一级伤残为27个月的本人工资，二级伤残为25个月的本人工资，三级伤残为23个月的本人工资，四级伤残为21个月的本人工资；

（二）从工伤保险基金按月支付伤残津贴，标准为：一级伤残为本人工资的90%，二级伤残为本人工资的85%，三级伤残为本人工资的80%，四级伤残为本人工资的75%。伤残津贴实际金额低于当地最低工资标准的，由工伤保险基金补足差额；

（三）工伤职工达到退休年龄并办理退休手续后，停发伤残津贴，按照国家有关规定享受基本养老保险待遇。基本养老保险待遇低于伤残津贴的，由工伤保险基金补足差额。

职工因工致残被鉴定为一级至四级伤残的，由用人单位和职工个人以伤残津贴为基数，缴纳基本医疗保险费。

第三十六条 职工因工致残被鉴定为五级、六级伤残的，享受以下待遇：

（一）从工伤保险基金按伤残等级支付一次性伤残补助金，标准为：五级伤残为18个月的本人工资，六级伤残为16个月的本人工资；

（二）保留与用人单位的劳动关系，由用人单位安排适当工作。难以安排工作的，由用人单位按月发给伤残津贴，标准为：五级伤残为本人工资的70%，六级伤残为本人工资的60%，并由用人单位按照规定为其缴纳应缴纳的各项社会保险费。伤残津贴实际金额低于当地最低工资标准的，由用人单位补足差额。

经工伤职工本人提出，该职工可以与用人单位解除或者终止劳动关系，由工伤保险基金支付一次性工伤医疗补助金，由用人单位支付一次性伤残就业补助金。一次性工伤医疗补助金和一次性伤残就业补助金的具体标准由省、自治区、直辖市人民政府规定。

第三十七条 职工因工致残被鉴定为七级至十级伤残的，享受以下待遇：

（一）从工伤保险基金按伤残等级支付一次性伤残补助金，标准为：七级伤残为13个月的本人工资，八级伤残为11个月的本人工资，九级伤残为9个月的本人工资，十级伤残为7个月的本人工资；

（二）劳动、聘用合同期满终止，或者职工本人提出解除劳动、聘用合同的，由工伤保险基金支付一次性工伤医疗补助金，由用人单位支付一次性伤残就业补助金。一次性工伤医疗补助金和一次性伤残就业补助金的具体标准由省、自治区、直辖市人民政府规定。

第三十八条 工伤职工工伤复发，确认需要治疗的，享受本条例第三十条、第三十二条和第三十三条规定的工伤待遇。

第三十九条 职工因工死亡，其近亲属按照下列规定从工伤保险基金领取丧葬补助金、供养亲属抚恤金和一次性工亡补助金：

（一）丧葬补助金为6个月的统筹地区上年度职工月平均工资；

（二）供养亲属抚恤金按照职工本人工资的一定比例发给由因工死亡职工生前提供主要生活来源、无劳动能力的亲属。标准为：配偶每月40%，其他亲属每人每月30%，孤寡老人或者孤儿每人每月在上述标准的基础上增加10%。核定的各供养亲属的抚恤金之和不应高于因工死亡职工生前的工资。供养亲属的具体范围由国务院社会保险行政部门规定；

（三）一次性工亡补助金标准为上一年度全国城镇居民人均可支配收入的20倍。

伤残职工在停工留薪期内因工伤导致死亡的，其近亲属享受本条第一款规定的待遇。

一级至四级伤残职工在停工留薪期满后死亡的，其近亲属可以享受本条第一款第（一）项、第（二）项规定的待遇。

第四十条 伤残津贴、供养亲属抚恤金、生活护理费由统筹地区社会保险行政部门根据职工平均工资和生活费用变化等情况适时调整。调整办法由省、自治区、直辖市人民政府规定。

第四十一条 职工因工外出期间发生事故或者在抢险救灾中下落不明的，从事故发生当月起3个月内照发工资，从第4个月起停发工资，由工伤保险基金向其供养亲属按月支付供养亲属抚恤金。生活有困难的，可以预支一次性工亡补助金的50%。职工被人民法院宣告死亡的，按照本条例第三十九条职工因工死亡的规定处理。

第四十二条 工伤职工有下列情形之一的，停止享受工伤保险待遇：

（一）丧失享受待遇条件的；

（二）拒不接受劳动能力鉴定的；

（三）拒绝治疗的。

第四十三条 用人单位分立、合并、转让的，承继单位应当承担原用人单位的工伤保险责任；原用人单位已经参加工伤保险的，承继单位应当到当地经办机构办理工伤保险变更登记。

用人单位实行承包经营的，工伤保险责任由职工劳动关系所在单位承担。

职工被借调期间受到工伤事故伤害的，由原用人单位承担工伤保险责任，但原用人单位与借调单位可以约定补偿办法。

企业破产的，在破产清算时依法拨付应当由单位支付的工伤保险待遇费用。

第四十四条 职工被派遣出境工作，依据前往国家或者地区的法律应当参加当地工伤保险的，参加当地工伤保险，其国内工伤保险关系中止；不能参加当地工伤保险的，其国内工伤保险关系不中止。

第四十五条 职工再次发生工伤，根据规定应当享受伤残津贴的，按照新认定的伤残等级享受伤残津贴待遇。

第六十四条 本条例所称工资总额，是指用人单位直接支付给本单位全部职工的劳动报酬总额。

本条例所称本人工资，是指工伤职工因工作遭受事故伤害或者患职业病前12个月平均月缴费工资。本人工资高于统筹地区职工平均工资300%的，按照统筹地区职工平均工资的300%计算；本人工资低于统筹地区职工平均工资60%的，按照统筹地区职工平均工资的60%计算。

第六十六条 无营业执照或者未经依法登记、备案的单位以及被依法吊销营业执照或者撤销登记、备案的单位的职工受到事故伤害或者患职业病的，由该单位向伤残职工或者死亡职工的近亲属给予一次性赔偿，赔偿标准不得低于本条例规定的工伤保险待遇；用人单位不得使用童工，用人单位使用童工造成童工伤残、死亡的，由该单位向童工或者童工的近亲属给予一次性赔偿，赔偿标准不得低于本条例规定的工伤保险待遇。具体办法由国务院社会保险行政部门规定。

前款规定的伤残职工或者死亡职工的近亲属就赔偿数额与单位发生争议的，以及前款规定的童工或者童工的近亲属就赔偿数额与单位发生争议的，按照处理劳动争议的有关规定处理。

失业保险条例

（1999年1月22日 国务院令第258号）

第十四条 具备下列条件的失业人员，可以领取失业保险金：

（一）按照规定参加失业保险，所在单位和本人已按照规定履行缴费义务满1年的；

（二）非因本人意愿中断就业的；

（三）已办理失业登记，并有求职要求的。

失业人员在领取失业保险金期间，按照规定同时享受其他失业保险待遇。

第十五条 失业人员在领取失业保险金期间有下列情形之一的，停止领取失业保险金，并同时停止享受其他失业保险待遇：

（一）重新就业的；

（二）应征服兵役的；

（三）移居境外的；

（四）享受基本养老保险待遇的；

（五）被判刑收监执行或者被劳动教养的；

（六）无正当理由，拒不接受当地人民政府指定的部门或者机构介绍的工作的；

（七）有法律、行政法规规定的其他情形的。

第十六条 城镇企业事业单位应当及时为失业人员出具终止或者解除劳动关系的证明，告知其按照规定享受失业保险待遇的权利，并将失业人员的名单自终止或者解除劳动关系之日起7日内报社会保险经办机构备案。

城镇企业事业单位职工失业后，应当持本单位为其出具的终止或者解除劳动关系的证明，及时到指定的社会保险经办机构办理失业登记。失业保险金自办理失业登记之日起计算。

失业保险金由社会保险经办机构按月发放。社会保险经办机构为失业人员开具领取失业保险金的单证，失业人员凭单证到指定银行领取失业保险金。

第十七条 失业人员失业前所在单位和本人按照规定累计缴费时间满1年不足5年的，领取失业保险金的期限最长为12个月；累计缴费时间满5年不足10年的，领取失业保险金的期限最长为18个月；累计缴费时间10年以上的，领取失业保险金的期限最长为24个月。重新就业后，再次失业的，缴费时间重新计算，领取失业保险金的期限可以与前次失业应领取而尚未领取的失业保险金的期限合并计算，但是最长不得超过24个月。

第十八条 失业保险金的标准，按照低于当地最低工资标准、高于城市居民最低生活保障标准的水平，由省、自治区、直辖市人民政府确定。

社会保险费征缴暂行条例

（1999年1月22日　国务院令259号）

第二条 基本养老保险费、基本医疗保险费、失业保险费（以下统称社会保险费）的征收、缴纳，适用本条例。

本条例所称缴费单位、缴费个人，是指依照有关法律、行政法规和国务院的规定，应当缴纳社会保险费的单位和个人。

第三条 基本养老保险费的征缴范围：国有企业、城镇集体企业、外商投资企业、城镇私营企业和其他城镇企业及其职工，实行企业化管理的事业单位及其职工。

基本医疗保险费的征缴范围：国有企业、城镇集体企业、外商投资企业、城镇私营企业和其他城镇企业及其职工，国家机关及其工作人员，事业单位及其职工，民办非企业单位及其职工，社会团体及其专职人员。

失业保险费的征缴范围：国有企业、城镇集体企业、外商投资企业、城镇私营企业和其他城镇企业及其职工，事业单位及其职工。

省、自治区、直辖市人民政府根据当地实际情况，可以规定将城镇个体工商户纳入基本养老保险、基本医疗保险的范围，并可以规定将社会团体及其专职人员、民办非企业单位及其职工以及有雇工的城镇个体工商户及其雇工纳入失业保险的范围。

社会保险费的费基、费率依照有关法律、行政法规和国务院的规定执行。

第四条 缴费单位、缴费个人应当按时足额缴纳社会保险费。

征缴的社会保险费纳入社会保险基金，专款专用，任何单位和个人不得挪用。

第七条 缴费单位必须向当地社会保险经办机构办理社会保险登记，参加社会保险。

登记事项包括：单位名称、住所、经营地点、单位类型、法定代表人或者负责人、开户银行账号以及国务院劳动保障行政部门规定的其他事项。

实施《中华人民共和国社会保险法》若干规定

（2011 年 6 月 29 日　人力资源和社会保障部令第 13 号）

第一条 社会保险法第十五条规定的统筹养老金，按照国务院规定的基础养老金计发办法计发。

第二条 参加职工基本养老保险的个人达到法定退休年龄时，累计缴费不足十五年的，可以延长缴费至满十五年。社会保险法实施前参保、延长缴费五年后仍不足十五年的，可以一次性缴费至满十五年。

第三条 参加职工基本养老保险的个人达到法定退休年龄后，累计缴费不足十五年（含依照第二条规定延长缴费）的，可以申请转入户籍所在地新型农村社会养老保险或者城镇居民社会养老保险，享受相应的养老保险待遇。

参加职工基本养老保险的个人达到法定退休年龄后，累计缴费不足十五年（含依照第二条规定延长缴费），且未转入新型农村社会养老保险或者城镇居民社会养老保险的，个人可以书面申请终止职工基本养老保险关系。社会保险经办机构收到申请后，应当书面告知其转入新型农村社会养老保险或者城镇居民社会养老保险的权利以及终止职工基本养老保险关系的后果，经本人书面确认后，终止其职工基本养老保险关系，并将个人账户储存额一次性支付给本人。

第四条 参加职工基本养老保险的个人跨省流动就业，达到法定退休年龄时累计缴费不足十五年的，按照《国务院办公厅关于转发人力资源社会保障部财政部城镇企业职工基本养老保险关系转移接续暂行办法的通知》（国办发〔2009〕66 号）有关待遇领取地的规定确定继续缴费地后，按照本规定第二条办理。

第五条 参加职工基本养老保险的个人跨省流动就业，符合按月领取基本养老金条件时，基本养老金分段计算、统一支付的具体办法，按照《国务院办公厅关于转发人力资源社会保障部财政部城镇企业职工基本养老保险关系转移接续暂行办法的通知》（国办发〔2009〕66 号）执行。

第六条 职工基本养老保险个人账户不得提前支取。个人在达到法定的领取基本养老金条件前离境定居的，其个人账户予以保留，达到法定领取条件时，按照国家规定享受相应的养老保险待遇。其中，丧失中华人民共和国国籍的，可以在其离境时或者离境后书面申请终止职工基本养老保险关系。社会保险经办机构收到申请后，应当书面告知其保留个人账户的权利以及终止职工基本养老保险关系的后果，经本人书面确认后，终止其职工基本养老保险关系，并将个人账户储存额一次性支付给本人。

参加职工基本养老保险的个人死亡后，其个人账户中的余额可以全部依法继承。

第七条 社会保险法第二十七条规定的退休人员享受基本医疗保险待遇的缴费年限按照各地规定执行。

参加职工基本医疗保险的个人，基本医疗保险关系转移接续时，基本医疗保险缴费年限累计计算。

第八条 参保人员在协议医疗机构发生的医疗费用，符合基本医疗保险药品目录、诊疗项目、医疗服务设施标准的，按照国家规定从基本医疗保险基金中支付。

参保人员确需急诊、抢救的，可以在非协议医疗机构就医；因抢救必须使用的药品可以适当放宽范围。参保人员急诊、抢救的医疗服务具体管理办法由统筹地区根据当地实际情况制定。

第九条 职工（包括非全日制从业人员）在两个或者两个以上用人单位同时就业的，各用人单位应当分别为职工缴纳工伤保险费。职工发生工伤，由职工受到伤害时工作的单位依法承担工伤保险责任。

第十一条 社会保险法第三十八条第八项中的因工死亡补助金是指《工伤保险条例》第三十九条的一次性工亡补助金，标准为工伤发生时上一年度全国城镇居民人均可支配收入的 20 倍。

上一年度全国城镇居民人均可支配收入以国家统计局公布的数据为准。

第十二条 社会保险法第三十九条第一项治疗工伤期间的工资福利，按照《工伤保险条例》第三十三条有关职工在停工留薪期内应当享受的工资福利和护理等待遇的规定执行。

第十三条 失业人员符合社会保险法第四十五条规定条件的，可以申请领取失业保险金并享受其他失业保险待遇。其中，非因本人意愿中断就业包括下列情形：

（一）依照劳动合同法第四十四条第一项、第四项、第五项规定终止劳动合同的；

（二）由用人单位依照劳动合同法第三十九条、第四十条、第四十一条规定解除劳动合同的；

（三）用人单位依照劳动合同法第三十六条规定向劳动者提出解除劳动合同并与劳动者协商一致解除劳动合同的；

（四）由用人单位提出解除聘用合同或者被用人单位辞退、除名、开除的；

（五）劳动者本人依照劳动合同法第三十八条规定解除劳动合同的；

（六）法律、法规、规章规定的其他情形。

第十四条 失业人员领取失业保险金后重新就业的，再次失业时，缴费时间重新计算。失业人员因当期不符合失业保险金领取条件的，原有缴费时间予以保留，重新就业并参保的，缴费时间累计计算。

第十五条 失业人员在领取失业保险金期间，应当积极求职，接受职业介绍和职业培训。失业人员接受职业介绍、职业培训的补贴由失业保险基金按照规定支付。

工伤认定办法

（2010 年 12 月 31 日 人力资源和社会保障部令第 8 号）

第四条 职工发生事故伤害或者按照职业病防治法规定被诊断、鉴定为职业病，所在单位应当自事故伤害发生之日或者被诊断、鉴定为职业病之日起 30 日内，向统筹地区社会保险行政部门提出工伤认定申请。遇有特殊情况，经报社会保险行政部门同意，申请时限可以适当延长。

按照前款规定应当向省级社会保险行政部门提出工伤认定申请的，根据属地原则应当向用人单位所在地设区的市级社会保险行政部门提出。

第二十一条 社会保险行政部门对于事实清楚、权利义务明确的工伤认定申请，应当自受理工伤认定申请之日起 15 日内作出工伤认定决定。

第二十二条 社会保险行政部门应当自工伤认定决定作出之日起 20 日内，将《认定工伤决定书》或者《不予认定工伤决定书》送达受伤害职工（或者其近亲属）和用人单位，并抄送社会保险经办机构。

《认定工伤决定书》和《不予认定工伤决定书》的送达参照民事法律有关送达的规定执行。

第二十三条 职工或者其近亲属、用人单位对不予受理决定不服或者对工伤认定决定不服的，可以依法申请行政复议或者提起行政诉讼。

企业职工生育保险试行办法

（1994 年 12 月 14 日 劳部发〔1994〕504 号）

第一条 为了维护企业女职工的合法权益，保障她们在生育期间得到必要的经济补偿和医疗保健，均衡企业间生育保险费用的负担，根据有关法律、法规的规定，制定本办法。

第二条 本办法适用于城镇企业及其职工。

第五条 女职工生育按照法律、法规的规定享受产假。产假期间的生育津贴按照本企业上年度职工月平均工资计发，由生育保险基金支付。

第六条 女职工生育的检查费、接生费、手术费、住院费和药费由生育保险基金支付。超出规定的医疗业务费和药费（含自费药品和营养药品的药费）由职工个人负担。

女职工生育出院后，因生育引起疾病的医疗费，由生育保险基金支付；其它疾病的医疗费，按照医疗保险待遇的规定办理。女职工产假期满后，因病需要休息治疗的，按照有关病假待遇和医疗保险待遇规定办理。

第十三条 企业虚报、冒领生育津贴或生育医疗费的，社会保险经办机构应追回全部虚报、冒领金额，并由劳动行政部门给予处罚。

企业欠付或拒付职工生育津贴、生育医疗费的，由劳动行政部门责令企业限期支付；对职工造成损害的，企业应承担赔偿责任。

非法用工单位伤亡人员一次性赔偿办法

（2010年12月31日 人力资源和社会保障部令第9号）

第一条 根据《工伤保险条例》第六十六条第一款的授权，制定本办法。

第二条 本办法所称非法用工单位伤亡人员，是指无营业执照或者未经依法登记、备案的单位以及被依法吊销营业执照或者撤销登记、备案的单位受到事故伤害或者患职业病的职工，或者用人单位使用童工造成的伤残、死亡童工。

前款所列单位必须按照本办法的规定向伤残职工或者死亡职工的近亲属、伤残童工或者死亡童工的近亲属给予一次性赔偿。

第三条 一次性赔偿包括受到事故伤害或者患职业病的职工或童工在治疗期间的费用和一次性赔偿金。一次性赔偿金数额应当在受到事故伤害或者患职业病的职工或童工死亡或者经劳动能力鉴定后确定。

劳动能力鉴定按照属地原则由单位所在地设区的市级劳动能力鉴定委员会办理。劳动能力鉴定费用由伤亡职工或童工所在单位支付。

第四条 职工或童工受到事故伤害或者患职业病，在劳动能力鉴定之前进行治疗期间的生活费按照统筹地区上年度职工月平均工资标准确定，医疗费、护理费、住院期间的伙食补助费以及所需的交通费等费用按照《工伤保险条例》规定的标准和范围确定，并全部由伤残职工或童工所在单位支付。

第五条 一次性赔偿金按照以下标准支付：

一级伤残的为赔偿基数的16倍，二级伤残的为赔偿基数的14倍，三级伤残的为赔偿基数的12倍，四级伤残的为赔偿基数的10倍，五级伤残的为赔偿基数的8倍，六级伤残的为赔偿基数的6倍，七级伤残的为赔偿基数的4倍，八级伤残的为赔偿基数的3倍，九级伤残的为赔偿基数的2倍，十级伤残的为赔偿基数的1倍。

前款所称赔偿基数，是指单位所在工伤保险统筹地区上年度职工年平均工资。

第六条 受到事故伤害或者患职业病造成死亡的，按照上一年度全国城镇居民人均可支配收入的20倍支付一次性赔偿金，并按照上一年度全国城镇居民人均可支配收入的10倍一次性支付丧葬补助等其他赔偿金。

第七条 单位拒不支付一次性赔偿的，伤残职工或者死亡职工的近亲属、伤残童工或者死亡童工的近亲属可以向人力资源和社会保障行政部门举报。经查证属实的，人力资源和社会保障行政部门应当责令该单位限期改正。

第八条 伤残职工或者死亡职工的近亲属、伤残童工或者死亡童工的近亲属就赔偿数额与单位发生争议的，按照劳动争议处理的有关规定处理。

第九条 本办法自2011年1月1日起施行。劳动和社会保障部2003年9月23日颁布的《非法用工单位伤亡人员一次性赔偿办法》同时废止。

因工死亡职工供养亲属范围规定

（2003年9月23日　劳动和社会保障部令第18号）

第一条 为明确因工死亡职工供养亲属范围，根据《工伤保险条例》第三十七条第一款第二项的授权，制定本规定。

第二条 本规定所称因工死亡职工供养亲属，是指该职工的配偶、子女、父母、祖父母、外祖父母、孙子女、外孙子女、兄弟姐妹。

本规定所称子女，包括婚生子女、非婚生子女、养子女和有抚养关系的继子女，其中，婚生子女、非婚生子女包括遗腹子女；

本规定所称父母，包括生父母、养父母和有抚养关系的继父母；

本规定所称兄弟姐妹，包括同父母的兄弟姐妹、同父异母或者同母异父的兄弟姐妹、养兄弟姐妹、有抚养关系的继兄弟姐妹。

第三条 上条规定的人员，依靠因工死亡职工生前提供主要生活来源，并有下列情形之一的，可按规定申请供养亲属抚恤金：

（一）完全丧失劳动能力的；

（二）工亡职工配偶男年满60周岁、女年满55周岁的；

（三）工亡职工父母男年满60周岁、女年满55周岁的；

（四）工亡职工子女未满18周岁的；

（五）工亡职工父母均已死亡，其祖父、外祖父年满60周岁，祖母、外祖母年满55周岁的；

（六）工亡职工子女已经死亡或完全丧失劳动能力，其孙子女、外孙子女未满18周岁的；

（七）工亡职工父母均已死亡或完全丧失劳动能力，其兄弟姐妹未满18周岁的。

第四条 领取抚恤金人员有下列情形之一的，停止享受抚恤金待遇：

（一）年满18周岁且未完全丧失劳动能力的；

（二）就业或参军的；

（三）工亡职工配偶再婚的；

（四）被他人或组织收养的；

（五）死亡的。

第五条 领取抚恤金的人员，在被判刑收监执行期间，停止享受抚恤金待遇。刑满释放仍符合领取抚恤金资格的，按规定的标准享受抚恤金。

第六条 因工死亡职工供养亲属享受抚恤金待遇的资格，由统筹地区社会保险经办机构核定。

因工死亡职工供养亲属的劳动能力鉴定，由因工死亡职工生前单位所在地设区的市级劳动能力鉴定委员会负责。

第七条 本办法自2004年1月1日起施行。

最高人民法院行政审判庭关于超过法定退休年龄的进城务工农民因工伤亡的，应否适用《工伤保险条例》请示的答复

（2010年3月17日 〔2010〕行他字第10号）

山东省高级人民法院：

你院报送的《关于超过法定退休年龄的进城务工农民工作时间内受伤是否适用〈工伤保险条例〉的请示》收悉。经研究，原则同意你院的倾向性意见。即：用人单位聘用的超过法定退休年龄的务工农民，在工作时间内、因工作原因伤亡的，应当适用《工伤保险条例》的有关规定进行工伤认定。

此复。

关于实施《工伤保险条例》若干问题的意见

（2004年11月1日 劳社部函〔2004〕256号）

各省、自治区、直辖市劳动和社会保障厅（局）：

《工伤保险条例》（以下简称条例）已于二〇〇四年一月一日起施行，现就条例实施中的有关问题提出如下意见。

一、职工在两个或两个以上用人单位同时就业的，各用人单位应当分别为职工缴纳

工伤保险费。职工发生工伤，由职工受到伤害时其工作的单位依法承担工伤保险责任。

二、条例第十四条规定“上下班途中，受到机动车事故伤害的，应当认定为工伤”。这里“上下班途中”既包括职工正常工作的上下班途中，也包括职工加班加点的上下班途中。“受到机动车事故伤害的”既可以是职工驾驶或乘坐的机动车发生事故造成的，也可以是职工因其他机动车事故造成的。

三、条例第十五条规定“职工在工作时间和工作岗位，突发疾病死亡或者在 48 小时之内经抢救无效死亡的，视同工伤”。这里“突发疾病”包括各类疾病。“48 小时”的起算时间，以医疗机构的初次诊断时间作为突发疾病的起算时间。

四、条例第十七条第二款规定的有权申请工伤认定的“工会组织”包括职工所在用人单位的工会组织以及符合《中华人民共和国工会法》规定的各级工会组织。

五、用人单位未按规定为职工提出工伤认定申请，受到事故伤害或者患职业病的职工或者其直系亲属、工会组织提出工伤认定申请，职工所在单位是否同意（签字、盖章），不是必经程序。

六、条例第十七条第四款规定“用人单位未在本条第一款规定的时限内提交工伤认定申请的，在此期间发生符合本条例规定的工伤待遇等有关费用由该用人单位负担”。这里用人单位承担工伤待遇等有关费用的期间是指从事故伤害发生之日或职业病确诊之日起到劳动保障行政部门受理工伤认定申请之日止。

七、条例第三十六条规定的工伤职工旧伤复发，是否需要治疗应由治疗工伤职工的协议医疗机构提出意见，有争议的由劳动能力鉴定委员会确认。

八、职工因工死亡，其供养亲属享受抚恤金待遇的资格，按职工因工死亡时的条件核定。

工资支付暂行规定

（1994 年 12 月 6 日　劳部发〔1994〕489 号）

第二条　本规定适用于在中华人民共和国境内的企业、个体经济组织（以下统称用人单位）和与之形成劳动关系的劳动者。

国家机关、事业组织、社会团体和与之建立劳动合同关系的劳动者，依照本规定执行。

第三条　本规定所称工资是指用人单位依据劳动合同的规定，以各种形式支付给劳动者的工资报酬。

第四条　工资支付主要包括：工资支付项目、工资支付水平、工资支付形式、工资支付对象、工资支付时间以及特殊情况下的工资支付。

第五条　工资应当以法定货币支付。不得以实物及有价证券替代货币支付。

第六条　用人单位应将工资支付给劳动者本人。劳动者本人因故不能领取工资时，可由其亲属或委托他人代领。

用人单位可委托银行代发工资。

用人单位必须书面记录支付劳动者工资的数额、时间、领取者的姓名以及签字，并保存两年以上备查。用人单位在支付工资时应向劳动者提供一份其个人的工资清单。

第七条 工资必须在用人单位与劳动者约定的日期支付。如遇节假日或休息日，则应提前在最近的工作日支付。工资至少每月支付一次，实行周、日、小时工资制的可按周、日、小时支付工资。

第八条 对完成一次性临时劳动或某项具体工作的劳动者，用人单位应按有关协议或合同规定在其完成劳动任务后即支付工资。

第九条 劳动关系双方依法解除或终止劳动合同时，用人单位应在解除或终止劳动合同时一次付清劳动者工资。

第十条 劳动者在法定工作时间内依法参加社会活动期间，用人单位应视同其提供了正常劳动而支付工资。社会活动包括：依法行使选举权或被选举权；当选代表出席乡(镇)、区以上政府、党派、工会、青年团、妇女联合会等组织召开的会议；出任人民法庭证明人；出席劳动模范、先进工作者大会；《工会法》规定的不脱产工会基层委员会委员因工作活动占用的生产或工作时间；其它依法参加的社会活动。

第十一条 劳动者依法享受年休假、探亲假、婚假、丧假期间，用人单位应按劳动合同规定的标准支付劳动者工资。

第十二条 非因劳动者原因造成单位停工、停产在一个工资支付周期内的，用人单位应按劳动合同规定的标准支付劳动者工资。超过一个工资支付周期的，若劳动者提供了正常劳动，则支付给劳动者的劳动报酬不得低于当地的最低工资标准；若劳动者没有提供正常劳动，应按国家有关规定办理。

第十三条 用人单位在劳动者完成劳动定额或规定的工作任务后，根据实际需要安排劳动者在法定标准工作时间以外工作的，应按以下标准支付工资：

（一）用人单位依法安排劳动者在日法定标准工作时间以外延长工作时间的，按照不低于劳动合同规定的劳动者本人小时工资标准的150%支付劳动者工资；

（二）用人单位依法安排劳动者在休息日工作，而又不能安排补休的，按照不低于劳动合同规定的劳动者本人日或小时工资标准的200%支付劳动者工资；

（三）用人单位依法安排劳动者在法定休假节日工作的，按照不低于劳动合同规定的劳动者本人日或小时工资标准的300%支付劳动者工资。

实行计件工资的劳动者，在完成计件定额任务后，由用人单位安排延长工作时间的，应根据上述规定的原则，分别按照不低于其本人法定工作时间计件单价的150%、200%、300%支付其工资。

经劳动行政部门批准实行综合计算工时工作制的，其综合计算工作时间超过法定标准工作时间的部分，应视为延长工作时间，并应按本规定支付劳动者延长工作时间的工资。

实行不定时工时制度的劳动者，不执行上述规定。

第十四条 用人单位依法破产时，劳动者有权获得其工资。在破产清偿中用人单位应按《中华人民共和国企业破产法》规定的清偿顺序，首先支付欠付本单位劳动者的工资。

第十五条 用人单位不得克扣劳动者工资。有下列情况之一的，用人单位可以代扣劳动者工资：

（一）用人单位代扣代缴的个人所得税；

（二）用人单位代扣代缴的应由劳动者个人负担的各项社会保险费用；

（三）法院判决、裁定中要求代扣的抚养费、赡养费；

（四）法律、法规规定可以从劳动者工资中扣除的其他费用。

第十六条 因劳动者本人原因给用人单位造成经济损失的，用人单位可按照劳动合同的约定要求其赔偿经济损失。经济损失的赔偿，可从劳动者本人的工资中扣除。但每月扣除的部分不得超过劳动者当月工资的20%。若扣除后的剩余工资部分低于当地月最低工资标准，则按最低工资标准支付。

最低工资规定

（2004年1月20日　劳动和社会保障部令第21号）

第二条 本规定适用于在中华人民共和国境内的企业、民办非企业单位、有雇工的个体工商户（以下统称用人单位）和与之形成劳动关系的劳动者。国家机关、事业单位、社会团体和与之建立劳动合同关系的劳动者，依照本规定执行。

第三条 本规定所称最低工资标准，是指劳动者在法定工作时间或依法签订的劳动合同约定的工作时间内提供了正常劳动的前提下，用人单位依法应支付的最低劳动报酬。本规定所称正常劳动，是指劳动者按依法签订的劳动合同约定，在法定工作时间或劳动合同约定的工作时间内从事的劳动。劳动者依法享受带薪年休假、探亲假、婚丧假、生育（产）假、节育手术假等国家规定的假期间，以及法定工作时间内依法参加社会活动期间，视为提供了正常劳动。

第五条 最低工资标准一般采取月最低工资标准和小时最低工资标准的形式。月最低工资标准适用于全日制就业劳动者，小时最低工资标准适用于非全日制就业劳动者。

第六条 确定和调整月最低工资标准，应参考当地就业者及其赡养人口的最低生活费用、城镇居民消费价格指数、职工个人缴纳的社会保险费和住房公积金、职工平均工资、经济发展水平、就业状况等因素。确定和调整小时最低工资标准，应在颁布的月最低工资标准的基础上，考虑单位应缴纳的基本养老保险费和基本医疗保险费因素，同时还应适当考虑非全日制劳动者在工作稳定性、劳动条件和劳动强度、福利等方面与全日制就业人员之间的差异。月最低工资标准和小时最低工资标准具体测算方法见附件。

第十二条 在劳动者提供正常劳动的情况下，用人单位应支付给劳动者的工资在剔除下列各项以后，不得低于当地最低工资标准：

（一）延长工作时间工资；

（二）中班、夜班、高温、低温、井下、有毒有害等特殊工作环境、条件下的津贴；

（三）法律、法规和国家规定的劳动者福利待遇等。

实行计件工资或提成工资等工资形式的用人单位，在科学合理的劳动定额基础上，其支付劳动者的工资不得低于相应的最低工资标准。

劳动者由于本人原因造成在法定工作时间内或依法签订的劳动合同约定的工作时间内未提供正常劳动的，不适用于本条规定。

关于工资总额组成的规定

（1989 年 9 月 30 日　1990 年 1 月 1 日国家统计局令第一号发布）

第二条 全民所有制和集体所有制企业、事业单位，各种合营单位，各级国家机关、政党机关和社会团体，在计划、统计、会计上有关工资总额范围的计算，均应遵守本规定。

第三条 工资总额是指各单位在一定时期内直接支付给本单位全部职工的劳动报酬总额。

工资总额的计算应以直接支付给职工的全部劳动报酬为根据。

第四条 工资总额由下列六个部分组成：

（一）计时工资；

（二）计件工资；

（三）奖金；

（四）津贴和补贴；

（五）加班加点工资；

（六）特殊情况下支付的工资。

第五条 计时工资是指按计时工资标准（包括地区生活费补贴）和工作时间支付给个人的劳动报酬。包括：

（一）对已做工作按计时工资标准支付的工资；

（二）实行结构工资制的单位支付给职工的基础工资和职务（岗位）工资；

（三）新参加工作职工的见习工资（学徒的生活费）；

（四）运动员体育津贴。

第六条 计件工资是指对已做工作按计件单价支付的劳动报酬。包括：

（一）实行超额累进计件、直接无限计件、限额计件、超定额计件等工资制，按劳动部门或主管部门批准的定额和计件单价支付给个人的工资；

（二）按工作任务包干方法支付给个人的工资；

（三）按营业额提成或利润提成办法支付给个人的工资。

第七条 奖金是指支付给职工的超额劳动报酬和增收节支的劳动报酬。包括：

（一）生产奖；

（二）节约奖；

（三）劳动竞赛奖；

（四）机关、事业单位的奖励工资；

（五）其他奖金。

第八条 津贴和补贴是指为了补偿职工特殊或额外的劳动消耗和因其他特殊原因支付给职工的津贴，以及为了保证职工工资水平不受物价影响支付给职工的物价补贴。

（一）津贴。包括：补偿职工特殊或额外劳动消耗的津贴，保健性津贴，技术性津贴，年功性津贴及其他津贴。

（二）物价补贴。包括：为保证职工工资水平不受物价上涨或变动影响而支付的各种补贴。

第九条 加班加点工资是指按规定支付的加班工资和加点工资。

第十条 特殊情况下支付的工资。包括：

（一）根据国家法律、法规和政策规定，因病、工伤、产假、计划生育假、婚丧假、事假、探亲假、定期休假、停工学习、执行国家或社会义务等原因按计时工资标准或计时工资标准的一定比例支付的工资；

（二）附加工资、保留工资。

第十一条 下列各项不列入工资总额的范围：

（一）根据国务院发布的有关规定颁发的发明创造奖、自然科学奖、科学技术进步奖和支付的合理化建议和技术改进奖以及支付给运动员、教练员的奖金；

（二）有关劳动保险和职工福利方面的各项费用；

（三）有关离休、退休、退职人员待遇的各项支出；

（四）劳动保护的各项支出；

（五）稿费、讲课费及其他专门工作报酬；

（六）出差伙食补助费、误餐补助、调动工作的旅费和安家费；

（七）对自带工具、牲畜来企业工作职工所支付的工具、牲畜等的补偿费用；

（八）实行租赁经营单位的承租人的风险性补偿收入；

（九）对购买本企业股票和债券的职工所支付的股息（包括股金分红）和利息；

（十）劳动合同制职工解除劳动合同时由企业支付的医疗补助费、生活补助费等；

（十一）因录用临时工而在工资以外向提供劳动力单位支付的手续费或管理费；

（十二）支付给家庭工人的加工费和按加工订货办法支付给承包单位的发包费用；

（十三）支付给参加企业劳动的在校学生的补贴；

（十四）计划生育独生子女补贴。

职工带薪年休假条例

（2007 年 12 月 14 日　国务院第 514 号）

第二条　机关、团体、企业、事业单位、民办非企业单位、有雇工的个体工商户等单位的职工连续工作 1 年以上的，享受带薪年休假（以下简称年休假）。单位应当保证职工享受年休假。职工在年休假期间享受与正常工作期间相同的工资收入。

第三条　职工累计工作已满 1 年不满 10 年的，年休假 5 天；已满 10 年不满 20 年的，年休假 10 天；已满 20 年的，年休假 15 天。

国家法定休假日、休息日不计入年休假的假期。

第四条　职工有下列情形之一的，不享受当年的年休假：

（一）职工依法享受寒暑假，其休假天数多于年休假天数的；

（二）职工请事假累计 20 天以上且单位按照规定不扣工资的；

（三）累计工作满 1 年不满 10 年的职工，请病假累计 2 个月以上的；

（四）累计工作满 10 年不满 20 年的职工，请病假累计 3 个月以上的；

（五）累计工作满 20 年以上的职工，请病假累计 4 个月以上的。

第五条　单位根据生产、工作的具体情况，并考虑职工本人意愿，统筹安排职工年休假。

年休假在 1 个年度内可以集中安排，也可以分段安排，一般不跨年度安排。单位因生产、工作特点确有必要跨年度安排职工年休假的，可以跨 1 个年度安排。

单位确因工作需要不能安排职工休年休假的，经职工本人同意，可以不安排职工休年休假。对职工应休未休的年休假天数，单位应当按照该职工日工资收入的 300% 支付年休假工资报酬。

企业职工带薪年休假实施办法

（2008 年 9 月 18 日　人力资源和社会保障部令第 1 号）

第二条　中华人民共和国境内的企业、民办非企业单位、有雇工的个体工商户等单位（以下称用人单位）和与其建立劳动关系的职工，适用本办法。

第三条　职工连续工作满 12 个月以上的，享受带薪年休假（以下简称年休假）。

第四条　年休假天数根据职工累计工作时间确定。职工在同一或者不同用人单位工作期间，以及依照法律、行政法规或者国务院规定视同工作期间，应当计为累计工作时间。

第五条 职工新进用人单位且符合本办法第三条规定的，当年度年休假天数，按照在本单位剩余日历天数折算确定，折算后不足1整天的部分不享受年休假。

前款规定的折算方法为：（当年度在本单位剩余日历天数÷365天）×职工本人全年应当享受的年休假天数。

第六条 职工依法享受的探亲假、婚丧假、产假等国家规定的假期以及因工伤停工留薪期间不计入年休假假期。

第七条 职工享受寒暑假天数多于其年休假天数的，不享受当年的年休假。确因工作需要，职工享受的寒暑假天数少于其年休假天数的，用人单位应当安排补足年休假天数。

第八条 职工已享受当年的年休假，年度内又出现条例第四条第（二）、（三）、（四）、（五）项规定情形之一的，不享受下一年度的年休假。

第九条 用人单位根据生产、工作的具体情况，并考虑职工本人意愿，统筹安排年休假。用人单位确因工作需要不能安排职工年休假或者跨1个年度安排年休假的，应征得职工本人同意。

第十条 用人单位经职工同意不安排年休假或者安排职工年休假天数少于应休年休假天数，应当在本年度内对职工应休未休年休假天数，按照其日工资收入的300%支付未休年休假工资报酬，其中包含用人单位支付职工正常工作期间的工资收入。

用人单位安排职工休年休假，但是职工因本人原因且书面提出不休年休假的，用人单位可以只支付其正常工作期间的工资收入。

第十一条 计算未休年休假工资报酬的日工资收入按照职工本人的月工资除以月计薪天数（21.75天）进行折算。

前款所称月工资是指职工在用人单位支付其未休年休假工资报酬前12个月剔除加班工资后的月平均工资。在本用人单位工作时间不满12个月的，按实际月份计算月平均工资。

职工在年休假期间享受与正常工作期间相同的工资收入。实行计件工资、提成工资或者其他绩效工资制的职工，日工资收入的计发办法按照本条第一款、第二款的规定执行。

第十二条 用人单位与职工解除或者终止劳动合同时，当年度未安排职工休满应休年休假的，应当按照职工当年已工作时间折算应休未休年休假天数并支付未休年休假工资报酬，但折算后不足1整天的部分不支付未休年休假工资报酬。

前款规定的折算方法为：（当年度在本单位已过日历天数÷365天）×职工本人全年应当享受的年休假天数－当年度已安排年休假天数。

用人单位当年已安排职工年休假的，多于折算应休年休假的天数不再扣回。

第十三条 劳动合同、集体合同约定的或者用人单位规章制度规定的年休假天数、未休年休假工资报酬高于法定标准的，用人单位应当按照有关约定或者规定执行。

第十四条 劳务派遣单位的职工符合本办法第三条规定条件的，享受年休假。

被派遣职工在劳动合同期限内无工作期间由劳务派遣单位依法支付劳动报酬的天数多于其全年应当享受的年休假天数的，不享受当年的年休假；少于其全年应当享受的年休假天数的，劳务派遣单位、用工单位应当协商安排补足被派遣职工年休假天数。

第十八条 本办法中的“年度”是指公历年度。

关于《企业职工带薪年休假实施办法》有关问题的复函

（2009 年 4 月 15 日　人社厅函〔2009〕149 号）

上海市人力资源和社会保障局：

你局《关于〈企业职工带薪年休假实施办法〉若干问题的请示》（沪人社福字〔2008〕15 号）收悉。经研究，现函复如下：

一、关于带薪年休假的享受条件

《企业职工带薪年休假实施办法》第三条中的“职工连续工作满 12 个月以上”，既包括职工在同一用人单位连续工作满 12 个月以上的情形，也包括职工在不同用人单位连续工作满 12 个月以上的情形。

二、关于累计工作时间的确定

《企业职工带薪年休假实施办法》第四条中的“累计工作时间”，包括职工在机关、团体、企业、事业单位、民办非企业单位、有雇工的个体工商户等单位从事全日制工作期间，以及依法服兵役和其他按照国家法律、行政法规和国务院规定可以计算为工龄的期间（视同工作期间）。职工的累计工作时间可以根据档案记载、单位缴纳社保费记录、劳动合同或者其他具有法律效力的证明材料确定。

国务院关于职工探亲待遇的规定

（1981 年 3 月 6 日第五届全国人民代表大会常务委员会第十七次会议批准　1981 年 3 月 14 日国务院公布施行）

第二条 凡在国家机关、人民团体和全民所有制企业、事业单位工作满一年的固定职工，与配偶不住在一起，又不能在公休假日团聚的，可以享受本规定探望配偶的待遇；与父亲、母亲都不住在一起，又不能在公休假日团聚的，可以享受本规定探望父母的待遇。但是，职工与父亲或与母亲一方能够在公休假日团聚的，不能享受本规定探望父母的待遇。

第三条 职工探亲假期：

（一）职工探望配偶的，每年给予一方探亲假一次，假期为三十天。

（二）未婚职工探望父母，原则上每年给假一次，假期为二十天。如果因为工作需要，本单位当年不能给予假期，或者职工自愿两年探亲一次的，可以两年给假一次，假期为四十五天。

（三）已婚职工探望父母的，每四年给假一次，假期为二十天。

探亲假期是指职工与配偶、父、母团聚的时间，另外，根据实际需要给予路程假。上述假期均包括公休假日和法定节日在内。

第四条 凡实行休假制度的职工（例如学校的教职工），应该在休假期间探亲；如果休假期较短，可由本单位适当安排，补足其探亲假的天数。

第五条 职工在规定的探亲假期和路程假期内，按照本人的标准工资发给工资。

第六条 职工探望配偶和未婚职工探望父母的往返路费，由所在单位负担。已婚职工探望父母的往返路费，在本人月标准工资百分之三十以内的，由本人自理，超过部分由所在单位负担。

企业职工患病或非因工负伤医疗期规定

（1994年12月1日　劳部发〔1994〕479号）

第二条 医疗期是指企业职工因患病或非因工负伤停止工作治病休息不得解除劳动合同的时限。

第三条 企业职工因患病或非因工负伤，需要停止工作医疗时，根据本人实际参加工作年限和在本单位工作年限，给予三个月到二十四个月的医疗期：

（一）实际工作年限十年以下的，在本单位工作年限五年以下的为三个月；五年以上的为六个月。

（二）实际工作年限十年以上的，在本单位工作年限五年以下的为六个月；五年以上十年以下的为九个月；十年以上十五年以下的为十二个月；十五年以上二十年以下的为十八个月；二十年以上的为二十四个月。

第四条 医疗期三个月的按六个月内累计病休时间计算；六个月的按十二个月内累计病休时间计算；九个月的按十五个月内累计病休时间计算；十二个月的按十八个月内累计病休时间计算；十八个月的按二十四个月内累计病休时间计算；二十四个月的按三十个月内累计病休时间计算。

第五条 企业职工在医疗期内，其病假工资、疾病救济费和医疗待遇按照有关规定执行。

第六条 企业职工非因工致残和经医生或医疗机构认定患有难以治疗的疾病，在医疗期内医疗终结，不能从事原工作，也不能从事用人单位另行安排的工作的，应当由劳动鉴定委员会参照工伤与职业病致残程度鉴定标准进行劳动能力的鉴定。被鉴定为一至四级的，应当退出劳动岗位，终止劳动关系，办理退休、退职手续，享受退休、退职待遇；被鉴定为五至十级的，医疗期内不得解除劳动合同。

第七条 企业职工非因工致残和经医生或医疗机构认定患有难以治疗的疾病，医疗期满，应当由劳动鉴定委员会参照工伤与职业病致残程度鉴定标准进行劳动能力的鉴定。被鉴定为一至四级的，应当退出劳动岗位，解除劳动关系，并办理退休、退职手续，享受退休、退职待遇。

防暑降温措施管理办法

（2012 年 6 月 29 日　安监总安健〔2012〕89 号）

第二条 本办法适用于存在高温作业及在高温天气期间安排劳动者作业的企业、事业单位和个体经济组织等用人单位。

第三条 高温作业是指有高气温、或有强烈的热辐射、或伴有高气湿（相对湿度≥80% RH）相结合的异常作业条件、湿球黑球温度指数（WBGT 指数）超过规定限值的作业。

高温天气是指地市级以上气象主管部门所属气象台站向公众发布的日最高气温 35℃以上的天气。

高温天气作业是指用人单位在高温天气期间安排劳动者在高温自然气象环境下进行的作业。

工作场所高温作业 WBGT 指数测量依照《工作场所物理因素测量第 7 部分：高温》（GBZ/T189.7）执行；高温作业职业接触限值依照《工作场所有害因素职业接触限值第 2 部分：物理因素》（GBZ2.2）执行；高温作业分级依照《工作场所职业病危害作业分级第 3 部分：高温》（GBZ/T229.3）执行。

第八条 在高温天气期间，用人单位应当按照下列规定，根据生产特点和具体条件，采取合理安排工作时间、轮换作业、适当增加高温工作环境下劳动者的休息时间和减轻劳动强度、减少高温时段室外作业等措施：

（一）用人单位应当根据地市级以上气象主管部门所属气象台当日发布的预报气温，调整作业时间，但因人身财产安全和公众利益需要紧急处理的除外：

1. 日最高气温达到 40℃以上，应当停止当日室外露天作业；

2. 日最高气温达到 37℃以上、40℃以下时，用人单位全天安排劳动者室外露天作业时间累计不得超过 6 小时，连续作业时间不得超过国家规定，且在气温最高时段 3 小时内不得安排室外露天作业；

3. 日最高气温达到 35℃以上、37℃以下时，用人单位应当采取换班轮休等方式，缩短劳动者连续作业时间，并且不得安排室外露天作业劳动者加班。

（二）在高温天气来临之前，用人单位应当对高温天气作业的劳动者进行健康检查，对患有心、肺、脑血管性疾病、肺结核、中枢神经系统疾病及其他身体状况不适合高温作业环境的劳动者，应当调整作业岗位。职业健康检查费用由用人单位承担。

（三）用人单位不得安排怀孕女职工和未成年工在35℃以上的高温天气期间从事室外露天作业及温度在33℃以上的工作场所作业。

（四）因高温天气停止工作、缩短工作时间的，用人单位不得扣除或降低劳动者工资。

第九条 用人单位应当向劳动者提供符合要求的个人防护用品，并督促和指导劳动者正确使用。

第十条 用人单位应当对劳动者进行上岗前职业卫生培训和在岗期间的定期职业卫生培训，普及高温防护、中暑急救等职业卫生知识。

第十一条 用人单位应当为高温作业、高温天气作业的劳动者供给足够的、符合卫生标准的防暑降温饮料及必需的药品。

不得以发放钱物替代提供防暑降温饮料。防暑降温饮料不得充抵高温津贴。

第十二条 用人单位应当在高温工作环境设立休息场所。休息场所应当设有座椅，保持通风良好或者配有空调等防暑降温设施。

国务院关于职工工作时间的规定

（1994年2月3日国务院令第146号发布　根据1995年3月25日《国务院关于修改〈国务院关于职工工作时间的规定〉的决定》修订）

第二条 本规定适用于在中华人民共和国境内的国家机关、社会团体、企业事业单位以及其他组织的职工。

第三条 职工每日工作8小时、每周工作40小时。

第五条 因工作性质或者生产特点的限制，不能实行每日工作8小时、每周工作40小时标准工时制度的，按照国家有关规定，可以实行其他工作和休息办法。

第六条 任何单位和个人不得擅自延长职工工作时间。因特殊情况和紧急任务确需延长工作时间的，按照国家有关规定执行。

第七条 国家机关、事业单位实行统一的工作时间，星期六和星期日为周休息日。

企业和不能实行前款规定的统一工作时间的事业单位，可以根据实际情况灵活安排周休息日。

关于企业实行不定时工作制和综合计算工时工作制的审批办法

（1994年12月14日　劳部发〔1994〕503号）

第三条　企业因生产特点不能实行《中华人民共和国劳动法》第三十六条、第三十八条规定的，可以实行不定时工作制或综合计算工时工作制等其他工作和休息办法。

第四条　企业对符合下列条件之一的职工，可以实行不定时工作制。

（一）企业中的高级管理人员、外勤人员、推销人员、部分值班人员和其他因工作无法按标准工作时间衡量的职工；

（二）企业中的长途运输人员、出租汽车司机和铁路、港口、仓库的部分装卸人员以及因工作性质特殊，需机动作业的职工；

（三）其他因生产特点、工作特殊需要或职责范围的关系，适合实行不定时工作制的职工。

第五条　企业对符合下列条件之一的职工，可实行综合计算工时工作制，即分别以周、月、季、年等为周期，综合计算工作时间，但其平均日工作时间和平均周工作时间应与法定标准工作时间基本相同。

（一）交通、铁路、邮电、水运、航空、渔业等行业中因工作性质特殊，需连续作业的职工；

（二）地质及资源勘探、建筑、制盐、制糖、旅游等受季节和自然条件限制的行业的部分职工；

（三）其他适合实行综合计算工时工作制的职工。

第六条　对于实行不定时工作制和综合计算工时工作制等其他工作和休息办法的职工，企业应根据《中华人民共和国劳动法》第一章、第四章有关规定，在保障职工身体健康并充分听取职工意见的基础上，采用集中工作、集中休息、轮休调休、弹性工作时间等适当方式，确保职工的休息休假权利和生产、工作任务的完成。

第七条　中央直属企业实行不定时工作制和综合计算工时工作制等其他工作和休息办法的，经国务院行业主管部门审核，报国务院劳动行政部门批准。地方企业实行不定时工作制和综合计算工时工作制等其他工作和休息办法的审批办法，由各省、自治区、直辖市人民政府劳动行政部门制定，报国务院劳动行政部门备案。

女职工劳动保护特别规定

（2012年4月28日　国务院令第619号）

第二条　中华人民共和国境内的国家机关、企业、事业单位、社会团体、个体经济组织以及其他社会组织等用人单位及其女职工，适用本规定。

第五条 用人单位不得因女职工怀孕、生育、哺乳降低其工资、予以辞退、与其解除劳动或者聘用合同。

第六条 女职工在孕期不能适应原劳动的，用人单位应当根据医疗机构的证明，予以减轻劳动量或者安排其他能够适应的劳动。

对怀孕7个月以上的女职工，用人单位不得延长劳动时间或者安排夜班劳动，并应当在劳动时间内安排一定的休息时间。

怀孕女职工在劳动时间内进行产前检查，所需时间计入劳动时间。

第七条 女职工生育享受98天产假，其中产前可以休假15天；难产的，增加产假15天；生育多胞胎的，每多生育1个婴儿，增加产假15天。

女职工怀孕未满4个月流产的，享受15天产假；怀孕满4个月流产的，享受42天产假。

第八条 女职工产假期间的生育津贴，对已经参加生育保险的，按照用人单位上年度职工月平均工资的标准由生育保险基金支付；对未参加生育保险的，按照女职工产假前工资的标准由用人单位支付。

女职工生育或者流产的医疗费用，按照生育保险规定的项目和标准，对已经参加生育保险的，由生育保险基金支付；对未参加生育保险的，由用人单位支付。

第九条 对哺乳未满1周岁婴儿的女职工，用人单位不得延长劳动时间或者安排夜班劳动。

用人单位应当在每天的劳动时间内为哺乳期女职工安排1小时哺乳时间；女职工生育多胞胎的，每多哺乳1个婴儿每天增加1小时哺乳时间。

附录：女职工禁忌从事的劳动范围

一、女职工禁忌从事的劳动范围：

（一）矿山井下作业；

（二）体力劳动强度分级标准中规定的第四级体力劳动强度的作业；

（三）每小时负重6次以上、每次负重超过20公斤的作业，或者间断负重、每次负重超过25公斤的作业。

二、女职工在经期禁忌从事的劳动范围：

（一）冷水作业分级标准中规定的第二级、第三级、第四级冷水作业；

（二）低温作业分级标准中规定的第二级、第三级、第四级低温作业；

（三）体力劳动强度分级标准中规定的第三级、第四级体力劳动强度的作业；

（四）高处作业分级标准中规定的第三级、第四级高处作业。

三、女职工在孕期禁忌从事的劳动范围：

（一）作业场所空气中铅及其化合物、汞及其化合物、苯、镉、铍、砷、氰化物、氮氧化物、一氧化碳、二硫化碳、氯、己内酰胺、氯丁二烯、氯乙烯、环氧乙烷、苯胺、甲醛等有毒物质浓度超过国家职业卫生标准的作业；

（二）从事抗癌药物、己烯雌酚生产，接触麻醉剂气体等的作业；

（三）非密封源放射性物质的操作，核事故与放射事故的应急处置；

（四）高处作业分级标准中规定的高处作业；

（五）冷水作业分级标准中规定的冷水作业；

（六）低温作业分级标准中规定的低温作业；

（七）高温作业分级标准中规定的第三级、第四级的作业；

（八）噪声作业分级标准中规定的第三级、第四级的作业；

（九）体力劳动强度分级标准中规定的第三级、第四级体力劳动强度的作业；

（十）在密闭空间、高压室作业或者潜水作业，伴有强烈振动的作业，或者需要频繁弯腰、攀高、下蹲的作业。

四、女职工在哺乳期禁忌从事的劳动范围：

（一）孕期禁忌从事的劳动范围的第一项、第三项、第九项；

（二）作业场所空气中锰、氟、溴、甲醇、有机磷化合物、有机氯化合物等有毒物质浓度超过国家职业卫生标准的作业。

禁止使用童工规定

（2002 年 10 月 1 日　国务院令第 364 号）

第一条　为保护未成年人的身心健康，促进义务教育制度的实施，维护未成年人的合法权益，根据宪法和劳动法、未成年人保护法，制定本规定。

第二条　国家机关、社会团体、企业事业单位、民办非企业单位或者个体工商户（以下统称用人单位）均不得招用不满 16 周岁的未成年人（招用不满 16 周岁的未成年人，以下统称使用童工）。

禁止任何单位或者个人为不满 16 周岁的未成年人介绍就业。

禁止不满 16 周岁的未成年人开业从事个体经营活动。

第三条　不满 16 周岁的未成年人的父母或者其他监护人应当保护其身心健康，保障其接受义务教育的权利，不得允许其被用人单位非法招用。

不满 16 周岁的未成年人的父母或者其他监护人允许其被用人单位非法招用的，所在地的乡（镇）人民政府、城市街道办事处以及村民委员会、居民委员会应当给予批评教育。

第四条　用人单位招用人员时，必须核查被招用人员的身份证；对不满 16 周岁的未成年人，一律不得录用。用人单位录用人员的录用登记、核查材料应当妥善保管。

第五条　县级以上各级人民政府劳动保障行政部门负责本规定执行情况的监督检查。

县级以上各级人民政府公安、工商行政管理、教育、卫生等行政部门在各自职责范围内对本规定的执行情况进行监督检查，并对劳动保障行政部门的监督检查给予配合。

工会、共青团、妇联等群众组织应当依法维护未成年人的合法权益。

任何单位或者个人发现使用童工的，均有权向县级以上人民政府劳动保障行政部门举报。

第六条 用人单位使用童工的，由劳动保障行政部门按照每使用一名童工每月处5000元罚款的标准给予处罚；在使用有毒物品的作业场所使用童工的，按照《使用有毒物品作业场所劳动保护条例》规定的罚款幅度，或者按照每使用一名童工每月处5000元罚款的标准，从重处罚。劳动保障行政部门并应当责令用人单位限期将童工送回原居住地交其父母或者其他监护人，所需交通和食宿费用全部由用人单位承担。

用人单位经劳动保障行政部门依照前款规定责令限期改正，逾期仍不将童工送交其父母或者其他监护人的，从责令限期改正之日起，由劳动保障行政部门按照每使用一名童工每月处1万元罚款的标准处罚，并由工商行政管理部门吊销其营业执照或者由民政部门撤销民办非企业单位登记；用人单位是国家机关、事业单位的，由有关单位依法对直接负责的主管人员和其他直接责任人员给予降级或者撤职的行政处分或者纪律处分。

第七条 单位或者个人为不满16周岁的未成年人介绍就业的，由劳动保障行政部门按照每介绍一人处5000元罚款的标准给予处罚；职业中介机构为不满16周岁的未成年人介绍就业的，并由劳动保障行政部门吊销其职业介绍许可证。

第八条 用人单位未按照本规定第四条的规定保存录用登记材料，或者伪造录用登记材料的，由劳动保障行政部门处1万元的罚款。

第九条 无营业执照、被依法吊销营业执照的单位以及未依法登记、备案的单位使用童工或者介绍童工就业的，依照本规定第六条、第七条、第八条规定的标准加一倍罚款，该非法单位由有关的行政主管部门予以取缔。

第十条 童工患病或者受伤的，用人单位应当负责送到医疗机构治疗，并负担治疗期间的全部医疗和生活费用。

童工伤残或者死亡的，用人单位由工商行政管理部门吊销营业执照或者由民政部门撤销民办非企业单位登记；用人单位是国家机关、事业单位的，由有关单位依法对直接负责的主管人员和其他直接责任人员给予降级或者撤职的行政处分或者纪律处分；用人单位还应当一次性地对伤残的童工、死亡童工的直系亲属给予赔偿，赔偿金额按照国家工伤保险的有关规定计算。

第十一条 拐骗童工，强迫童工劳动，使用童工从事高空、井下、放射性、高毒、易燃易爆以及国家规定的第四级体力劳动强度的劳动，使用不满14周岁的童工，或者造成童工死亡或者严重伤残的，依照刑法关于拐卖儿童罪、强迫劳动罪或者其他罪的规定，依法追究刑事责任。

第十二条 国家行政机关工作人员有下列行为之一的，依法给予记大过或者降级的行政处分；情节严重的，依法给予撤职或者开除的行政处分；构成犯罪的，依照刑法关于滥用职权罪、玩忽职守罪或者其他罪的规定，依法追究刑事责任：

（一）劳动保障等有关部门工作人员在禁止使用童工的监督检查工作中发现使用童工的情况，不予制止、纠正、查处的；

（二）公安机关的人民警察违反规定发放身份证或者在身份证上登录虚假出生年月的；

（三）工商行政管理部门工作人员发现申请人是不满16周岁的未成年人，仍然为其从事个体经营发放营业执照的。

第十三条 文艺、体育单位经未成年人的父母或者其他监护人同意，可以招用不满16周岁的专业文艺工作者、运动员。用人单位应当保障被招用的不满16周岁的未成年人的身心健康，保障其接受义务教育的权利。文艺、体育单位招用不满16周岁的专业文艺工作者、运动员的办法，由国务院劳动保障行政部门会同国务院文化、体育行政部门制定。

学校、其他教育机构以及职业培训机构按照国家有关规定组织不满16周岁的未成年人进行不影响其人身安全和身心健康的教育实践劳动、职业技能培训劳动，不属于使用童工。

第十四条 本规定自2002年12月1日起施行。1991年4月15日国务院发布的《禁止使用童工规定》同时废止。

未成年工特殊保护规定

（1994年12月9日 劳部发〔1994〕498号）

第一条 为维护未成年工的合法权益，保护其在生产劳动中的健康，根据《中华人民共和国劳动法》的有关规定，制定本规定。

第二条 未成年工是指年满十六周岁，未满十八周岁的劳动者。

未成年工的特殊保护是针对未成年工处于生长发育期的特点，以及接受义务教育的需要，采取的特殊劳动保护措施。

第三条 用人单位不得安排未成年工从事以下范围的劳动：

（一）《生产性粉尘作业危害程度分级》国家标准中第一级以上的接尘作业；

（二）《有毒作业分级》国家标准中第一级以上的有毒作业；

（三）《高处作业分级》国家标准中第二级以上的高处作业；

（四）《冷水作业分级》国家标准中第二级以上的冷水作业；

（五）《高温作业分级》国家标准中第三级以上的高温作业；

（六）《低温作业分级》国家标准中第三级以上的低温作业；

（七）《体力劳动强度分级》国家标准中第四级体力劳动强度的作业；

（八）矿山井下及矿山地面采石作业；

（九）森林业中的伐木、流放及守林作业；

（十）工作场所接触放射性物质的作业；

（十一）有易燃易爆、化学性烧伤和热烧伤等危险性大的作业；

（十二）地质勘探和资源勘探的野外作业；

（十三）潜水、涵洞、涵道作业和海拔三千米以上的高原作业（不包括世居高原者）；

（十四）连续负重每小时在六次以上并每次超过二十公斤，间断负重每次超过二十五公斤的作业；

（十五）使用凿岩机、捣固机、气镐、气铲、铆钉机、电锤的作业；

（十六）工作中需要长时间保持低头、弯腰、上举、下蹲等强迫体位和动作频率每分钟大于五十次的流水线作业；

（十七）锅炉司炉。

第四条 未成年工患有某种疾病或具有某些生理缺陷（非残疾型）时，用人单位不得安排其从事以下范围的劳动：

（一）《高处作业分级》国家标准中第一级以上的高处作业；

（二）《低温作业分级》国家标准中第二级以上的低温作业；

（三）《高温作业分级》国家标准中第二级以上的高温作业；

（四）《体力劳动强度分级》国家标准中第三级以上体力劳动强度的作业；

（五）接触铅、苯、汞、甲醛、二硫化碳等易引起过敏反应的作业。

第五条 患有某种疾病或具有某些生理缺陷（非残疾型）的未成年工，是指有以下一种或一种以上情况者：

（一）心血管系统

1. 先天性心脏病；

2. 克山病；

3. 收缩期或舒张期二级以上心脏杂音。

（二）呼吸系统

1. 中度以上气管炎或支气管哮喘；

2. 呼吸音明显减弱；

3. 各类结核病；

4. 体弱儿，呼吸道反复感染者。

（三）消化系统

1. 各类肝炎；

2. 肝、脾肿大；

3. 胃、十二指肠溃疡；

4. 各种消化道疝。

（四）泌尿系统

1. 急、慢性肾炎；

2. 泌尿系感染。

（五）内分泌系统

1. 甲状腺机能亢进；

2. 中度以上糖尿病。

（六）精神神经系统

1. 智力明显低下；

2. 精神忧郁或狂暴。

（七）肌肉、骨骼运动系统

1. 身高和体重低于同龄人标准；

2. 一个及一个以上肢体存在明显功能障碍；

3. 躯干四分之一以上部位活动受限，包括强直或不能旋转。

（八）其他

1. 结核性胸膜炎；

2. 各类重度关节炎；

3. 血吸虫病；

4. 严重贫血，其血色素每升低于九十五克（9.5g/dL）。

第六条 用人单位应按下列要求对未成年工定期进行健康检查：

（一）安排工作岗位之前；

（二）工作满一年；

（三）年满十八周岁，距前一次的体检时间已超过半年。

第七条 未成年工的健康检查，应按本规定所附《未成年工健康检查表》列出的项目进行。

第八条 用人单位应根据未成年工的健康检查结果安排其从事适合的劳动，对不能胜任原劳动岗位的，应根据医务部门的证明，予以减轻劳动量或安排其他劳动。

第九条 对未成年工的使用和特殊保护实行登记制度。

（一）用人单位招收使用未成年工，除符合一般用工要求外，还须向所在地的县级以上劳动行政部门办理登记。劳动行政部门根据《未成年工健康检查表》、《未成年工登记表》，核发《未成年工登记证》。

（二）各级劳动行政部门须按本规定第三、四、五、七条的有关规定，审核体检情况和拟安排的劳动范围。

（三）未成年工须持《未成年工登记证》上岗。

（四）《未成年工登记证》由国务院劳动行政部门统一印制。

第十条 未成年工上岗前用人单位应对其进行有关的职业安全卫生教育、培训；未成年工体检和登记，由用人单位统一办理和承担费用。

第十一条 县级以上劳动行政部门对用人单位执行本规定的情况进行监督检查，对违反本规定的行为依照有关法规进行处罚。

各级工会组织对本规定的执行情况进行监督。

第十二条 省、自治区、直辖市劳动行政部门可以根据本规定制定实施办法。

第十三条 本规定自一九九五年一月一日起施行。

女职工保健工作规定

（1993年11月26日　卫妇发〔1993〕第11号）

第三条 本规定适用于中华人民共和国境内的一切党政机关、人民团体和企业、事业单位。

第十一条 产后保健　1. 进行产后访视及母乳喂养指导。2. 产后42天对母子进行健康检查。3. 产假期满恢复工作时，应允许有1至2周时间逐渐恢复原工作量。

第十二条 哺乳期保健　1. 宣传科学育儿知识，提倡4个月内纯母乳喂养。2. 对有未满1周岁婴儿的女工，应保证其授乳时间。3. 婴儿满周岁时，经县（区）以上（含县、区）医疗或保健机构确诊为体弱儿，可适当延长授乳时间，但不得超过6个月。4. 有未满1周岁婴儿的女职工，一般不得安排上夜班及加班、加点。5. 有哺乳婴儿5名以上的单位，应逐步建立哺乳室。6. 不得安排哺乳女职工从事《女职工劳动保护规定》和《女职工禁忌劳动范围的规定》所指出的作业。

第十三条 更年期保健　1. 宣传更年期生理卫生知识，使进入更年期的女职工得到社会广泛的关怀。2. 经县（区）以上（含县、区）的医疗或妇女保健机构诊断为更年期综合症者，经治疗效果不显著，且不适应原工作的，应暂时安排适宜的工作。3. 进入更年期的女职工应每1至2年进行一次妇科疾病的查治。

第十四条 对女职工定期进行妇科疾病及乳腺疾病的查治。

劳动部关于女职工生育待遇若干问题的通知

（1988年9月4日　劳险字〔1988〕2号）

国务院关于《女职工劳动保护规定》，对女职工产假、产假期间待遇以及适用范围等问题作出新的规定，请你们认真贯彻落实。经商得人事部同意，现就执行中的几个具体问题，通知如下：

一、女职工怀孕不满四个月流产时，应当根据医务部门的意见，给予十五天至三十天的产假；怀孕满四个月以上流产时，给予四十二天产假。产假期间，工资照发。

二、女职工怀孕，在本单位的医疗机构或者指定的医疗机构检查和分娩时，其检查费、接生费、手术费、住院费和药费由所在单位负担，费用由原医疗经费渠道开支。

三、女职工产假期满，因身体原因仍不能工作的，经过医务部门证明后，其超过产假期间的待遇，按照职工患病的有关规定处理。

四、本通知自一九八八年九月一日起执行。

国家劳动总局关于女职工保胎休息和病假超过六个月后生育时的待遇问题给上海市劳动局的复函

（1982年3月27日　〔82〕劳险字2号）

关于国营企业单位的女职工需要保胎休息，以及保胎休息和病假连续停止工作超过六个月后生育时的待遇问题，经与全国总工会劳动保险部研究，答复如下：

一、女职工按计划生育怀孕，经过医师开据证明，需要保胎休息的，其保胎休息的时间，按照本单位实行的疾病待遇的规定办理。

二、保胎休息和病假超过六个月后领取疾病救济费的女职工，按计划生育时可以从生育之日起停发疾病救济费，改发产假工资，并享受其它生育待遇。产假期满后仍需病休的，从产假期满之日起，继续发给疾病救济费。

三、保胎休息的女职工，产假期满后仍需病休的，其病假时间应与生育前的病假和保胎休息的时间合并计算。

四、不按计划生育怀孕的女职工，其保胎、病假休息和生育时的待遇，仍按省、市现行的有关规定办理。

中华人民共和国劳动争议调解仲裁法

（2007年12月29日第十届全国人民代表大会常务委员会
第三十一次会议通过　自2008年5月1日起施行）

第二条　中华人民共和国境内的用人单位与劳动者发生的下列劳动争议，适用本法：

（一）因确认劳动关系发生的争议；

（二）因订立、履行、变更、解除和终止劳动合同发生的争议；

（三）因除名、辞退和辞职、离职发生的争议；

（四）因工作时间、休息休假、社会保险、福利、培训以及劳动保护发生的争议；

（五）因劳动报酬、工伤医疗费、经济补偿或者赔偿金等发生的争议；

（六）法律、法规规定的其他劳动争议。

第二十一条　劳动争议仲裁委员会负责管辖本区域内发生的劳动争议。

劳动争议由劳动合同履行地或者用人单位所在地的劳动争议仲裁委员会管辖。双方当事人分别向劳动合同履行地和用人单位所在地的劳动争议仲裁委员会申请仲裁的，由劳动合同履行地的劳动争议仲裁委员会管辖。

第二十二条 发生劳动争议的劳动者和用人单位为劳动争议仲裁案件的双方当事人。

劳务派遣单位或者用工单位与劳动者发生劳动争议的，劳务派遣单位和用工单位为共同当事人。

第二十七条 劳动争议申请仲裁的时效期间为一年。仲裁时效期间从当事人知道或者应当知道其权利被侵害之日起计算。

前款规定的仲裁时效，因当事人一方向对方当事人主张权利，或者向有关部门请求权利救济，或者对方当事人同意履行义务而中断。从中断时起，仲裁时效期间重新计算。

因不可抗力或者有其他正当理由，当事人不能在本条第一款规定的仲裁时效期间申请仲裁的，仲裁时效中止。从中止时效的原因消除之日起，仲裁时效期间继续计算。

劳动关系存续期间因拖欠劳动报酬发生争议的，劳动者申请仲裁不受本条第一款规定的仲裁时效期间的限制；但是，劳动关系终止的，应当自劳动关系终止之日起一年内提出。

第四十三条 仲裁庭裁决劳动争议案件，应当自劳动争议仲裁委员会受理仲裁申请之日起四十五日内结束。案情复杂需要延期的，经劳动争议仲裁委员会主任批准，可以延期并书面通知当事人，但是延长期限不得超过十五日。逾期未作出仲裁裁决的，当事人可以就该劳动争议事项向人民法院提起诉讼。

仲裁庭裁决劳动争议案件时，其中一部分事实已经清楚，可以就该部分先行裁决。

第四十四条 仲裁庭对追索劳动报酬、工伤医疗费、经济补偿或者赔偿金的案件，根据当事人的申请，可以裁决先予执行，移送人民法院执行。

仲裁庭裁决先予执行的，应当符合下列条件：

（一）当事人之间权利义务关系明确；

（二）不先予执行将严重影响申请人的生活。

劳动者申请先予执行的，可以不提供担保。

第四十七条 下列劳动争议，除本法另有规定的外，仲裁裁决为终局裁决，裁决书自作出之日起发生法律效力：

（一）追索劳动报酬、工伤医疗费、经济补偿或者赔偿金，不超过当地月最低工资标准十二个月金额的争议；

（二）因执行国家的劳动标准在工作时间、休息休假、社会保险等方面发生的争议。

第四十八条 劳动者对本法第四十七条规定的仲裁裁决不服的，可以自收到仲裁裁决书之日起十五日内向人民法院提起诉讼。

第四十九条 用人单位有证据证明本法第四十七条规定的仲裁裁决有下列情形之一，可以自收到仲裁裁决书之日起三十日内向劳动争议仲裁委员会所在地的中级人民法院申请撤销裁决：

（一）适用法律、法规确有错误的；

（二）劳动争议仲裁委员会无管辖权的；

（三）违反法定程序的；

（四）裁决所根据的证据是伪造的；

（五）对方当事人隐瞒了足以影响公正裁决的证据的；

（六）仲裁员在仲裁该案时有索贿受贿、徇私舞弊、枉法裁决行为的。

人民法院经组成合议庭审查核实裁决有前款规定情形之一的，应当裁定撤销。

仲裁裁决被人民法院裁定撤销的，当事人可以自收到裁定书之日起十五日内就该劳动争议事项向人民法院提起诉讼。

第五十条 当事人对本法第四十七条规定以外的其他劳动争议案件的仲裁裁决不服的，可以自收到仲裁裁决书之日起十五日内向人民法院提起诉讼；期满不起诉的，裁决书发生法律效力。

第五十一条 当事人对发生法律效力的调解书、裁决书，应当依照规定的期限履行。一方当事人逾期不履行的，另一方当事人可以依照民事诉讼法的有关规定向人民法院申请执行。受理申请的人民法院应当依法执行。

劳动人事争议仲裁办案规则

（2009 年 1 月 1 日　人力资源和社会保障部令第 2 号）

第二条 本规则适用下列争议的仲裁：

（一）企业、个体经济组织、民办非企业单位等组织与劳动者之间，以及机关、事业单位、社会团体与其建立劳动关系的劳动者之间，因确认劳动关系，订立、履行、变更、解除和终止劳动合同，工作时间、休息休假、社会保险、福利、培训以及劳动保护，劳动报酬、工伤医疗费、经济补偿或者赔偿金等发生的争议；

（二）实施公务员法的机关与聘任制公务员之间、参照公务员法管理的机关（单位）与聘任工作人员之间因履行聘任合同发生的争议；

（三）事业单位与工作人员之间因除名、辞退、辞职、离职等解除人事关系以及履行聘用合同发生的争议；

（四）社会团体与工作人员之间因除名、辞退、辞职、离职等解除人事关系以及履行聘用合同发生的争议；

（五）军队文职人员聘用单位与文职人员之间因履行聘用合同发生的争议；

（六）法律、法规规定由仲裁委员会处理的其他争议。

第十七条 当事人对自己提出的主张有责任提供证据。与争议事项有关的证据属于用人单位掌握管理的，用人单位应当提供；用人单位不提供的，应当承担不利后果。

第十八条 在法律没有具体规定，依本规则第十七条规定无法确定举证责任承担时，仲裁庭可以根据公平原则和诚实信用原则，综合当事人举证能力等因素确定举证责任的承担。

第十九条 承担举证责任的当事人应当在仲裁委员会指定的期限内提供有关证据。当事人在指定期限内不提供的，应当承担不利后果。

第二十条 当事人因客观原因不能自行收集的证据，仲裁委员会可以根据当事人的申请，参照《中华人民共和国民事诉讼法》有关规定予以收集；仲裁委员会认为有必要的，也可以决定参照《中华人民共和国民事诉讼法》有关规定予以收集。

劳动保障监察条例

（2004 年 11 月 1 日　国务院令第 423 号）

第二条 对企业和个体工商户（以下称用人单位）进行劳动保障监察，适用本条例。

第十条 劳动保障行政部门实施劳动保障监察，履行下列职责：

（一）宣传劳动保障法律、法规和规章，督促用人单位贯彻执行；

（二）检查用人单位遵守劳动保障法律、法规和规章的情况；

（三）受理对违反劳动保障法律、法规或者规章的行为的举报、投诉；

（四）依法纠正和查处违反劳动保障法律、法规或者规章的行为。

第十一条 劳动保障行政部门对下列事项实施劳动保障监察：

（一）用人单位制定内部劳动保障规章制度的情况；

（二）用人单位与劳动者订立劳动合同的情况；

（三）用人单位遵守禁止使用童工规定的情况；

（四）用人单位遵守女职工和未成年工特殊劳动保护规定的情况；

（五）用人单位遵守工作时间和休息休假规定的情况；

（六）用人单位支付劳动者工资和执行最低工资标准的情况；

（七）用人单位参加各项社会保险和缴纳社会保险费的情况；

（八）职业介绍机构、职业技能培训机构和职业技能考核鉴定机构遵守国家有关职业介绍、职业技能培训和职业技能考核鉴定的规定的情况；

（九）法律、法规规定的其他劳动保障监察事项。

第二十三条 用人单位有下列行为之一的，由劳动保障行政部门责令改正，按照受侵害的劳动者每人 1000 元以上 5000 元以下的标准计算，处以罚款：

（一）安排女职工从事矿山井下劳动、国家规定的第四级体力劳动强度的劳动或者其他禁忌从事的劳动的；

（二）安排女职工在经期从事高处、低温、冷水作业或者国家规定的第三级体力劳动强度的劳动的；

（三）安排女职工在怀孕期间从事国家规定的第三级体力劳动强度的劳动或者孕期禁忌从事的劳动的；

（四）安排怀孕7个月以上的女职工夜班劳动或者延长其工作时间的；

（五）女职工生育享受产假少于90天的；

（六）安排女职工在哺乳未满1周岁的婴儿期间从事国家规定的第三级体力劳动强度的劳动或者哺乳期禁忌从事的其他劳动，以及延长其工作时间或者安排其夜班劳动的；

（七）安排未成年工从事矿山井下、有毒有害、国家规定的第四级体力劳动强度的劳动或者其他禁忌从事的劳动的；

（八）未对未成年工定期进行健康检查的。

第二十四条 用人单位与劳动者建立劳动关系不依法订立劳动合同的，由劳动保障行政部门责令改正。

第二十五条 用人单位违反劳动保障法律、法规或者规章延长劳动者工作时间的，由劳动保障行政部门给予警告，责令限期改正，并可以按照受侵害的劳动者每人100元以上500元以下的标准计算，处以罚款。

第二十六条 用人单位有下列行为之一的，由劳动保障行政部门分别责令限期支付劳动者的工资报酬、劳动者工资低于当地最低工资标准的差额或者解除劳动合同的经济补偿；逾期不支付的，责令用人单位按照应付金额50%以上1倍以下的标准计算，向劳动者加付赔偿金：

（一）克扣或者无故拖欠劳动者工资报酬的；

（二）支付劳动者的工资低于当地最低工资标准的；

（三）解除劳动合同未依法给予劳动者经济补偿的。

第二十七条 用人单位向社会保险经办机构申报应缴纳的社会保险费数额时，瞒报工资总额或者职工人数的，由劳动保障行政部门责令改正，并处瞒报工资数额1倍以上3倍以下的罚款。

骗取社会保险待遇或者骗取社会保险基金支出的，由劳动保障行政部门责令退还，并处骗取金额1倍以上3倍以下的罚款；构成犯罪的，依法追究刑事责任。

第二十八条 职业介绍机构、职业技能培训机构或者职业技能考核鉴定机构违反国家有关职业介绍、职业技能培训或者职业技能考核鉴定的规定的，由劳动保障行政部门责令改正，没收违法所得，并处1万元以上5万元以下的罚款；情节严重的，吊销许可证。

未经劳动保障行政部门许可，从事职业介绍、职业技能培训或者职业技能考核鉴定的组织或者个人，由劳动保障行政部门、工商行政管理部门依照国家有关无照经营查处取缔的规定查处取缔。

第二十九条 用人单位违反《中华人民共和国工会法》，有下列行为之一的，由劳动保障行政部门责令改正：

（一）阻挠劳动者依法参加和组织工会，或者阻挠上级工会帮助、指导劳动者筹建工会的；

（二）无正当理由调动依法履行职责的工会工作人员的工作岗位，进行打击报复的；

（三）劳动者因参加工会活动而被解除劳动合同的；

（四）工会工作人员因依法履行职责被解除劳动合同的。

第三十条 有下列行为之一的，由劳动保障行政部门责令改正；对有第（一）项、第（二）项或者第（三）项规定的行为的，处2000元以上2万元以下的罚款：

（一）无理抗拒、阻挠劳动保障行政部门依照本条例的规定实施劳动保障监察的；

（二）不按照劳动保障行政部门的要求报送书面材料，隐瞒事实真相，出具伪证或者隐匿、毁灭证据的；

（三）经劳动保障行政部门责令改正拒不改正，或者拒不履行劳动保障行政部门的行政处理决定的；

（四）打击报复举报人、投诉人的。

违反前款规定，构成违反治安管理行为的，由公安机关依法给予治安管理处罚；构成犯罪的，依法追究刑事责任。

中华人民共和国安全生产法

（2002年6月29日第九届全国人民代表大会常务委员会
第二十八次会议通过　自2002年11月1日起施行）

第四十四条 生产经营单位与从业人员订立的劳动合同，应当载明有关保障从业人员劳动安全、防止职业危害的事项，以及依法为从业人员办理工伤社会保险的事项。

生产经营单位不得以任何形式与从业人员订立协议，免除或者减轻其对从业人员因生产安全事故伤亡依法应承担的责任。

第四十六条 从业人员有权对本单位安全生产工作中存在的问题提出批评、检举、控告；有权拒绝违章指挥和强令冒险作业。

生产经营单位不得因从业人员对本单位安全生产工作提出批评、检举、控告或者拒绝违章指挥、强令冒险作业而降低其工资、福利等待遇或者解除与其订立的劳动合同。

第四十七条 从业人员发现直接危及人身安全的紧急情况时，有权停止作业或者在采取可能的应急措施后撤离作业场所。

生产经营单位不得因从业人员在前款紧急情况下停止作业或者采取紧急撤离措施而降低其工资、福利等待遇或者解除与其订立的劳动合同。

第四十八条 因生产安全事故受到损害的从业人员，除依法享有工伤社会保险外，依照有关民事法律尚有获得赔偿的权利的，有权向本单位提出赔偿要求。

中华人民共和国工会法

（1992 年 4 月 3 日第七届全国人民代表大会第五次会议通过）
（根据 2001 年 10 月 27 日第九届全国人民代表大会常务委员会
第二十四次会议《关于修改〈中华人民共和国工会法〉的决定》修正）

第十七条 工会主席、副主席任期未满时，不得随意调动其工作。因工作需要调动时，应当征得本级工会委员会和上一级工会的同意。

罢免工会主席、副主席必须召开会员大会或者会员代表大会讨论，非经会员大会全体会员或者会员代表大会全体代表过半数通过，不得罢免。

第十八条 基层工会专职主席、副主席或者委员自任职之日起，其劳动合同期限自动延长，延长期限相当于其任职期间；非专职主席、副主席或者委员自任职之日起，其尚未履行的劳动合同期限短于任期的，劳动合同期限自动延长至任期期满。但是，任职期间个人严重过失或者达到法定退休年龄的除外。

第四十条 基层工会委员会召开会议或者组织职工活动，应当在生产或者工作时间以外进行，需要占用生产或者工作时间的，应当事先征得企业、事业单位的同意。

基层工会的非专职委员占用生产或者工作时间参加会议或者从事工会工作，每月不超过三个工作日，其工资照发，其他待遇不受影响。

第四十一条 企业、事业单位、机关工会委员会的专职工作人员的工资、奖励、补贴，由所在单位支付。社会保险和其他福利待遇等，享受本单位职工同等待遇。

第五十二条 违反本法规定，有下列情形之一的，由劳动行政部门责令恢复其工作，并补发被解除劳动合同期间应得的报酬，或者责令给予本人年收入二倍的赔偿：

（一）职工因参加工会活动而被解除劳动合同的；

（二）工会工作人员因履行本法规定的职责而被解除劳动合同的。

最高人民法院关于在民事审判工作中适用《中华人民共和国工会法》若干问题的解释

（2003 年 6 月 25 日　法释〔2003〕11 号）

第二条 根据工会法第十八条规定，人民法院审理劳动争议案件，涉及确定基层工会专职主席、副主席或者委员延长的劳动合同期限的，应当自上述人员工会职务任职期限届满之日起计算，延长的期限等于其工会职务任职的期间。

工会法第十八条规定的“个人严重过失”，是指具有《中华人民共和国劳动法》第二十五条第（二）项、第（三）项或者第（四）项规定的情形。

第六条 根据工会法第五十二条规定，人民法院审理涉及职工和工会工作人员因参加工会活动或者履行工会法规定的职责而被解除劳动合同的劳动争议案件，可以根据当事人的请求裁判用人单位恢复其工作，并补发被解除劳动合同期间应得的报酬；或者根据当事人的请求裁判用人单位给予本人年收入二倍的赔偿，并参照《违反和解除劳动合同的经济补偿办法》第八条规定给予解除劳动合同时的经济补偿金。

无照经营查处取缔办法

（2003 年 1 月 6 日　国务院令第 370 号）

第四条　下列违法行为，由工商行政管理部门依照本办法的规定予以查处：

（一）应当取得而未依法取得许可证或者其他批准文件和营业执照，擅自从事经营活动的无照经营行为；

（二）无须取得许可证或者其他批准文件即可取得营业执照而未依法取得营业执照，擅自从事经营活动的无照经营行为；

（三）已经依法取得许可证或者其他批准文件，但未依法取得营业执照，擅自从事经营活动的无照经营行为；

（四）已经办理注销登记或者被吊销营业执照，以及营业执照有效期届满后未按照规定重新办理登记手续，擅自继续从事经营活动的无照经营行为；

（五）超出核准登记的经营范围、擅自从事应当取得许可证或者其他批准文件方可从事的经营活动的违法经营行为。

前款第（一）项、第（五）项规定的行为，公安、国土资源、建设、文化、卫生、质检、环保、新闻出版、药监、安全生产监督管理等许可审批部门（以下简称许可审批部门）亦应当依照法律、法规赋予的职责予以查处。但是，对当事人的同一个违法行为，不得给予两次以上罚款的行政处罚。

就业服务与就业管理规定

（2007 年 1 月 5 日　劳动和社会保障部令第 28 号）

第十四条　用人单位招用人员不得有下列行为：

（一）提供虚假招聘信息，发布虚假招聘广告；

（二）扣押被录用人员的居民身份证和其他证件；

（三）以担保或者其他名义向劳动者收取财物；

（四）招用未满 16 周岁的未成年人以及国家法律、行政法规规定不得招用的其他人员；

（五）招用无合法身份证件的人员；

（六）以招用人员为名牟取不正当利益或进行其他违法活动。

第六十六条 登记失业人员出现下列情形之一的，由公共就业服务机构注销其失业登记：

（一）被用人单位录用的；

（二）从事个体经营或创办企业，并领取工商营业执照的；

（三）已从事有稳定收入的劳动，并且月收入不低于当地最低工资标准的；

（四）已享受基本养老保险待遇的；

（五）完全丧失劳动能力的；

（六）入学、服兵役、移居境外的；

（七）被判刑收监执行或被劳动教养的；

（八）终止就业要求或拒绝接受公共就业服务的；

（九）连续6个月未与公共就业服务机构联系的；

（十）已进行就业登记的其他人员或各地规定的其他情形。

第六十七条 用人单位违反本规定第十四条第（二）、（三）项规定的，按照劳动合同法第八十四条的规定予以处罚；用人单位违反第十四条第（四）项规定的，按照国家禁止使用童工和其他有关法律、法规的规定予以处罚。用人单位违反第十四条第（一）、（五）、（六）项规定的，由劳动保障行政部门责令改正，并可处以一千元以下的罚款；对当事人造成损害的，应当承担赔偿责任。

后 记

法律于我而言，是一种与生俱来的热爱，这种热爱驱使我在高考时选择了法律。大学毕业后我进入工会，一直从事劳动法律援助工作，从未间断的实践、研究，使我见证了我国劳动法律从“冷门”到如今“热门”的发展历程。由冷到热，不仅反映了我们国家经济社会的快速发展，也体现了国家对保障劳动者权益的重视。

我很庆幸自己能在工会劳动法律援助这个平台上一如既往地做着自己热爱的法律事业。正如佟丽华律师在序中所言，“法律的生命在于实践”，而我的生命也在于实践法律。每每办完一个案子，胜诉带来的是愉悦和收获，败诉带来的是思考和启发。无论愉悦与思考、收获与启发，都是我的人生经历，但我未曾想到用文字的形式与更多的劳动者、用人单位以及同行、专家进行分享交流。一次偶然的聊天，一位挚友建议我把办理过的案子整理出来，因为这是一笔难得的财富。我听从他的建议，开始动起笔来。但说易做难，整理案件的过程不仅是自我学习的过程，也是磨砺意志的过程。高兴的是经过半年多的艰苦努力，终于完成了这部书稿。内心感到欣慰！

现在书稿就要付梓了。我很感谢我的这位挚友，因为他，才有这本书；很感谢我的家人，因为他们，我才有更多的时间写这本书；很感谢我的老师，因为他们，为我播下最初法律信仰的种子；很感谢我的工作单位，因为它，我才有这样的平台从事热爱的事业；很感谢我的当事人，因为他们，才有书中生动的案例；很感谢我的朋友们，因为他们，我才会迸发出更多的思想火花；最后，感谢佟丽华律师，因为他，我坚定了从事公益法律事业的梦想。

我相信，和谐、公平、正义的梦想如同一个巨大的球，我们每个人都用力推，它就能前进。

因时间关系，加之个人的认知水平所限，书中可能有不当之处，还望读者海涵并指正。

作 者

2013 年 10 月